著者略歴

一九〇八年宮城県に生まれる。

一九三二年東京大学文学部国史学科卒業。文化財保護委員会主任調査官・東京大学教授・大正大学教授をへて、現在大正大学名誉教授・財団法人静岡県埋蔵文化財調査研究所長・財団法人飛鳥保存財団理事・文学博士。

主な著書に『日本古墳の研究』『日本考古学史』『日本考古学概論』『日本装飾古墳の研究』『日本考古学用語事典』『東アジア葬・墓制の研究』『日本考古学史事典』『朝鮮考古学の新発見』『書簡等からみた史学・考古学の先覚』『日本考古学関係人物事典』『求法僧の仏跡の研究』などがある。

『斎藤《さいとう》忠《ただし》著作選集《ちょさくせんしゅう》』続編

第一巻　アジア文化史の研究

二〇〇七年一一月　五日　印刷
二〇〇七年一一月二〇日　発行

著　者　斎藤　忠

発行者　宮田哲男

印刷所　亜細亜印刷株式会社

製本所　協栄製本株式会社

発行所　**株式会社雄山閣**

東京都千代田区富士見二―六―九
電話　〇三―三二六二―三二三一

ISBN978-4-639-02001-1　C3321

著作目録索引

I 単行本(著書・編著・共著等)

(2)　著作目録索引

Ⅱ　単行本（報告書）

Ⅲ　論文・概説等

①　日　本（一般）

(4)　著作目録索引

② 学 史

③ 朝鮮半島等

Ⅳ　報　　告

①　日　本

② 朝鮮半島

V 雑 録

① 日 本（一般）

② 日　本 (学史・展望等)

③　日　本（文化財等）

④　朝鮮半島およびその他大陸

⑤　**辞典関係**

⑥　**海外旅行記・その他**

⑦ 追悼等

⑧ 書評・新刊紹介・序文等

⑨　講　演

斎藤 忠 著

アジア文化史の研究

斎藤忠著作選集 続1

中国新高麗寺

慶州聖徳王陵の十二支像

中国集安通溝の将軍塚とその支石

中国竜門奉先寺洞の本尊

序　文

二〇〇七年八月二十八日、私は、この序文のペンを執っている。この日は、あたかも私の誕生日である。一九〇八（明治四十一）年生まれなので百歳を迎えたのである。

ここに、既往のながい自分史をかえりみつつ、とくに学界にあっての多岐な活動を思い、また平らかに重ねる。私の身長を超える著書を見つめ、さらに多くの亡き師・先輩・友人の姿を想起し、無量の感慨を抱いているのである。

さて、私は一九九七年九月から九八年四月にわたり、雄山閣並びに学友の諸氏の御支援のもとに、『斎藤忠著作選集』全六冊を刊行することができた。

ここに、刊行するものは、その続編の二冊である。一は、論文集であり、二は、小品・随想集である。一の論文集は『アジア文化史の研究』と名付けたのであるが、著作集発刊後に発表した論文編と新しく起稿した論文編を収録したのである。

なお、『選集』の最後の巻にも付した「著作目録」は、新しい発表のものを追加して再録した。

ちなみに、今回の本の外箱は、私自ら考案したものであり、ひそかに今後のさらなる長寿を祈り、亀の文様を取り入れた。かつて私が手拓した韓国・慶州の四天王寺跡亀趺の文様の一部である。

ペンを擱くにあたり、㈱雄山閣宮田哲男社長の御好意と編集部の宮島了誠氏に謝意を表する。

二〇〇七年八月二十八日

斎藤　忠

目次

〈付録〉著作目録

著作目録索引

第一章　日本文化史研究

一　考古学から見たいわゆる「弘法大師伝説」について

この小論文は、私の十年ほど前の旧稿である。大正大学に関係していた頃、斎藤昭俊教授から『弘法大師伝説集』(国書刊行会、一九七五年)という、全三冊の本を戴いたが、これに触発されてまとめたものである。その後、発表の機会を失い、書庫の中に埋もれていたもので、ここで改めて発表するものである。弘法大師の伝説について新しく「空海を旅す」の特集が『サライ』(二〇〇六年一月十九日発行)に掲載され、改めてその伝承に関する例などを知ったが、旧稿をそのまま発表し、私のかつての学問的関心の一こまに触れたい。

(一)　はじめに

高僧名僧に関する伝承の世界には、まことに豊潤なものがある。この中でも、空海(弘法大師)に関係する伝説は、その内容にあっても多彩なものがあるとともに、その地域にあっても広汎であり、いかに大師に対する信仰が、全国的に多くの人々の間に根強く行なわれていたかが知られる。大師に関する伝説については、斎藤昭俊氏は『弘法大師伝説集』として三冊にわたって全国的な資料を蒐集して整理しているが、このような伝説は、民俗学の立場からも注目され、南方熊楠・柳田国男両氏によって発表されるところがあった。ことに、柳田氏は「大師講の由来」の文の中で「歴史の弘法大師」に触れ、

傳説の上では、空也上人よりもなほ弘く日本國中をあるき廻つて、もつとたくさんの清い泉を、村々の住民のた

めに見つけてやつた御大師様といふ人がありました。大抵の土地ではその御大師様を、高野の弘法大師のことだと思つてゐましたが、歴史の弘法大師は三十三の歳に、支那で佛法の修業をして歸つて來てから、三十年の間に高野山を開き、むつかしい多くの書物を殘し、また京都の人のために大切ないろ〳〵の爲事をしてゐて、さう遠方まで旅行をすることの出來なかつた人であります。かういふえらい方だから、亡くなつたと見せてほんたうはいつまでも國々を巡つて修業してゐられるのであらうと思つてゐた人も少くはなかつたので、こんな傳説が弘く行はれたのでもありませう。

というように述べているのも、大師の伝説の背景の一端を語るものである（「大師講の由来」『柳田国男全集』二六、一九七〇、筑摩書房）。

私は、ここに、大師の伝説について、とくに考古学の視点に立って七つの項目について述べようとするものである。

（二）　寺院開基の伝説とその背景

寺院の開基あるいは中興などに高僧名僧の関係する伝説は多いが、大師において顕著なものがある。私は、とくに大師の伝説の中に、次のような三つの特色のあることを指摘したい。

一　山林寺院に多く見られること。
二　神仏習合を背景とするものの多いこと。
三　入唐に関係するもののあること。

その一の山林寺院は、山岳、山間の寺院あるいは叢林をもつ山麓の寺院を対象としたものであるが、大師の開基伝

説には、とくにこれらの寺院に多いようである。たとえば、茨城県つくば市の筑波山寺の伝説も、その一つである。『坂東五十三所観音霊場記』巻六には、

○人王五十二代。嵯峨帝ノ弘仁年中。弘法大師筑波山ニ在シテ。遙ニ此地ノ瑞雲ヲ見テ。大悲應度ノ霊崛。密教有縁ノ地ヲ知玉フ。即此地に錫ヲ飛シ。無畏三藏ノ舊ヲ興シ。行基大士ノ跡を継デ。大悲者ノ浄刹ヲ剏玉フ。

また、福島県耶麻郡磐梯町の恵日寺については『新編会津風土記』（巻五十二）の耶麻郡四の中に、

○恵日寺 境内三千百四歩免除地 本寺村ノ北ニアリ。山城国醍醐山金剛王院ノ末寺真言宗ナリ。山号ヲ磐梯山ト云。縁起ヲ案ズルニ磐梯山モトハ病悩山トテ魔魅スミ居テ常ニ祟ヲナシ、稼穡ヲ害セリ。シカノミナラズ山麓ニ民居数多アリシニ大同元年暴ニ一大湖トナレリ。斯ル災異 朝ニ聞エシニ因リ、同二年空海　勅ヲ奉ジテ此地ニ来リ、空海カ歌ナリトテ布引ト聞テキタレハ更科ノ月輪潟ニ着トオモヘハトイフ詠アリ

とあるように、山に対しては少年の頃から因縁の深いものがあって、これはやがて『遍照発揮性霊集』（巻一）の「遊山慕山詩」となり「入山興味」の文となった。

このような山林寺院の開基の伝説には、大師が、山にゆかりがあり、山に対して讃仰し憧憬していた思想的な背景があったことに無関係でないことを示唆する如くであり、そこに意義深いものが覚えられる。大師は、

空海、少年の日、好むで山水を渉覧せしに吉野山より南に行くこと一日、更に西に向ひで去ること両日程にして、平原の幽地あり、名づけて高野と曰ふ。計るに、紀伊国伊都郡の南に当れり。四面高嶺にして人蹤蹊絶えたり。

とある。ことに「沙門勝道歴水瑩玄珠碑」の文をつづっているが、この中には、大師の山を愛した思想が格調高い美しい文で表現されており、山を愛した大師の面目が躍如としてあらわれている。今鷹信氏の假名交り文を紹介すれば、次のようである。

山の状為るや、東西は龍の臥せるがごとくにして、弥望極無く、南北は虎の踞るがごとくして、棲息するに興有

り。妙高を指して以て儔と為し、輪鉄を引きて帯と作す。衡岱の猶卑きを笑ひ、崑香の又劣なるを哂ふ。日出でて先に明らかに、月来りて晩く入る。天眼に仮らずして、万里は目前なり。何ぞ更めて鵠に乗らん、白雲は足下なり。千般の錦華、機無くして常に織り、百種の霊物、誰人か陶冶する。

私は、一九五九年の夏、男体山頂に数日宿泊し、山峯の姿に接したのであったが、とくに、この文の表現の見事さに感動を覚えるものがある。

山林寺院にともなう大師伝説には、このような大師の山への憧憬の念が反映し、成立展開した一面のあることも考えてよいようである。

その二は、大師の寺院開基伝説の中に、神仏習合という歴史上の一つの宗教形態が反映していることである。神仏習合は、とくに密教関係の僧侶によって古来の日本人のいだいた神への信仰と新たな仏教思想とが融合して成立展開したものであるが、寺院開基や寺院の本尊の伝説には、この種の史的背景が反映していることに注目される。たとえば、深田正韶ら撰の『尾張志』には、海東郡蓮華寺について、

蜂須賀村にあり池鈴山といふ無本寺なり嵯峨天皇の御代弘仁九年戊戌弘法大師の開基也大師はじめ熱田宮に参籠のとき千日の護摩を修せられたる折ふし大師を徴べき勅使ありければ大師みづから土もて肖像を造り熱田にとどめて上京せらる。仍て今これを身代りの大師といへり。

とある。また、白鳥町法持寺には、熱田神宮に参籠したことを伝え、さらに地蔵菩薩像を彫刻したという伝説に関係して、次のような記事がある。

白鳥町にありて白鳥山といふ田島圓通寺の末寺也開基の年月詳ならす（寶徳元年明谷義元和尚の開基といふしかれども其説至當ならず）。むかし弘法大師此地に來り熱田神宮に百日参籠して行法を修せられけるが其暇に地藏菩薩の像を彫みて此寺の本尊とせしよと寺傳にいへり。

これは、『尾張名所図会』にも記されているものである。このような伝説は、熱田神宮における参籠の伝説ととも

に、平安時代における神仏習合の歴史を反映したものとみなされよう。

三は、大師の入唐したことを背景としたものである。たとえば、高知県高知市の五台山竹林寺は、第三十一番礼拝場をなす名刹であるが、松野尾章行（一八三六～一九〇二）の編した『皆山集』には、次のような記事がある。

五臺山長岡郡ニあり堂辰巳向金色院竹林寺と号す天平の昔行基勅を受て建立す本尊五髻文殊菩薩の像を行基自作給ひて安置す後空海唐の清涼山を移し給ふ再興の伽藍尤大山華構なり。

また、『土佐国五台山金色教院竹林寺略縁起』の中には「夫当山者文殊大士応現之霊区行基菩薩草創ノ勝壌ナリ」とはじめに記したあとは、次のように記している。

其後弘法大師四州ヲ廻リ当山ニ到リ五峯ヲ五鈷ニ配シ三池ヲ三鈷ニ擬シ又独鈷杵ヲ擲テハ岩サケ水湧名ケテ独鈷水ト云擲シテ是呑者諸病ヲ治セスト云コトナシ是則大聖加持力ノ致所也大師暫ク爰ニ住シ諭伽ヲ修シ堂宇ヲ補葺シ玉フ此故ニ中興ノ祖トアカム

竹林寺は、五台山の山号とともに、中国の五台山竹林寺にちなんだものと思われる。私は、かつて『中国五台山竹林寺の研究』をまとめるにあたり、この寺に詣ったことがあったが、大師が「中興の祖」という伝説のあることは、大師の入唐した史実をも背景としたものと考えられ、一つの意義をもつものである。

(三)　窟に関する伝説

窟は岩穴であり岩屋である。これらには、人工窟、自然窟がある。人工窟としては、古墳の横穴式石室や横穴墓があげられる。そのほか、神奈川県鎌倉地方で中世の墓として発達した「やぐら」も、この例に含まれる。

自然窟には、海蝕作用による洞穴、あるいは集塊岩・安山岩・石灰岩などの構成の洞穴がある。これらの中には、早くから住居とし一時的な休息の場としたり、あるいは、祭祀や埋葬の霊地として利用された考古学上の遺跡があ

る。

これらに、僧侶の参籠の場として関係したものも多い。ことに、古墳の横穴式石室の中には僧侶が参籠したことの確実な史料の残されている例がある。これは、熊本県八代郡氷川町の大野窟で、円墳であるが、明応六年（一四九七）道栄という僧が、この石室内で参籠したのであり、石室の入口に近い石面に、その次第を墨書している。私も、これを実査したが、文字はかすかに残されているだけで全文を判読することはできなかった。幸いに『肥後国志』（下巻）の中に、この文が紹介されている。次のものである。

日本肥後国八代道前郷大野之村此硺者始□不知雖都南宿依一夏参籠之志願興奉建之阿弥陀如来一尊安置所也所以□惟彼如来悲願者心称念弥陀仏之法号現存早出惟六凡虚妄境授世必願生九品安養郷正当功課満時予請七分全得之慎経了工露涅槃妙心於是以三世諸仏同集会十方聖賢悉降出広長舌讃喚供養諶依此修善力諸人助感志不少現保百二来智慧（智慧）之花妙法輪二世共

木野但馬守相直□安楽矣

干時明応六年五月十八日道栄

これらの窟にあって、大師に関係する伝説も各地に多い。この中で、古墳に関係するものは各地に多いが、愛知県田原市の城宝寺古墳もその一例である。大師が参籠したという。横穴にあっては、私が調査に関係した静岡県伊豆の国市の大師山横穴もまた、その一例である。

自然窟として、特殊な一例としては栃木県栃木市出流町の満願寺の奥の院がある。ことに自然窟として特殊な鍾乳洞であることにおいて、その意義に深いものがある。

満願寺は真言宗智山派の名刹である。勝道上人の開基と伝えられており、山林寺院の一例でもある。この窟と大師との関係の伝承を述べたものに『坂東霊場記』がある。

この中の「第十七番下毛野出流山満願寺」に、はじめ勝道上人の住定と参籠を述べ、

> 天皇五十二代。嵯峨天皇ノ御宇・弘仁年中ノ事ナルニ。弘法大師日光山ニ登リ。尚勝道ノ遺跡《ユイセキ》ヲ慕フテ。始テ此《ノ》山ニ遊歴シ玉ヒ。覿音大日ノ岩洞《イハヤ》ニ入《ツ》テ。殊勝不思議ノ形相ヲ拝シ。感涙御衣《カンルイヲンコロモ》ノ袖《ソデ》ヲ絞《シボリ》玉フ。

さらに第一、第二、第三の岩洞について述べているが、第三は「大師ノ岩屋」として、次のように記している。

> 第三ハ、大師ノ岩屋。是ハ女人禁制ナリ。嶮岨ナル岩山ヲ攀陟《ヨヂノボ》ルニ。至テノ難所ニハ鉄釣《クサリ》ヲサゲ。又ハ數箇所ニ棧《カケハシ》ヲ架《ワタ》シ。蘿葛《ツタカヅラ》ヲ援《ヒキ》。岩尖《イハカド》ヲツタエ。辛勞《カラリ》ヲ漸《ヨウヤ》ク登リ至ル。其《ノ》岩屋ノ口《クチ》ニ小堂ヲ構《カマ》ヘ。旅人ノ衣服調度ヲ置《オク》所《トコロ》トス。

さらに、この岩屋の内部について、

> 此所ノ岩屋ヲ見ルニ。高サ廣サ前ニ倍セリ。大師ノ護摩壇。弥勒ノ浄刹藥師十二神。般若十六善神。上《ヘ》ニハ乗《ズル》レ雲《ニ》十万八千佛。奥ニハ大師阿字觀ノ後容其《ノ》外無量ノ尊形アリ。千ガ一モ覺ヘ得ガタシ。

とその感想をも述べている。私は平成十四年三月、この奥の院に詣り、鍾乳洞という地学的な特殊な内部構造に仏像を結びつけた英知に驚嘆したのであった。

さて、このような自然窟あるいは人工窟にともなう大師の伝説の背景には、大師が窟というものに対して、深遠な思想を抱懐していたことが、必ずしも無関係でないように思われる。大師の文の中には「窟」に関する言葉がいくつか見られる。たとえば『遍照発揮性霊集』（第一）の「遊山慕仙詩並序」の中には「大仙の窟房」の言葉があらわれている。この「大仙の窟房」については、今鷹眞氏の訳註に「大仙（仏道）の世界を指し示し」とあるが、「窟房」の文字を用いていることが注目される。

また第四の「獻梵字並雜文表」には禅窟における観法を述べ、

> 空海人是瓦礫、毎仰金仙之風。器謝巣許、久臥堯帝之雲。窟觀餘暇、時学印度之文、茶湯坐來、乍閲震旦之書

とあるが、「窟観の余暇」に意味深長なものがあるのである。

(四)　法具にともなう伝承

密教法具として、独鈷杵・三鈷杵・五鈷杵など金剛杵といわれるものがある。これらに関して大師の伝説も多い。とくに広く知られているものは三杵を投げた伝説である。これは、高田與清の『松屋筆記』（巻二）の中にも、「十八公舎筆記」巻二の中の「眞俗雑記問答抄」を引用し「弘法大師投二三杵一」の項のもとに述べている。次の文である。

弘法大師投二三杵一　同巻に大師三杵投事大和國宇田郡大藏寺觀進帳ニ云大師延暦季銜二鳳詔一忽渡二李唐一大同初掉二鷁舟一欲レ歸レ華度狐疑未レ浮二海上一三杵先投二雲中一于レ時五古者落二于平城陶華坊一三鈷者留二于紀州高野山一獨鈷者下二于和州雲管峒一云々與清按に此文に京都を華と書いたり令義解に華夏とあるによれるにや雲管峒の管字は雀字の誤にてもあるべし。

各地に広く見られる伝説には、独鈷杵で磐石を打ったところ、水が湧いたとか、温泉がほとばしりでたというものであり、静岡県伊豆の修善寺温泉の「独鈷の湯」も、その一例である。

大師の金剛杵などに伴う多彩な伝承は、もとより史実ではない。しかし、大師が、これらに対しての思考を発表していることは重要である。たとえば「五部陀羅尼問答偈讃宗秘法」の中に、次の文がある。

真言既に護をなせば、何ぞ金剛杵を用ゐる指量何の縁を表して、一と三と及び五鈷《ごこ》なるや
杵は菩提心を表す、よく断常を壊するが故に
もし『蘇悉地《そしつぢ》』に準ぜば、三股《さんこ》は三部を表す
金剛の唯《ただ》一のみを用ゆるは、降伏して諸怖を除く
五は五如来を表す、蓮華は三鈷を用ゆ
鋒攢《ほうさん》は慈悲を表し　鋒散は忿怒を表し

讃と散とは儀に合《かな》ふ　忿と猛と自利を得るなり

法具は、仏教考古学の上の重要な研究の資料でもある。大師の包懐していた思考の一端をはじめとし、これらの法具のもつ思想的背景は、その諸伝説とともに、今後のこの種のものの研究をも示唆する如くである。

(五)　自然の磐石・礫石に関する伝説とその背景

大師伝説の中に、自然の磐石あるいは礫石に関するものがある。たとえば「腰かけ石」も、その一例である。「腰かけ石」は、大師をはじめ高僧名僧にも共通しているが、そのほか坂上田村麻呂とか源頼朝などのいわゆる英雄伝説の中にも数多い例がみられる。「腰かけ石」のほかには「座禅石」とか「影向石」とか「勧請石」などの伝説もあるが、ほかに特殊なものとして「かご石」のような伝説もある。大師が旅のかごをおろして休んだところという。これは静岡県静岡市清水区にみられるものである。これらの中、腰かけ石については、早く民俗学の立場から柳田国男氏もとりあげた。すなわち「腰掛石」という論文を発表し、その中には、名古屋市熱田神宮の境内にある一例について、次のように説明している。

尾州熱田の海蔵門の外にも、古くより弘法大師の腰掛石と云ふがあつた。大師神宮に詣でんとするを、大内人守部清稲之を制止して容さず。大師怒つて其沓を投げたりとて側に又尺餘の沓石がある。其時空海の腰を掛けたのが此石と稱す。清稲強ひて入門を禁じければ之を大神に奏せしに御製の歌を賜ふ。「日本武代代の教を傳へ來てしゆくも神はひろのり（弘法）の人」と云ふわけの解らぬ歌であるが、清稲之に感じて社内に入るを許したと云うて居る（熱田宮舊記）。

次に礫石についての伝説もある。団子石・饅頭石といわれるものである。この種のものは、のちに述べる食物に関する呪詛伝説にも関係するものであるが、たとえば、その一例は、山梨県にある。大師が甲斐国の団子坂の付近を

通ったとき、老媼が団子を作っていた。大師はその馳走にあずかろうとしたが、ことわられたので呪って団子を石にしたというのである。老媼は、これを後の山に捨てたので団子石といわれているという。

一方、礫石については、考古学に関係するものがある。早く、縄文時代の草創期には、愛媛県上浮穴郡久万高原町上黒岩洞穴出土のような人物彫刻の礫石もあり、新しくは礫経もある。形の整った丸い小石や偏平な小石に対して、人びとは何らかの愛着の念をいだき、これを伝説化しあるいは信仰にむすびつけたのである。我々は考古学上の発掘でよく経験することであるが、とくに住居跡とか祭祀遺跡などで、何らの加工の痕跡もない自然礫石などが発見されることもある。この場合、これらは人工遺物でないため学問的な対象にされないこともあるが、しかし、あるいは、これらの中に当時の人びとの何らかの信仰的な息吹のこめられているものもあるかも知れない。礫石にともなう伝説も、我々に示唆をなげかけている如くである。

(六)　いわゆる「弘法井戸」伝説とその背景

「弘法井戸」といわれる井戸にちなんだ伝説は、各地に広く残されている。大師が、水がなく困窮している村落を訪れ自らの杖を立てたところ水が湧いて人びとを助けたという内容のものである。この中でも、千葉県館山市にあるものは県の民俗文化財として指定保存されている。

この「弘法井戸」については、民俗学の上からも、早くからとりあげられた。たとえば、柳田国男氏は「杖を立てた話」の中で、この種の諸例をあげている。また「大師講の由来」と題する文の中では、わかりやすく述べ、

弘法大師が世を去ってから千年の後までも、なほ新なる清水は常に発見せられ、いはゆる大師の井戸、御大師水の傳説は、すなわちこれに伴うて流れて行きます。

というような示唆に富む文でむすんだ。

折口信夫氏もまた、大阪府堺市の百舌鳥にある万代八幡宮のことに触れ、

弘法大師が此村に来られた處が、村は非常に水が悪かつたので、水をよくして下さつた。其時村人は、水を清くして貰ふ代りに、正月三个《ケ》日は精進潔齋をいたしますと誓つた。其時、證據人として立たれたのが、萬代八幡様であつたとも傳へて居る。

と紹介した。

水は、人々の生活にとって欠くことのできない資源であった。原始社会の人びとは、その居住地を選ぶにあたって、まず水が確保される場所をもとめることに苦心した如くである。その後、積極的に地面を掘り、湧水をもとめる手段も工夫され、そこに、井戸の成立展開となった。井戸の研究は、歴史地理学の視点からはもとより、考古学の上からも、多くの研究者によって試みられた。宇野隆夫氏は「井戸考」を発表し、山本博氏もまた井戸の研究に学的な意欲を示し、「中世井戸の成立と構造」あるいは「井桁の起原遺承」の論文となり、さらに『井戸の研究』『神秘の水と井戸』などの著書となった。

弘法井戸の伝説は、水あるいは井戸という人類の生活史上の重要な資源と大師を讃仰した信仰とが融合し成立展開したことに意義深いものがある。

(七)　食物に対する伝承

大師の伝説の中に、食物に関するものも多い。その一に栗がある。大師が持っていた栗の木の杖を逆さに立てたので、その後「枝の垂栗」となったという伝説、あるいは「二度栗」「ふたたび栗」「三度栗」などは、大師が旅の途中にある家に立ち寄り、栗の馳走にあずかったので、その御礼に、これから一年に二度も三度も栗がなるようになったというのである。そのほか、孫が手をのばしてさしあげたので、その後は、孫の手にとどくような枝の低い栗も、

実ったという「孫が栗」などもある。

このような大師と対者との奥床しい伝説の反対に、呪詛伝説といわれるものがある。これについて、南方熊楠氏は、油桃の例について、次のように紹介している。

油桃《つばいもも》は、どことは知らず、大師桃を乞うた時、これは山茶《つばき》の実じや、食うべからずと詐《いつわ》つて与えず、大師これを呪《まじな》うて、桃が毛を失い、山茶の実のやうになつたので、山茶桃《つばいもも》と呼ぶ。

また、各地にみられるものに「石芋伝説」がある。大師が旅先で山芋を乞うたところ、これは堅くて食べられませんと拒絶された。その以後、堅い芋になったというのである。

このような食物伝承の中心となったものは、日本人の食生活にとって、きわめて重要なものであったことが注目される。ことに栗については、早く縄文時代の人々の食料の一として欠くことのできないものであった。すでに、この時代、あるいは、栗の木の栽培もなされていたものとみなされるのである。近年においては、青森市三内丸山遺跡にあって栗殻が発見され、栽培種かどうかの問題も研究されている。

また、弥生時代では、奈良県唐古遺跡や新潟県千種遺跡、静岡県登呂遺跡、山木遺跡などからも発見されており、奈良時代にあっては、奈良市平城宮跡をはじめ、長野県平出遺跡などからも発見されている。ちなみに、奈良時代には、古記録などにも、関係資料がみられている。

山芋については、堅果類や種核のあるものと異なって、その資料はないが、日本人が早くから自然食として食膳に供したことは考えられる。縄文時代の石皿の如きは、その用途に多目的があったとみなされるが、あるいは山芋のすりつぶしも、その用途の一つであったかも知れない。

大師に関する食物伝承は、このように日本人の古来からの食生活の伝統の一面を反映している如くでもある。

（新稿）

二　日本人の祇園精舎観

(一)　はじめに

祇園精舎は、日本の古代・中世の仏教界にあっては、遙かに遠い未知の世界にあり、雲霧の中につつまれている神秘の霊地であった。求法の僧たちも、この地への参詣に情熱をもやしながらも、その道程はあまりにも遠く、しかも、あるいは荒沙に、あるいは波濤にさえぎられて、その念願を達成させることはできなかった。したがって、祇園精舎に対する認識は、中国から将来された経典などによって得られたのであり[1]、その認識は、さらに日本人特有の豊潤な想像力のもとに、おごそかに心に描かれたのであった。そして、あるいは寺の創建にむすびつけられ、あるいは、篤い信仰の根源ともなった。

ことに、中世においては、文学の中に美しく描写され、祇園精舎に対する憧憬は一層深められた。その後、近世に至って、日本人の中には、祇園精舎に詣り、その図をも作製し、故郷の亡き肉親の菩提を弔う人もいた。しかし、それは、ようやくにして、アンコール・ワットに詣った錯覚でもあった。

私は、ここに、中世の文学の世界にあらわれた祇園精舎について紹介し、さらに、近世初頭に画かれた、いわゆる「祇園精舎之図」などについて私見を述べたい。

(二)　中世の文学にみられる祇園精舎

祇園精舎の名は、十一世紀から十三世紀の頃、歴史文学あるいは仏教文学の中に、しばしばあらわれている。その中でも『今昔物語』（巻第一）の「天竺」の部にみられる「須達長者造祇園精舎語」は、祇園精舎の来歴の伝承をくわしく伝えたものとして注目される。

今昔、天竺ノ舎衛國ニ一人ノ長者アリ、名ヲバ須達ト云フ。

其ノ人一生ノ間ダニ七度富貴ニ成リ、七度貧窮ニ成レリケリ。

と記し、七度目の富貴のときに、

其ヨリ又富貴无レ並カリケリ。此ノ度ノ富又前六度ニ倍々［倍］セリ。然レバ長者永ク世ニ名ヲ擧テ、閻浮提ノ内ニ並ブ者无シ。而ル間長者心ノ内ニ思ハク、我レ勝地ヲ求テ伽藍一院ヲ建立シテ、釋尊及ビ御弟子等ヲ居奉テ、一生ノ間日々供養シ奉ラムト思フ心深シ。

其ノ時ニ一人ノ太子有リ、名ヲバ祇陁ト云フ。

此ノ人甚ダ目出キ勝地ヲ領リ、水竹左右ニ受ケ、草樹前後ニ並ベリ。須達太子ニ語テ云ク。我レ佛ノ御為メニ伽藍ヲ建立セムト思フニ此ノ地足レリ。願クハ太子此ノ地ヲ我レニ與ヘ給江ヘト。太子答テ云ク。此ノ地ハ東西十里、南北七百餘歩也。當國隣國ノ豪族ノ人來テ乞フト云ドモ、于レ今不レ與ズ。但シ汝（女）ガ云フ事ニ至テハ、既ニ佛ノ御為ニ伽藍ヲ建立セムト也。

敢テ惜ム心无シ。然レバ地ノ上ニ金ヲ六寸敷テ直ニ得シメヨト。須達太子ノ言ヲ聞テ喜ブ事无限。忽ニ車馬人夫ヲ以テ金ヲ運テ、地ノ上ニ厚サ五寸ヲ敷キ満テ、太子ニ與ツレバ、長者思ノ如ク地ヲ得ツ。

と記している。これは、祇園精舎にともなう有名な伝承であるが、これを広く文学的な表現で示したのであった。つ

づいて建立した寺院については、

其ノ後チ伽藍ヲ建立シテ一百餘院ノ精舎ヲ造ル。

其ノ莊嚴微妙ニシテ嚴重ナル事无レ限。

中殿ニハ佛ヲ居ヘ奉リ、院々房々ニハ深智ノ菩薩等及ビ五百ノ羅漢等ヲ居ヘ奉テ、心ニ随テ百味ヲ運ビ備ヘ、珍寶ヲ満置テ、廿五箇年ノ間、佛及ビ菩薩比丘僧ヲ供養シ奉ル。祇洹精舎ト云フ此レ也。須達ガ妻ノ善知識ニ依テ、最後ノ富貴ヲ得テ、思フガ如ク伽藍ヲ建立シテ、佛ヲ供養シ奉レル也ケルトナム、語リ傳ヘタルトヤ。

と記している。ちなみに、『今昔物語』は、編者は源隆国（一〇〇四〜一〇七七）という説もあるが、承暦元年（一〇七七）の頃に成立したといわれている。

さらに、祇園精舎の名は、建久元年（一一九〇）から承久三年（一二二一）の頃に成立したといわれている『平家物語』の巻第一のはじめの文にあらわれた。

すなわち、次の文である。

祇園精舎の鐘の聲、諸行無常の響きあり。娑羅雙樹の花の色、盛者心衰のことはりをあらはす。おごれる人も久しからず、只春の夜の夢のごとし。たけき者も遂にはほろびぬ、偏に風の前の塵に同じ。

この文には、人の世のさだめのはかなさを、見事な文学的表現をもってあらわしたものとして、多くの人々に共感を覚えさせ、ながく仏教文学の中の珠玉の文として、親しまれた。

一方、祇園精舎の名は『栄華物語』の中にも、藤原道長の法成寺の建立に結びつけられ想像をたくましくして表現された。『栄華物語』は、十一世紀の中頃から十二世紀のはじめの頃に成ったといわれているが、法成寺の造立工程について、次のように叙述し、そして、祇園精舎の工事も、このようなものであったとなしているのである。次の文である。

御堂の内を見れば、佛の御座造り耀かす。板敷を見れば、木賊《とくさ》・椋葉《むくのは》・桃の核《さね》などして、四五十人が手ごとに

居竝みて磨き拭ふ。檜皮葺・壁塗・瓦作なども數を盡したり。又年老たる法師・翁などの、三尺ばかりの石を心にまかせて切り調《ととの》ふるもあり。池を掘るとて四五百人下りたち、又山を疊むとて五六百人登りたち、又大路の方を見れば、力車《ちからぐるま》にえもいはぬ大木どもを綱つけて叫びのゝしりてもて上る。加茂河の方を見れば、筏といふものに榑・材木を入れて、棹さして、心地よげに謠ひのゝしりてもて上るめり。大津・梅津の心地するも、「西は東」といふはこれなりけりと見ゆ。磐石といふばかりの石を、はかなき筏に載せて率て來れど沈まず。すべて色々様々言ひ盡すべき方なし。かの須達長者の祇薗精舎造りけんもかくやありけんと見ゆる（巻十五）。

次に小島法師（一四七四年没）の作とされ、正平元年（一三四六）前後に成立したといわれる『太平記』は『日本文学大系』の中の『太平記』の編者後藤丹治・釜田喜三郎両氏が「解題」で述べているように、日本史の碩学萩野由之博士が「校注国文叢書」第三、「太平記の序言」の中で「太平記ほど、世に不可思議なる書籍はあるまじきなり」と述べ、その不可思議の五つを挙げ、「太平記はかく過去現在において不可思議なる書籍なり、将来においても亦不可思議の功力あるは知るべきのみ。そは之を能く読む人の自ら覚る所ならん」と結んでいることを紹介している。

さらに、この本の内容について、同氏は、

太平記の内容は後醍醐天皇即位の文保二年（一三一八）二月から後光厳天皇の貞治六年（一三六七）十二月、将軍義詮が逝去し、幼君義満の補佐として細川頼之が執事職となるまで約五十年間の動乱を知識人の冷徹な筆で描いてある。

と述べている。

『太平記』の第二十四には、次のように祇園精舎を紹介している。

宗論ノ事ハ、三國ノ間先例多ク候者ヲ、朝参ノ餘暇ニ、賢愚因縁經ヲ開見候シニ、彼祇園精舎ノ始ヲ尋レバ、舎衞國ノ大臣、須達長者、此國ニ一ノ精舎ヲ建佛ヲ安置シ奉ラン為ニ、舎利弗ト共ニ遍ク聚落園林ヲ廻テ見給フニ、波斯匿王ノ太子遊戯經行シ給フ祇陀園ニ勝レタル處ナシトテ、長者、太子ニ此地ヲ乞奉ル。

また、室町時代の中期の頃の作といわれる『曽我物語』は、『栄華物語』や『平家物語』などの影響をも受けているが、巻十一の「貧女が一燈の事」の中には、そのはじめの文に、

　其古を思ふに、天竺の阿闍世王は、常々佛を請じ奉、數の寶をさゝげたまふ。ある時、佛の御かへり、夜に入ければ、王宮より祇園精舎まで、十方國土の油をあつめて、萬燈をともし給ひけり。

となしている。

(三)「法語集」などに見られる祇園精舎

このような歴史文学的な性格をもつ本のほかに、仏教関係の本の中にも祇園精舎の名は広く紹介されたことはいうまでもない。ことに「法語集」の類にもあらわれ、仏教を信奉する人々に、遙かな霊地に思いを至らせ、信仰の心を一層深めさせたのであった。

たとえば、『沙石集』にも紹介されている。この本は、無住によって、弘安六年（一二八三）に成稿したというが、次の文がある。

　如來入滅之後、祇薗精舎ノ佛ノ常ニ御座ケル所デ、阿難、佛ノ御事ヲ戀ヒ奉リテ、哭スル事アリケル時、善思菩薩コレヲ見テ、「阿難ハ三藏ノ法門ヲモ結集シ、佛如クコソ世間ニ思ツルニ、無常ノ道〔幻〕化ノ世、何事カ誠アル。無下ニ凡夫ノ如ク不覺ニモ哭スルカナ」ト云時、阿難答テ云、「如レ形ソレ程ノ事ハ知レドモ、廿五年ノ間、給仕奉事シ奉テ、龍宮ヘ入リ給シニモ、天上ニ登リ給シニモ、御袈裟御鉢ヲ持テ、片時モ離レ奉ラザリシカバ、常住ノ法身ヲ信ジ、幻化ノ魔滅ヲ知ト云ヘドモ、彼ノ御形ノ戀シクヲハシマスナリ」トテ、音ヲアゲテ泣哭セシカバ、善思菩薩モ同哭シ給キ。

「法語集」は、仏教の有難さを一般の人々にわかりやすく述べたものであるが、その中の「慈雲短編法語」の「世

間相常住法語」には祇園精舎のことに触れている。ちなみに、慈雲（一七一八〜一八〇四）は、諱は飲光《おんこう》であり、真言宗の僧であり、『梵学津梁』をあらわしたことで知られている。

印度の舎衛國祇園精舎は、御佛のとし久しくましまし、羅漢菩薩の數々遊聚し給ふ所なれば、國王臣民の守りはさる事にて、諸天善神たれかその擁護をおこたるべき。年千百年をかさねて後、衆僧のをこたりをごりの心出來たる時、堂裡のねずみ燈炷をふくみさるけるが、牖の足につきて、七重の宮殿、五重の門樓、三周の房舍、ことごとく灰燼となるときけば、時の衆僧の御心こそうらめしき御事かな。

一方、祇園精舎の名は、歌謡の中にもあらわれ、謡曲にも題材とされた。たとえば、

迦葉尊者の石の室、祇園精舎の鐘の聲、醍醐の山には佛法僧、鶏足山には法の聲。

の歌謡がある。これは『梁塵秘抄』にあらわれているものである。この本は、後白河法皇（一一二七〜一一九二）の撰になり、治承三年（一一七九）に完成したもので、平安時代の末期から流行した歌謡をあつめたものであるという。

さらに、謡曲にもみられた。観世信光（一四三五〜一五一六）の能狂言の「道成寺」の中には『平家物語』のはじめの文をそのまま引用している。このようにして、祇園精舎の名は能や謡曲の世界にも登場し、広く一般の人びとの知識となったのであった。

㈣　「祇園精舎之図」と史学者の紹介

茨城県水戸市の彰考館図書館に一枚の図が保存されている。「祇園精舎之図」である。私は、同館の好意で、これを見ることができた。そして写真の撮影も許された。図1である。この図面は縦六八センチ、横七一センチぐらいのもので、墨書しているが、建物だけは薄黒色で区別している。また、濠などは青色、彫刻などは黄色の薄い色彩をほ

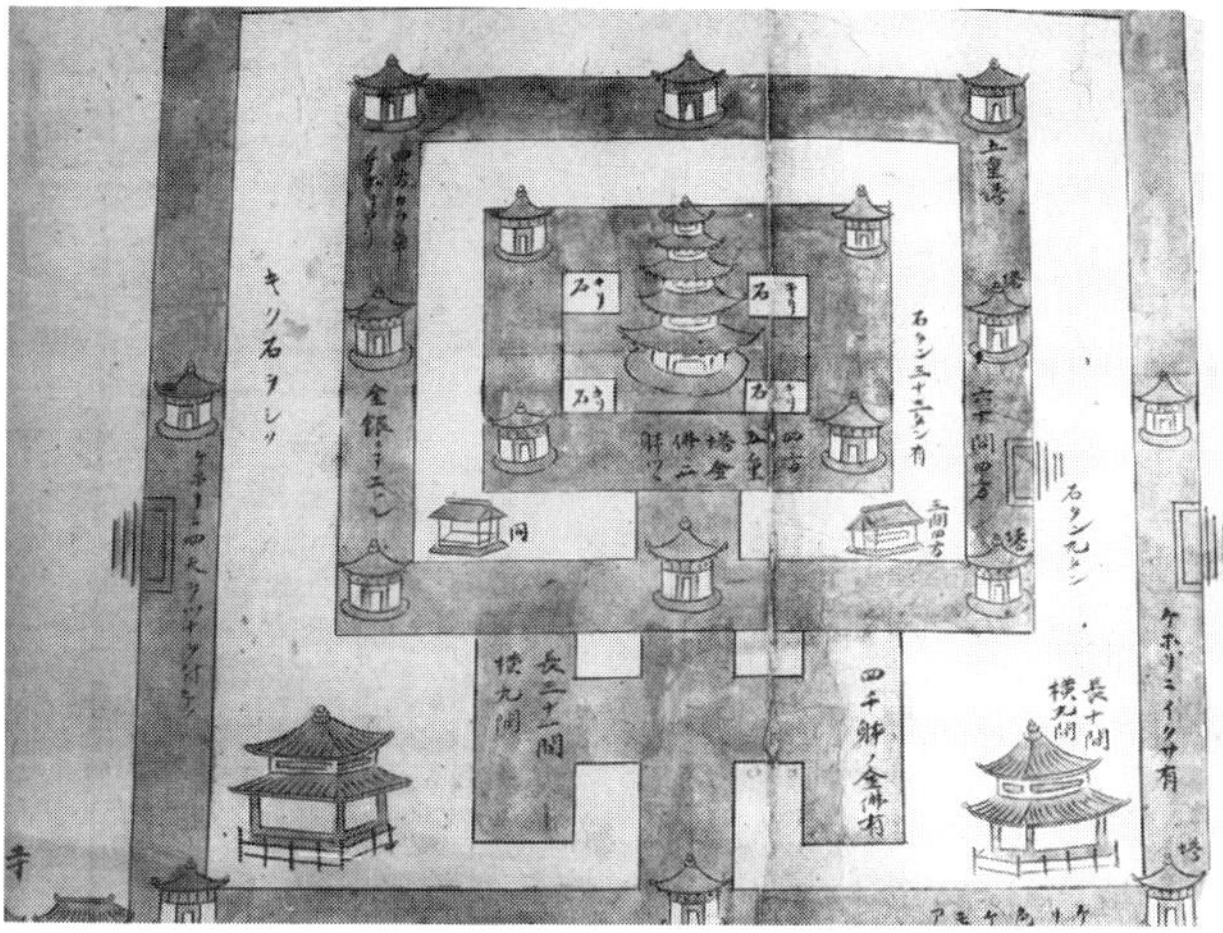
図１　島野兼了の祇園精舎の図の中心部

どこしている。

この図面に早く着目して学界に報告したのは、水戸市出身の史学者栗田寛であった[2]。

氏は、明治二十八年（一八九五）に「祇園精舎の図を観て所感を述ぶ」という文を発表し、皇国史観の立場から考察し、次のように述べた。

> 大猷公には、長崎大通事島野兼了を中天竺に遣されしも、其意唯かの祇園精舎を見せしむるのみにあらず、西洋諸國の事情を探偵するに意ありしなるべし故に兼了も其意を體し、東海三千里外の大國（即亞墨利加州ならん）を見るとひとしく、此は日本國に屬すへき國也とて、石碑を建て日本國中と記し歸りしとあるにて知るべし。

となした。

黒板勝美は、「アンコールワット石柱記文について」の文のはじめに[3]、

> 佛領印度カンボヂャ首都プノムペンの北方三百十餘粁許りのグラン・ラク（大湖）の北岸アンコルにある有名なアンコル・ワット（アンコルの大寺院）については、早くから學者の間にも注意されて、其の建築等についても研究の結果が發表されてゐたのであるが、既に三世紀前、長崎の通事島野兼了が三代將軍家光の命を奉じオランダ船に乗って此の寺院を訪ひ、實測した圖面もその寫しが祇園精舎の圖として水戸の彰考館に珍藏されてゐる。

と述べた。

(五)　建築史学者伊東忠太の論文

このような史学者の紹介のほかに、建築史学者伊東忠太の紹介があった。(4) しかも、この内容と肩書・奥書をも紹介し、作者の人物論をも加えた大論文でもあった。題して「島野兼了の祇園精舎」という。

まず、図の肩書と奥書とについて、次のように記している。

舎衞國の大臣須達長者波斯匿王の王子祇陀太子遊戯の地祇陀園を乞ひ其の地八十餘頃に黄金を布滿て太子に奉り精舎を立てると云塵添壒嚢鈔巻十六佛閣僧居寺の條に見ゆ。

さらに、次の文書が、裏面に貼付されていることをも述べている。

大猷院様御代長崎大通辭島野兼了を被為召被仰渡候は中天竺摩伽多國祇園精舎え罷越致見分罷歸可申旨被仰渡兼了奉畏候段御請申上候又被仰渡候は昔より代々の三藏法師天竺に渡り候へども渡儀難叶多く相果申候如何其方は可參哉と御尋に付兼了申上候は代々の三藏法師共不、了管に付多く相果申候其故は大唐より天竺迄之、内幾千萬里と申儀難相知或は於道惡獸にとられ或は盜賊に逢ひ多く禍に及申候凡日本道百里餘歩行いたし一切人家無御座候依て相果申候兼了罷越候義は阿蘭陀船に乗船仕罷越候はゞ天竺は不及申あらゆる世界を廻り候ても、少も気遣無御座候旨申上候。其年阿蘭陀舟に乗船仕中天竺へ罷越祇園精舎に至り日本の寸尺を以繪圖いたし指上候旨右の序に日本の東海海上三千里先に大國有之候是は日本に可附國と存石碑を建日本國中と印罷歸申候。正徳五年乙未予祖父忠義奉台命在于長崎之日忠義問于其土人某氏譯士歟名今忘日嘗聞者大猷院君命大譯士島野兼了者渡于天竺檢閲祇園精舎云實乎否乎答日實也即示其所摸寫繪圖及書記焉忠義傳寫以家藏是也

安永元年壬辰十一月廿五日

藤　原　忠　寄

この図面についての由来がわかるが、これを要約すると、長崎の通事島野兼了なるものが、徳川家光の命によって天竺に渡り、図面をつくった。この図面を藤原忠房という者が長崎に行ったときに模写して家蔵していた。その孫忠寄に至ったが、水戸の彰考館総裁立原翠軒は、その絵図をさらに模写させ、彰考館に伝えたというのである。

さらに、博士は、島野兼了なる人物は、一種の、はったりや的な性格の持ち主であったという意味のことをも述べている。

㈥　アンコール・ワットへの錯覚と島野兼了なる人物

図1は「祇園精舎之図」とあり、画いた本人も祇園精舎と思って作製したと思われるが、実は、カンボジアのアンコール・ワットの図である。しかも、アンコール・ワットの平面の建物や、その他の遺構の構成などは、かなり的確である。これは、現在広く紹介されているアンコール・ワットの平面図（図2）と比較しても明らかである。恐らく、この図を作った人は、当時、何らかの方法で実地に測量したものともみなされる。とにかく、この頃の、この種のものの図としては、すぐれたものと評価したい。

さて、ここで、一つの問題は、図の裏書にあるように、長崎の大通事島野兼了という人物が、果たして実在したかどうかである。

これについては、私も、長崎県の、この方面にくわしい研究者にも照会したのであるが、島野という名のものは大譯士（通事）の中にいないということである。

したがって、裏書の文は、かなり信憑性を欠くといわざるを得ないが、とくに考えられることは『甲子夜話』の記

事である。

『甲子夜話』は、旧平戸城主松浦静山によってまとめられた随筆で、文政四年（一八二一）十一月甲子の夜から起稿し、二十年つづけられたものである。

筆者の地位から察しても、その内容は信頼のおけるものである。この中に、次の記事がある。

清正の臣森本義太夫の子を宇右衛門と称す。義太夫浪人の後、宇右は吾天祥公の時廈伽に出て咄など聞れしとなり。

此人嘗て明國に渡り、夫より天竺に往たるに、彼国の界なる流沙河をわたるとき、鰕を見たるが、殊に大にして数尺に及びたりと云ふ。夫より檀特山に登り、祇園精舎をも覧て、この伽藍のさまは自ら図記して携還れり。今その子孫吾中にありて、正しくこれを伝ふ。然ども今は模写なり。

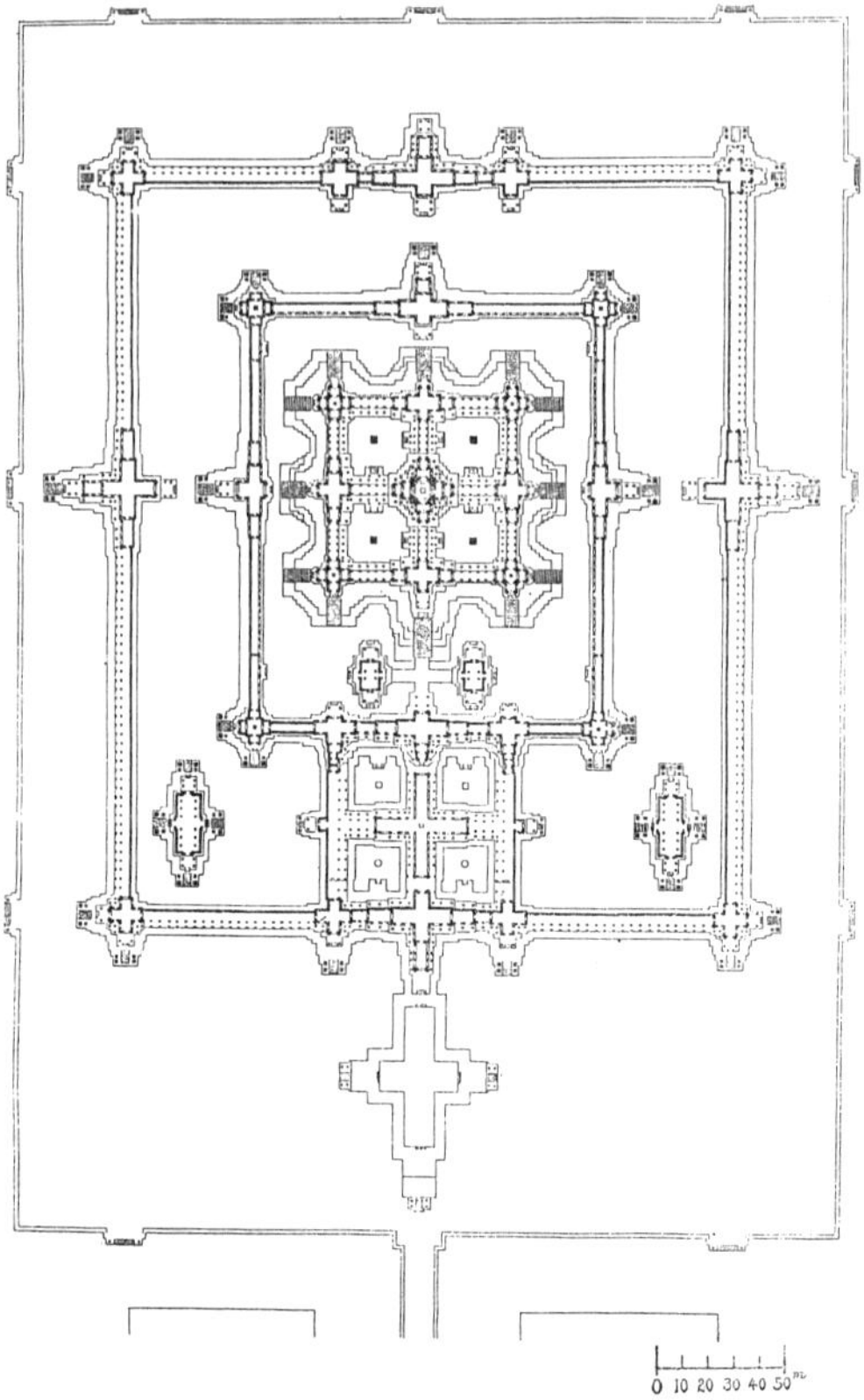

図２　アンコール・ワットの平面図

この記事から考えると、この図は、加藤清正の臣森本義太夫の子、宇右衛門なるものが、アンコール・ワットを訪れて、作成して持ち帰った図と混淆したものともみられるのである。このような問題はあるにしても、この図は、近世の初頭、一人の日本人が、ア

ンコール・ワットを祇園精舎と信じていたことを示すものである。

それにしても、たとえ祇園精舎と誤認したにせよ「道中にあって悪獣に襲われ、あるいは盗賊に逢うなど、多くの禍いに遭遇し、百里の道の一切の家屋のないところを歩行した」というような文は、たとえ誇張であったとしても、心に画かれた祇園精舎への苦難の道を巧みに表現したものといってよい。

(七)　アンコール・ワット石柱記文

なお、アンコール・ワットには、寛永九年（一六三二）の正月、肥後の森本右近太夫一房なるものが参詣し、故郷の亡き母の冥福を祈願している。これは、石柱に墨書したもので、次のように判読される。

寛永九年正月ニ初而此所来ル生国日本
肥州之住人藤原之朝臣森本右近太夫
一房□御堂ヲ心□為（カ）千里之海上ヲ渡一念
之儀ヲ念シ生々世々裟婆寿世之思ヲ清ル者也
為基ニ仏ヲ四躯立奉ル物也
摂州北西池田之住人森本儀太夫
右実名一吉善魂道仙士為裟婆ニ
是ヲ書物也
尾州之国名谷之都後室其
老母者（カ）□明信大姉為後世ニ是
書物也

寛永九年正月廿日

「祇園精舎之図」の作者と同じく、祇園精舎と誤認したとも思われるが、文の中に「千里の海上を渡り云々」と、道程の遠いことを、よくあらわしている。

ちなみに、この墨書銘文は、日本にとって貴重な資料であるが、私が、一九六九年に訪れたときは、そのまま残されており、図3のような写真を撮影した。ところが、一九九五年の再訪のときは、ほかの新しい落書きと同じにとりあつかわれ、無残にも抹消されていた。まことに残念である（図4）。

図3　森本右近太夫によるアンコール・ワット石柱の墨書の文（1969年撮影）

図4　現在抹消されてしまった森本右近太夫の墨書の文（1995年撮影）

(八)　近世の文献にみられる祇園精舎

近世において、祇園精舎について記載した文献も多くあらわれたが、これらの文献の筆者たちは実地調査をしないため、とくに、新しい見解はなかった。

「祇園」あるいは「祇園精舎」について、辞典的にまとめたのは近世の一種の百科全書ともいうべき山岡俊明（一七一二〜一七八〇）の『類聚名物考』であった。この本の巻二十七「仏教部五」の「居所・名区」の項の中で、祇園については、

〇祇園　ぎおん　〇「楊升菴外集九」寺稱二柰園一者、白馬寺有二柰林一也、見二洛陽伽藍記一、王勃詩柰園傾二八正一、柰園出拂菻國、佛寺二曰柰苑、祇園一、本レ此、〇［金剛經］注、須達長者、營二祇園精舎一、須達多白レ佛言、弟子欲下營二精舎一諸佛住上、惟有二祇陀太子園一、林木欝茂可居、〇［夫木抄第一］立春、祇園社百首、藤原俊成「あふ坂の杉より松（杉イ）に霞けり祇園精舎の春の明ほの

祇園精舎については、

〇祇園精舎　〇天竺舎衛國大臣、須達長者、波斯匿王王子、祇陀太子遊戯地、乞奉二祇陀園一、則為二釋尊説法會座一、故祇園精舎云二精舎一、梵語也、翻譯曰レ寺、

となしている。

また、近世の国学者であった山崎美成（一七九六〜一八五六）は、随筆『世事百談』の中で、下野国薬師寺に参詣し、戒壇に触れ、

人みな戒壇の下には天竺の土ありとて、床の下に入りてとるものあり。鑒真の傳を案ずるに、祇園精舎の土三斗を携へ来りて、三戒壇の下に埋むことあれば、據どころなきにあらず。

として、祇園精舎について述べている。

また、豊山の学匠亮盛阿闍梨の編纂した『坂東観音霊場記』には「常州茨城郡笠間城内佐白山正福寺」(巻七)について記した中に、

昔天竺ニ須達長者。祇園精舎ヲ造ント舎利弗尊者ト共ニ。祇園ニ縄張シ玉ヘバ。條チ六欲天ノ中ニ。其宮殿楼閣ヲ現ゼシトゾ。

として、須達長者を引用していることも、この時代の僧侶の祇園精舎観の一片鱗を示したものであろう。

注

(1) なお、祇園精舎について日本との関係を述べた論文に、網干善教氏の「祇園精舎考」『阡陵—関西大学博物館学課程創設二十周年記念特集』一九八二年がある。

(2) 栗田寛の文は『栗里先生雑著』(巻十四)に収められている。

(3) 黒板勝美は『財団法人啓明会第二十七回講演集』(一九二八年)に発表し、のち「南洋に於ける日本関係史料遺蹟に就きて」および「アンコールワット石柱記文について」『虚心文集』第八、一九四〇年の文がある。また、清水潤三「アンコール・ワットの石柱にのこる日本人墨書の調査」『東南アジア稲作民族文化綜合調査報告』一、および「アンコール・ワットにのこされた森本一房の墨書について」『史学』四四—二、一九七二年がある。
なお、私も『図録東洋仏教遺跡』一九七五年の中に「島野兼了のアンコール・ワットの図について」の一項を設けて発表している。

(4) 伊東忠太「祇園精舎とアンコール・ワット」『東洋建築の研究』下、一九三六年

(佛教文化学会十周年北條賢三博士古稀記念論文集『インド学諸思想とその周延』二〇〇四年六月)

第二章　北朝鮮・韓国文化史研究

一　新羅初創の寺院　興輪寺に関する考察
――狩猟文塼と立樹双鳥・獅子文彫石に関連して――

(一)　はじめに

私は、一九三四（昭和九）年十一月刊行の『考古学雑誌』第二四巻第一一号に「慶州にて最近発見せられた狩猟文塼」と題する一文を発表した。これは、一九三四年に韓国慶州邑沙正里（現在慶州市沙正洞）で、「私の畑地から発見されました」といって、この土地の学校の一生徒が、慶州博物館に持参し寄贈されたものについての報告であった。あたかも、この頃、京都大学文学部考古学研究室では、同教室刊行の「考古学研究報告」の一冊として『新羅古瓦の研究』の本文校正中だったので、早速この塼の拓本を浜田耕作博士のもとに送った。幸い、出版に間に合い、同書の余白の一ページに博士の文によって紹介され「此の貴重なる材料を早速提供せられたる斎藤忠君の厚意に深謝の意を表す」と記された。

つづいて、私は、一九三七（昭和十二）年九月刊行の『考古学雑誌』第二七巻第九号に「慶州所在の『立樹双鳥文』彫石」と題する文を発表した。これも同じ沙正里の本願寺という小寺院の庭に横たえられていた石材で、私が立ち寄り、石面に立樹双鳥文などの彫刻のあることを発見し、博物館に寄贈していただいた資料の報告であった。(1)

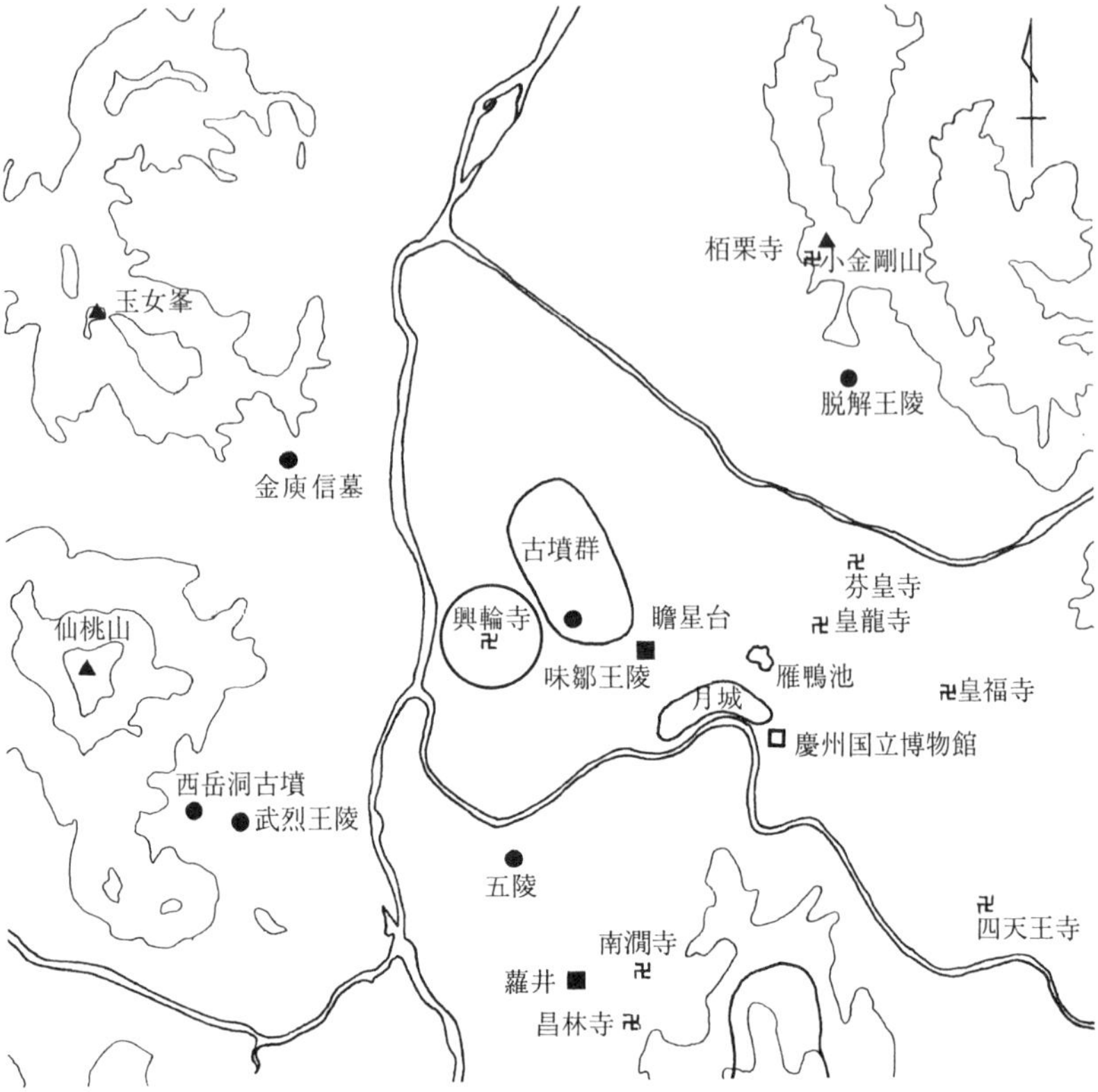

図1　興輪寺とその周辺

　これらの発表から早くも六十余年の歳月が流れた。その後、私は、いくたびか慶州国立博物館を訪れ、これらに接したのであったが、それとともに、これらが本来どこにあり、どのようにして用いられたかの疑念も胸中に去来したのであった。

　二〇〇三年八月、私は新装なった博物館を訪れたが、文様がかなり漫滅している彫石に接した。あわせて学校の校舎ならびにグランドになっていた興輪寺跡を訪れた。この寺は、これらの二つの資料の原位置と見なされるのである（図1）。いま、新しく塼および彫石の文様について、私の図写を発表しつつ、これらと興輪寺との関係を考えようとするものである。

(二) 狩猟文塼と立樹双鳥・獅子文彫石とその図文の意義

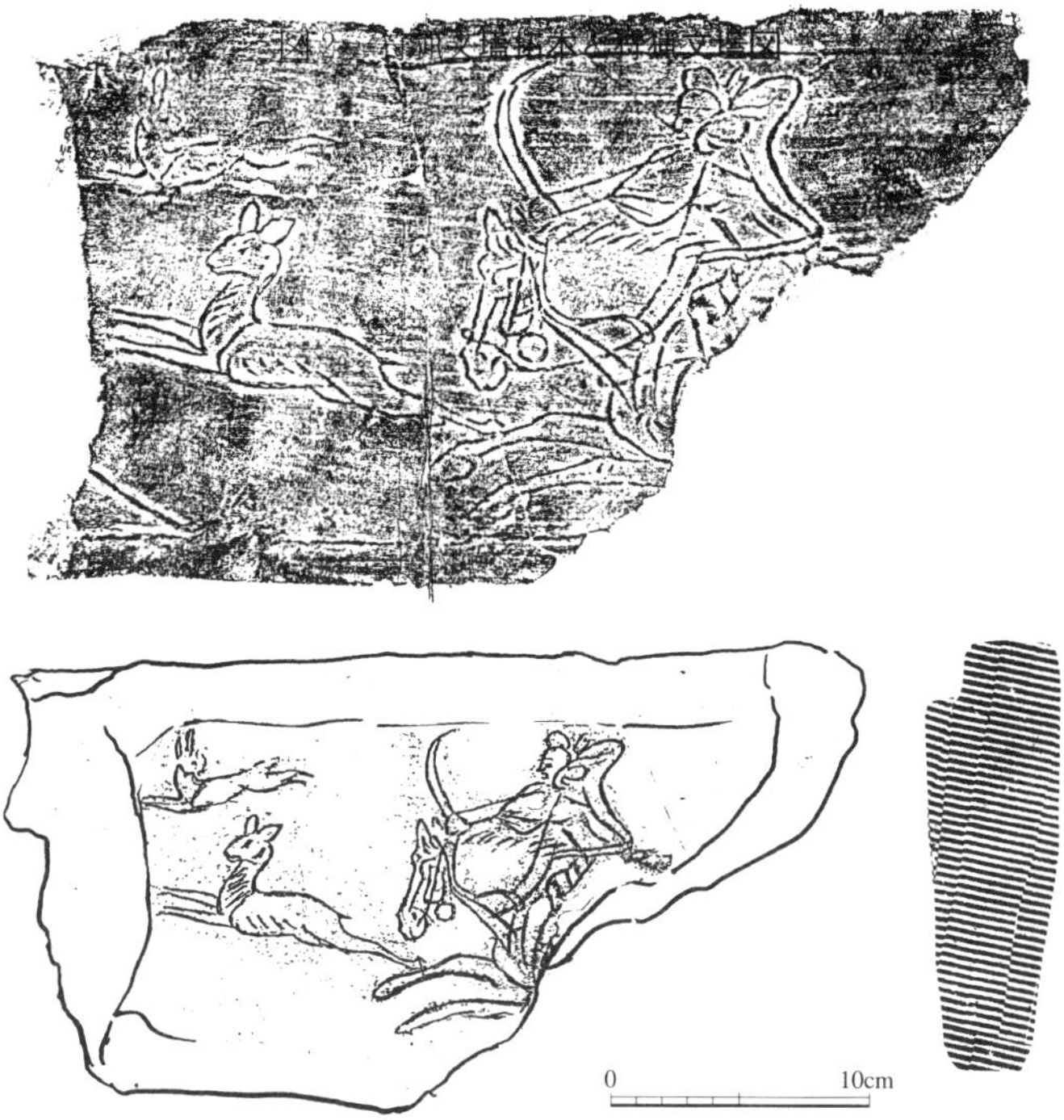

図2　狩猟文塼拓本と狩猟文塼図

ここに、あらためて、これらについて、『考古学雑誌』に発表した文を中心として述べつつ、新たに作製した図面などを紹介したい。

狩猟文塼（図2）は、長方形の平板状で、かなり薄い塼である。文様のある表面に向かって左端は少し欠失し、右端の下方も欠失しているが、横三二センチ、縦一六センチ、厚さ四・四センチぐらいに測られる。上縁は一段低まっており、これは、別な同形の塼との嵌めこみに備えたものとみなされる。表面は平たく、その上縁下縁の近くは、それぞれ一条の陽線で界され、その内側に同じく陽線で二匹の動物を追う騎士の絵が描かれている。騎士の後方は欠失して完全な絵として見ることはできない。ただ、主要な部分は残され、その図柄が知られる。かなり雄渾な筆致で陽刻されている。すなわち、一匹の動物は、やや遠く離れて後を見返りなが

ら疾走しており、長い耳や頭の形から見て野兎をあらわしたものであろう。他の近くの一匹は、明らかに鹿で、四肢をのばし、疾駆している。馬は、それを追走し、これに跨がる、一種の冠を着けた騎士は、弓を張りしぼり、まさに矢を放ち、逃げ行く鹿を射止めようとする姿をあらわしている。

塼の出土関係について、私は、当時発見者崔君の案内で現地にも駆けつけ、調査したのであったが、畑地であり壁土採取のため掘ったところ、平瓦の破片や、軒丸瓦などの破片とともに発見されたという。軒丸瓦には単弁の蓮花文のものもあった。

次に、立樹双鳥・獅子文について、『考古学雑誌』に記述した文の一部を、新たに補正して紹介する。花崗岩質の石材である。長さ約三メートル、幅は不整であるが、七五センチ内外、厚さは約二八センチの大きな偏平長方状板形をなすもので、外周の切り欠き面は整斉でない。表面のみ、やや平滑になっているが、その一端に偏して三つの圏周が互いに相接して彫られ、その中に、それぞれ図文がレリーフされている（図3、図4）。

一つの端に最も近い第一円圏は、直径四〇センチ、外周は幅四センチの溝をなす。図文は中央に一本の樹木をあらわし、その頂辺は二枝にわかたれ、下尖りの楕円状塊をなす花実状のものを垂下させ、樹下中央に一匹の動物を画く。これは、尾を大きく上にあげ、足も太く爪も鋭く、頭部は細かく旋円文を施して、たてがみ状を示し、一見して獅子を象ったことがわかる。しかも、その肉付けも雄勁で俊豪な気風をただよわせている。

これに隣接する第二円圏は、直径五〇センチぐらいのやや大きなものに測られる。同じく周外に五センチの幅の溝をめぐらす。図文は中央に一本の立樹をあらわし、その基部は三層の基台を象る如くである。樹葉は両側にほぼ均斉して垂下しているもので、葉文は三、四枚ずつ束ねられて繖状に下る。樹下左右に一種の渉禽が見られる。これは長頸を互いに交叉させて配され、よく左右均斉の趣があらわされている。背は丸まり、脚は長く、三本の趾爪も細く刻され、水禽の特色が示されている。周帯には幅六センチの珠文帯がめぐらされる。

第三円圏は、これに接しているが、やや偏っているため現在半切された一部しか見られない。これは、外周の切り

図3　立樹双鳥・獅子文彫石（国立慶州博物館蔵、1993年撮影）

図4　立樹双鳥・獅子文の拓本

面の不整な点とともにこの石材は原形のままのものでないことを語っている。現在の円圏についてみると、直径六六センチに測られる大きさのもので、同じく外周は、溝に囲まれ、その中に幅七・五センチで珠文帯を繞らす如くである。ただ、全面剥落し磨滅の度が著しく、その図様を明らかにすることはできない。

この石材は、現在も新装なった博物館の庭に陳列されているが、磨滅の度はさらに著しくなっている。

以上紹介した塼と石材との文様について改めて考察したい。前者は、狩猟文であり、あるいは「鹿・兎を射る騎士像文」といってよいかも知れない。後者は立樹双鳥・立樹獅子を円文に配した組み合わせである。

これらは、いずれも古代における東西文化交流史を語る内容であることはいうまでもない。前者の狩猟文関係については、関

図 5　立樹双鳥・獅子文彫石（上：1979年10月、中：1994年12月、下：2003年 8 月）

図6　中国敦煌莫高窟　第98窟の狩猟文図（『中国壁画全集　敦煌』9より）

図7　法隆寺四天王紋旗の図文（三宅米吉『法隆寺所蔵四天王紋錦旗考』より）

係論文も発表されている。ここでは、とくに中国敦煌莫高窟の第九八窟の鹿を追う騎士像の模写図を紹介したい（図6）。年代は五代に属するが、唐風を踏襲しており、共通性が指摘されること(2)は明らかである。

後者については、日本では早くから紹介されている法隆寺の四天王紋旗の図文(3)が比較の対象となる（図7）。同じように、珠文帯の外周に囲まれ、中央に立樹を配しており、その意匠の同一であることは明らかである。大きな相違は、四天王紋旗と異なり、慶州の場合は、石材であり、この土地において、石工が模本などをもととして、彫刻したものであることが明らかな点である(4)。

(三)　二資料の原所在地と認められる興輪寺

これらの資料は、一つは塼であり、一つは、大きい石材であり、その性格を異にしたものであるが、いずれも、新羅統一時代のものであることは明らかである。では、本来どのような施設に属していたものであったろうか。この場合、一般の民家とは考えられない。宮殿あるいは寺院関係の施設にあったとすることが、適切である。二つの資料は、ともに沙正洞発見である。

塼の出土は、その沙正洞の畑地の一角である。彫石は、本来、その原位置は明らかでないが、遠方より運搬したことは考えられず、もともと沙正洞の地にあったとすることが適切である。この沙正洞には興輪寺があった。この寺は、のちに述べるように新羅統一時代の大伽藍であったことにより寺域の広大さも考えられるのであり、恐らく、この寺院の施設に関係したものとすることは、疑念をさしはさむ余地がないであろう。

興輪寺は、かつて廃寺跡として残っていた。そして、多くの瓦や塼が発見され石造物が残されていた。早く、藤島亥治郎博士も調査して発表しており[5]、かつて私の訪れた頃は、畑地の中に建物跡の基壇の一部が残されていた。

図8　興輪寺跡の現状（2003年8月撮影）

その後、韓国の研究者によっても関心が寄せられ、一九六五年発行の『考古美術』には、秦弘燮氏によって「興輪寺址出土瓦塼」が発表され、宝相華文方塼や軒丸瓦・軒平瓦の発見の報告があった[6]。

また、一九七二年、一九七七年および一九八二年には一部地域が発掘され、円形平面の建物跡、その他の建物跡の発見もあった。なお、この興輪寺跡には、石槽・石燈もあり、現在慶州博物館に保存されている。ちなみに、現在は、慶州工業高等学校の敷地になっている（図8）。

㈣　興輪寺の創立とその沿革

興輪寺の歴史的背景については、すでに多くの研究者によって述べられているところであり、ここに詳述をさけるが、論を進める関係上二、三の事項について紹介したい。

『三国史記』（巻四）の「新羅本紀」（第四）に「眞興王五年春二月興輪寺成る」とある。これによれば、眞興王五年すなわち五四四年に成ったことが知られるが、『三国遺事』（巻三）の「阿道基羅」の条には、高句麗の我道和尚によって開基されたことが記されている。すなわち、次の文である。

其れ、京都内に七處の伽藍の墟有り、一に曰く、金橋の東の天鏡林。（今　興輪寺金橋は西川の橋と曰う、俗に訛りて、松橋と呼云するなり。寺は我道より始基す。法興王丁未に至りて草創す、乙卯大いに開く、眞興王畢成す。）

なお、同書には、王女の病を癒したことにより、開基することができた旨も記されている。また、『三国遺事』（巻三）「原宗興法」には、「眞興大王即位五年甲子大興輪寺を造る」とあり、その注に、

国史と郷伝を按ずるに、実に、法興王十四年丁未始めて開く。二十一年乙卯大いに、天鏡林を伐り始めて工を興す。梁棟の材は皆其の林中において取るに足る。而して階礎石龕、皆之れ有り。眞興王五年甲子、寺成る。

とある。

興輪寺は、大興輪寺として創立され、その後も、歴代の王は、この寺に関係したらしく、興徳王の大和元（八二

七）年、入唐僧が仏経をもたらして帰ってきたときには、王は諸寺の僧徒とともに、興輪寺の前路に出て迎えている。

『三国遺事』（巻三）「東京興輪寺金堂十聖」には、十聖の壁画があったことが記され、同じく「興輪寺壁画普賢」には、南門・左右廊廡・左経楼・殿塔などの建物や園池の施設のあったことも記されており、多くの建物に園池をそなえた広大な伽藍地であったことが知られる。

同じく、沙正洞が原位置とみなされる塼や彫石が、この寺院に関係のあったことは、認めてよいのではなかろうか。

図9　現在の寺院の石階（上：中国五台山顕通寺、下：韓国慶南通度寺）

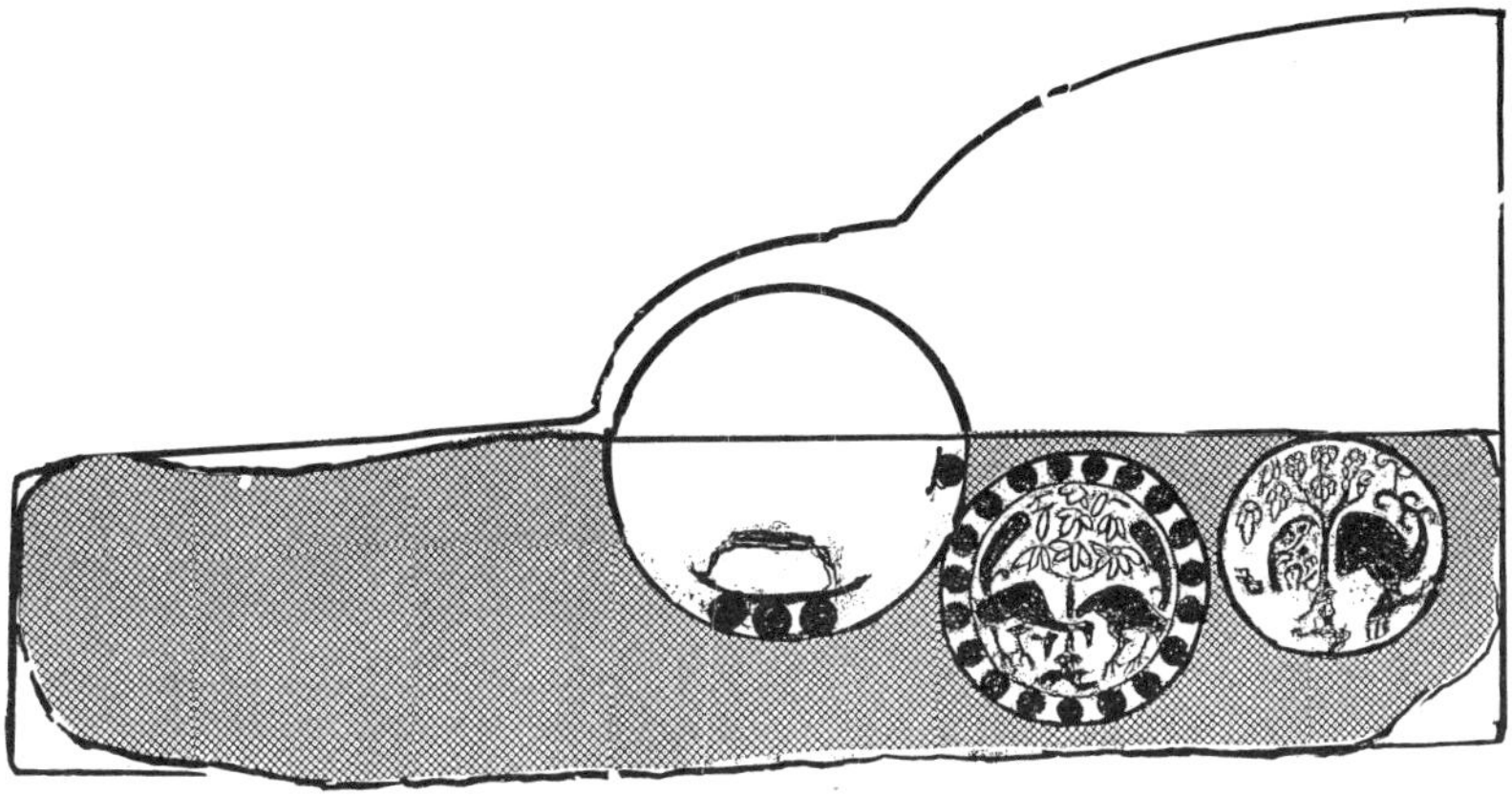

図10　立樹双鳥・獅子文彫石の使用箇所推定図

(五)　塼・石材の使用された箇所の考察

二資料が、興輪寺に関係したものと認めるとき、さらにこれらが、どのような建物に、どのような目的をもって配置されたかについても推考しなければならない。塼の場合は、その図柄の陽刻であることから考えても敷塼でなく、一種の壁塼であったとみてよい。この場合、その上縁は一段と低まり、上の塼との結合にそなえたものとみなされる。壁塼にする場合、基壇または塔に配されたことを考えるのが適切であろう。建物内部の仏像などを安置した基壇には、多種な文様のみられるものもある。

一方、石材の場合、私は一つの考えとして、建物の石階の両側に設けられた施設でなかったかとなしたい。石階の両側には特殊な施設をなしている。これらは、中国や韓国の現在の寺院の例によっても知られる(図9)。

試みに、この石材の復原を考えてみたが、図10のようになる。一つの案として提出し、教示をまちたい。

㈥　むすび——興輪寺の特殊な背景——

　以上、私は、かつて私の発表した、二つの資料について、あらためて紹介・考察するところがあった。「むすび」として、私は、新羅寺院として、最も重要な地位を占めていた興輪寺について、その特殊な性格を推考したい。

　それは、興輪寺は、歴代の王の加護を受け、人々の仏教信仰の一大霊場であったとともに、一方、西域的な風格をそなえた異色ある寺院でなかったかとする新説である。

　すなわち、この二資料は西域的な文化の要素の濃厚なものである。これらが、この寺院にあったとすれば、この寺院は、西域の僧侶も関係し、これによって、このような特殊なデザインを配する施設も発達したのでなかったかとも考えられる。

　慶州の地に西域文化の要素があり、また、西域の人々も居住していたことは考えられる。かつて、私は、新羅の王陵の掛陵の石人に、西域の人をあらわしたとみなされるもののあることを説いた(7)（図11）。一方、文献によれば、西域の人々もかなり多く、この地に居住していたことを思わしめるもの

図11　慶州掛陵の石人

がある。これは、崔致遠の詩によっても考えられる。

崔致遠は八五七年に生まれた新羅末の学者であり、入唐して学問をまなび、五十一代真聖王（八九七年薨）のとき新羅に帰り、翰林学士となっている。その詩の「郷楽雑詠五首」は、『三国史記』（巻三十二雑志一）に紹介されている。

その中の「狻猊」と題するものは、次の如きである。

遠渉流沙万里来　毛衣破尽着塵埃　揺頭掉尾馴仁徳　稚気寧同百獣才

また「東毒」と題するものは、

蓬頭藍面異人間　押隊来庭学舞鸞　打鼓冬冬風瑟瑟　南奔北躍也無端

万里を渡って、西域の人々が新羅に来たことを示している。この人々の新羅国内の居住は、このような技芸曲芸遊芸の人々のみでなく、新羅王朝に仕えた人もおり、僧侶もいたことも考えられる。

これらの僧侶は、あるいは、かって高句麗人我道によって開基された興輪寺で、西域寺院の一つの風格をただよわせつつ、信仰生活をつづけたかも知れない。

このことによって、狩猟文塼、立樹双鳥・獅子文という特別なものが、この寺にあったことに合理性が認められるのではなかろうか。

ちなみに、今回、旧稿を整理しつつ、新たに筆を執ったのは、二〇〇二年、本題の一つとする彫石の文様がいちじるしく磨滅したことを知り、感慨をもよおしたことにもとづくものである。

注

（1）これらの発見や慶州博物館への寄贈となった経緯については、「私の慶州時代」『青丘』一、一九八九年に述べた。

（2）なお、狩猟文の研究として相馬　隆「安息式射法雑考」『流沙海西古文化論考』一九七七年がある。

（3）三宅米吉に、次のような論文がある。
「法隆寺所蔵四天王紋錦旗考」『文』一―一、一八八八年
「四天王紋錦旗」『東洋学芸雑誌』一三三、一八九二年
「法隆寺所蔵四天王紋錦旗と埃及の古裂紋様」『考古界』二―四、一九〇二年
なお、上記の論文は『考古学研究』一九二九年に収録されている。
（4）ちなみに、立樹双鳥文の拓本図は『大和文化研究』第二巻、一九五四年の表紙のカットとして紹介されている。
（5）藤島亥治郎「朝鮮建築史論其二」『建築雑誌』四四―五三一、一九三〇年
（6）なお、興輪寺については、李政『韓国仏教寺刹事典』一九九二年、辛鐘遠『新羅初期仏教史研究』一九九六年にみられる。
（7）斎藤　忠「新羅陵墓外飾の石彫像に就いて」『考古学雑誌』二八―五、一九三八年

（『考古学雑誌』第八八巻第三号、二〇〇四年三月）

二　慶州新羅奉徳寺鐘について
――実測図の紹介をかねて――

㈠　はじめに

現在、韓国の国立慶州博物館に保存されている奉徳寺鐘は七七一年（新羅恵恭王七年、唐大暦六年）の鋳造のものである。「聖徳王神鐘」の名でも呼称されている。その形態の雄大、その文様の優美、その音響の絶妙、そしてその文辞の格調の高さ、いずれの点から見ても、韓国鐘の最も優秀なものであることはもとより、広く仏教文化の発達した国々の梵鐘の中にあっても、その最高の位置を占めているといっても過言ではない。したがって、これに関する紹介あるいは研究も、韓国の学者はもとより日本の学者によっても試みられ、まことに豊潤なものがある。

私は、一九三三年から当時の慶州博物館にいたとき、日々この梵鐘に接し、折にふれ、その音響をも耳にすることができた。そして、この梵鐘の重要性を認識し、自ら実測図作成に取り組んだのであった。各週の休館日を利用し、館員の手伝いを受けながら、どうやら私なりの図を作成することができた。しかし、残念ながら発表の機会を失し現在に及んでいる。

今回、白寿を迎えた有光教一氏は、この慶州においてはじめてお目にかかり、古墳の発掘をともにしたこともあっ

図12　奉徳寺鐘（国立慶州博物館蔵）

たのである。ここに、氏の長寿を祈りつつ、この図を紹介し、二、三の卑見を述べたいと思う。

(二)　奉徳寺鐘の概観

この鐘[1]については、かつて私が昭和二十二（一九四七）年に著わした『朝鮮仏教美術考』の中に説明している。私にとっては、なつかしい文であるが、これを掲載する。

聖徳王神鐘はもと慶州奉徳寺にあったもので、この寺が北川の洪水に禍ひされたために霊妙寺に移され、その後南門外鳳凰台下におかれたが、現在慶州博物館に移置されて保存されている。第三十六代恵恭王七年（七七一）の鋳成にかかり、実測によれば総高約十一尺九寸、口径七尺四寸、旗挿の高さ約二尺を有する巨大なもので、上頂部の竜頭には所謂旗挿と称せられる筒状のものを挺出し、外面に段をつくって蓮弁文を施し、竜はその

下部に施されて鐘頭を攫《つか》む如き形状を示している。上縁に宝相華文の帯をめぐらし、上部四面には方郭を施し、外囲にはそれぞれ両側に連珠文帯をもった宝相華文の帯をめぐらし、その内に三行三列に蓮花文が施されているが、これは八葉の複弁をなし、中房大きく、周囲に花蕋《しべ》をつくり、輪郭をもつ六顆の蓮子をそなえている。その下に二ヶ所に飛天像をあらわしているが、これは蓮華座の上に跪座するもので、天衣も飜転しその姿態は優雅をきわめている。その間に銘文を刻している。（文は省略）

撞座は四箇を有し径七寸三分の大なるもので、弁は広く二重になり、内に豊麗なる蕋文を配し、中房も亦大きく外輪にも蕋をそなえている。下縁は八稜をなし、縁に上縁部と同じく両側に珠点をもって宝相華文帯を配し、更に稜角の部分には蓮花文を配している。このように、この鐘は、その形の巨大にして優美なる、その飛天像・唐草文等の優麗にして豊美なる、その音響の清徹にして霊妙なる、まことに他に比すべきものなく、正に新羅芸術の極致を示すものということができる。

(三)　私の作成した実測図について

「はじめ」の文にも述べたが、実測図の作成は、昭和八（一九三三）年に行なった。当時の私の実測図として不完全な点があるかもしれないが、未発表なので、ここに紹介する（図13参照）。

なお、廉永夏氏の『韓国の鐘』には、その大きさについて全長三・六六三メートル、口径二・二一七メートルとしている。新しい測定によったものとみなされる。また、洪思俊氏の「奉徳寺梵鐘小考」には、氏の実測の成果に基づいて、このほかの部分の数値も掲げている。

㈣　奉徳寺鐘についての二、三の私見

本論文は、実測図の紹介を中心としたのであるが、これに関連し、二、三の事項について述べたい。

⑴　銘文について

銘文[2]は胴部に二箇所にわたって刻されているが、しかも、陽刻であり、新羅金石文資料として重要である。とくに、銅鐘の鋳造の場合は、あらかじめ鋳型に陰刻したものであり、技術的にも特殊である。

銘文について、私は自ら手拓し、自ら判読しつつ、その読み下し文をも試みたのであったが、ここには文章の繁をさけて割愛する。

ただ、銘文の中で鋳造技術を知る上に重要な「敬造銅一十二萬斤」の箇所を紹介しておく（なお実際は、一行になっているが、行をわけた）。

ちなみに、文の中の文字について、今西龍博士が指摘している問題を紹介する。それは、「大奈麻」の官職名である。すなわち、次の文がある。

判官禄事は鋳鐘に関する臨時任命の官か。右司禄舘の監は左司禄舘の監と同じく奈麻より大奈麻なるべきに級滄たり。注意すべし。

此の官位を記せる中の一奇異に思はるゝは書者のそれに大麻奈△湍とある大麻奈なり。当時常用の自己の官位を誤記するは何ぞや。しかも奉敇の撰文にこの誤記あるは頗る奇異なり。更に攷究すべし。

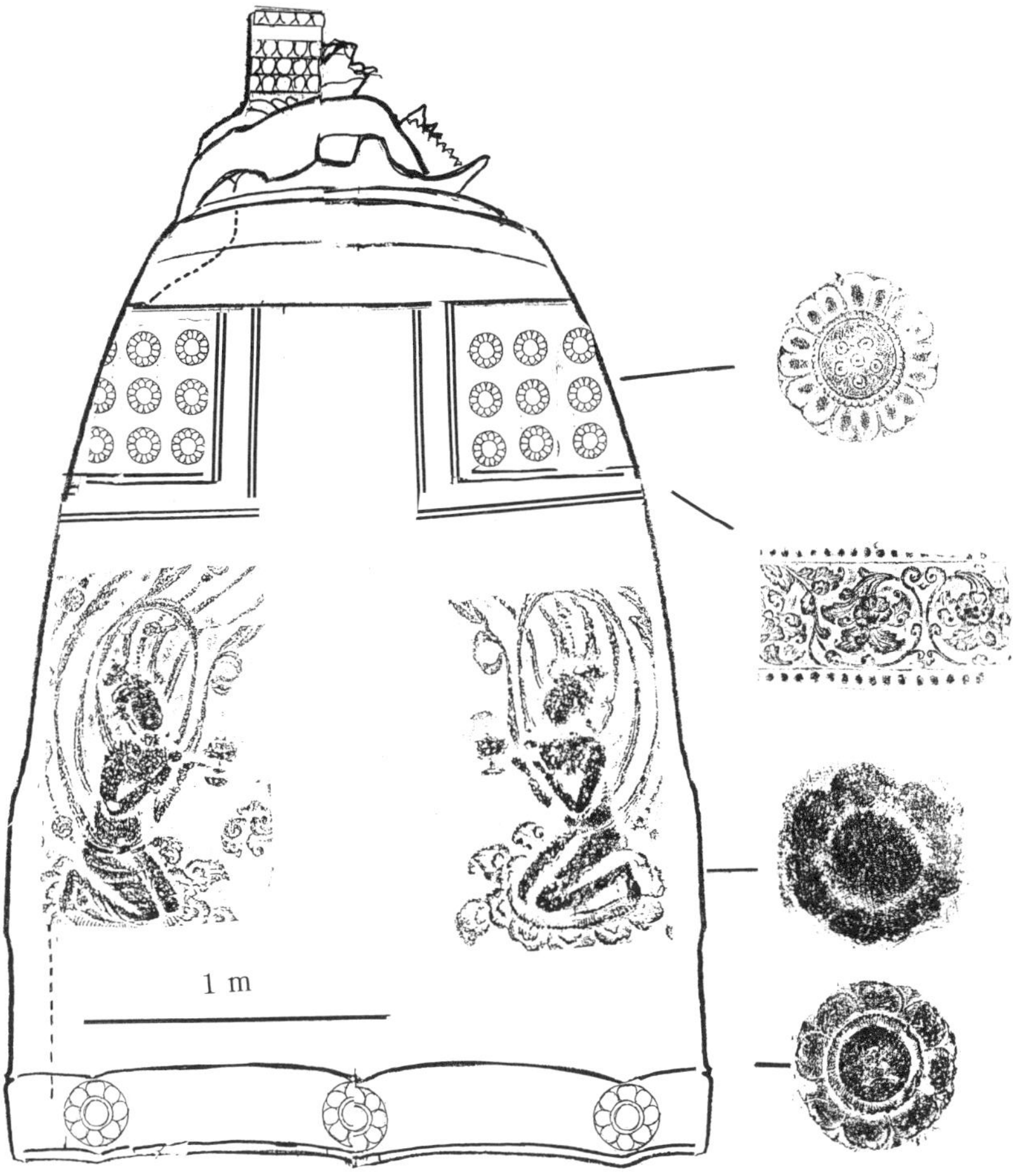

図13　奉徳寺鐘実測図

(2)　天人像の持物

この梵鐘の一つの特色は、二体の天人像である。胴体の空間を跪座の姿態をなす天人像で満たし、しかも、その彫風の優麗さは、この巨鐘の美的効果を最高に発揮しているのである。さらに、その持物が香炉であることには、一つの特色のあるものである。これについては、従来看過されているようであるが、私は、この点について述べてみたい。

天人の図像は、早くも西域の石窟の壁画に数多く採用された。私が訪れたキジル石窟・クムトラ石窟や敦

煌莫高窟石窟などにも、その見事な色彩図のものがあった。(3) ことに、これらには飛翔する姿態とともに跪座のものもある。そして、これらの中には、楽器をもち、音楽を奏しているものもあるが、中国で発達した天人の容姿は、その後、隋、唐にも及び各種のものに採り入れられている。そして新羅にも影響を与え、瓦の文様などにも表現された。瓦の場合、軒平瓦に見られ、飛翔している姿である。

一方、梵鐘にも採用されているが、この場合、その限られた空間を利用するため跪座の表現をとっている。この種のものは、新羅鐘の中でも、奉徳寺鐘の鋳造より古く七二五年（聖徳王二十四年）の時に成った上院寺の例をはじめ多くの例に見られる。ここには、実相寺の奏楽の姿のもの（現在東国大学校博物館所蔵）を拓本で紹介する（この拓本

図14　銘文の一部（「敬造銅一十二萬斤」の部分）

は黄寿永博士から寄贈されたものである)。

本来、梵鐘は、それ自体巨大な楽器の一種でもある。これにほどこす文様としての天人の奏楽の姿は重複の感もある。これに対し、香炉を奉持する姿はいかにも供奉天人の性格にふさわしい。奉徳寺鐘の天人の香炉を捧げる図は、この巨鐘の製作関係者の優れた才智を発揮したものと考えられないだろうか。ちなみに、香炉は、新羅、高麗時代に

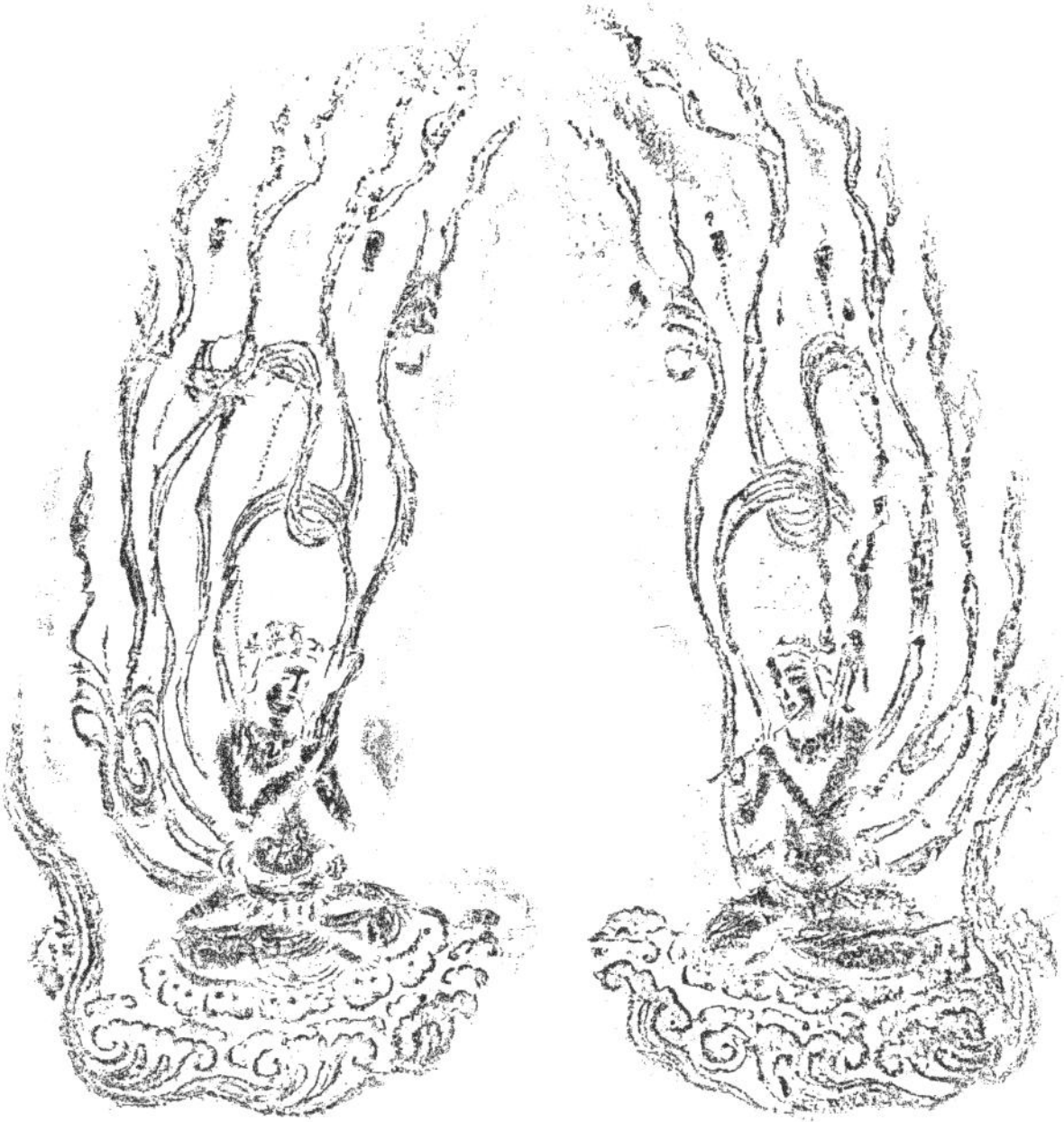

図15　実相寺鐘天人拓本

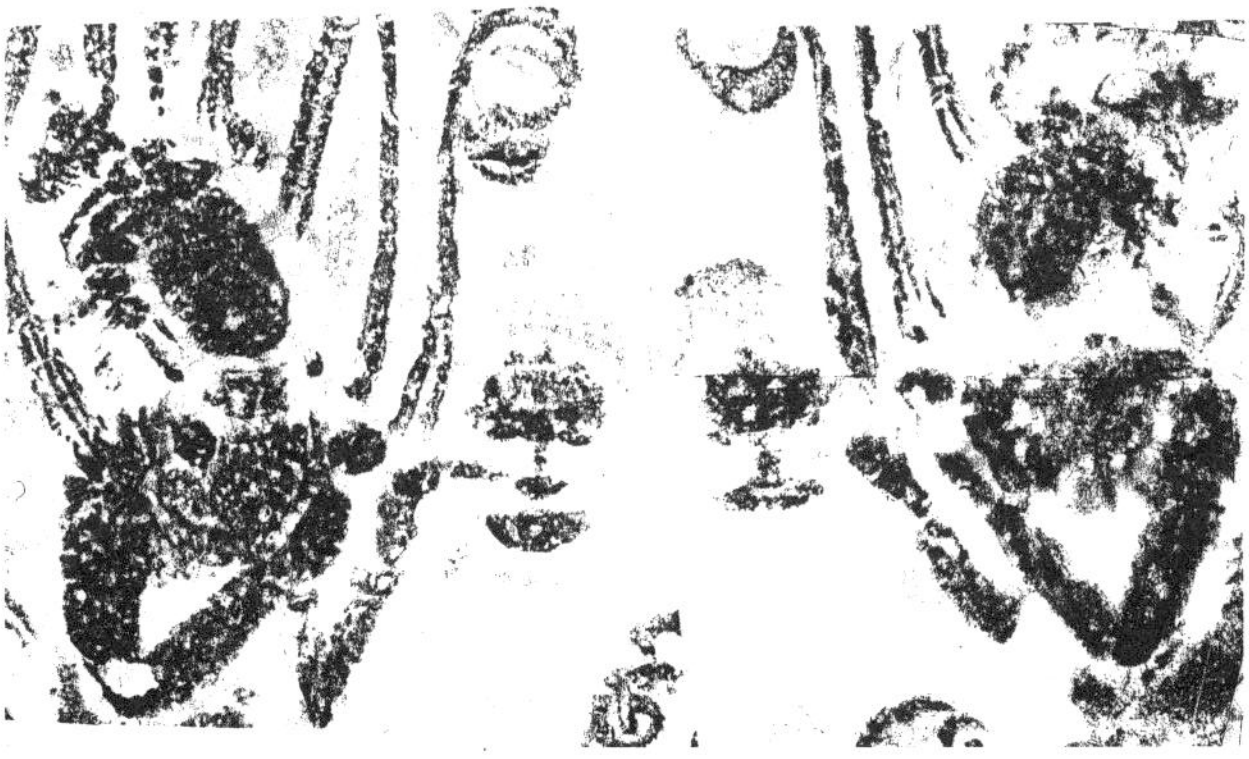

図16　奉徳寺鐘（天人の香炉を持つ部分）

仏具として発達している。香埦ともいわれている。奉徳寺鐘の例は台付である。

なお、この天人像が香炉を持つことにおいては、全榮来氏も注目し「香炉の起源と形式変遷」の中で、次のように述べている。(4)

統一期に入った新羅は、様々な工芸分野において香炉奉献の意匠を発揮した。まず、大暦六年銘、聖徳大王神鐘（奉徳寺梵鐘）がある。鐘身には博山炉を奉献する飛天像を鋳出している。

以上である。

なお、天人が持物を持っている姿態は、新羅古瓦の軒平瓦にも見られる。飛翔の姿であり、棒状のものを持っているが、何を表わしたのかはわからない。

(3)　鋳造技術と伝承

梵鐘の場合、その音響が一つの生命である。したがって、鋳造技術が問題になる。ことに奉徳寺鐘のような巨大鐘、しかも余韻が長く長く続く妙音にするためには、かなりの苦心があったものと考えられる。(5)

韓国の梵鐘の鋳成技術については、さきに紹介した廉永夏博士も、その専門的な立場から詳しく述べ、『韓国の梵鐘』の中では、「鋳造法」についての文をつづり、鋳造工程の鐘設計・鋳型と模型・鋳型製作・金属溶解の投入などの順で説明している。

奉徳寺鐘の場合も、この工程の順に従って行なわれたものであるが、工房がどこにあったかなど明らかでない。技術の一面を知るものとして、さきに紹介した銘文の記事は重要である。また、坪井良平氏が「笠形上には十箇所の湯口があり、鋳造の際十箇所の炉から溶銅を流し込んだことを示している」と述べていることも、鋳造技術の一端を示すものである。

これに関連して取り上げたいのは、この梵鐘にちなむ伝承である。新しい研究の進歩にともない、とかく伝承は非

科学的なものとしてかえりみられなくなっているが、その伝承の中には、ある程度の科学性も秘められている如くである。伝説とは、この梵鐘に関する「えーめっれ」（お母さんよ）の名称である。これについては、大坂金太郎氏の『慶州の伝説』[6]の中にも紹介されている。また、私は「新羅聖徳王神鐘の鋳成伝説に就いて」[7]の文を発表した。この中で、この種の伝説は世界各地の梵鐘の中にも共通するものがあることを紹介した。

以上は鋳成の場合であるが、またこの外に考えられるのは、鐘の割目等に油脂類を塗ってその欠点を補正することができることである。これは、分子物理学の上から説明のつくことで「油脂の皮膜がいわゆるboundary lubrication の作用として金属面の固体摩擦を著しく減少する」すなわち皮膜によって「間隔は充填されその皮膜はもはや流体としてではなく固体のように作用して音波が割目の面で反射され分散されるのを防止し鐘の振動を完全にすることができるであろうと想像される」のである。この点から見れば、鐘に割目等が生じた場合、生物を犠牲にすることも効があると考えられる（中略）。

鐘の鋳成には脱酸剤として燐などを用いることがある。また硅素銅を用いる場合もある。硅素は砂の熔着を防ぎ鋳物の面を清浄にするものである。また鋳造性を改善するために亜鉛などが含まれることもある。また別に熔融金属中の酸化物を還元してよい鋳物にするには炭素の供給が必要といわれる。しかるに人体の組成分として炭素や、燐・硅素・亜鉛などの如きが含まれていることはいうまでもない。したがって、鋳銅の場合に、体を入れるということには合金の上から見て一つの解釈が与えられるのである。

注

（1）奉徳寺鐘については、洪思俊氏が、その研究に取り組み、自ら実測図を作成し「奉徳寺鐘小考」『考古美術』一九・二〇、一九六二年、「奉徳寺梵鐘考」『考古美術資料』一九六七年を発表している。なお、本文で述べたように廉永夏『韓国の梵鐘』一九九一年の中の発表があり、日本では、坪井良平氏の『朝鮮鐘』一九七四年の中の発表がある。ほかに本文の追記に

紹介したように、新しい基本的な文献もある。

（2）奉徳寺鐘の銘文については『朝鮮金石綜覧』一九一九年の中にも紹介されているが、今西　龍「聖徳大王神鐘銘」『新羅史研究』一九三三年、葛城末治『朝鮮金石攷』一九三五年所収がある。また、黄寿永『新羅金石遺文』一九七六年や許興植編著『韓国金石全文—古代』一九八四年にも紹介されている。なお、『朝鮮金石瑣談』一九七八年には、前記今西龍の論文も収録されている。

（3）敦煌莫高窟の天人像について紹介したものに、英文による『敦煌飛天』一九八二年がある。なお、飛天の図は高句麗安岳里三号墳にも見られる。蓮華を盛った盆を手に持っている。

（4）全榮来「香炉の起源と形式変遷」『古代文化』四八—一、一九九六年

（5）鋳造技術については、本文に述べたように、鄭明鎬氏が『韓国の梵鐘』にも述べているが、別に「新羅梵鐘鋳造技術」『考古美術』一六二、一六三、一九八四年がある。また梵鐘の重量などについては、坪井良平氏は『韓国の梵鐘』の中で次のように述べている。

この鐘の重量は計測されたことを聞かないが、現在日本の鋳物師の経験から推定すると、その完成重量一八・七五〇kg内外となる。銘文に「敬捨銅一十二万斤」とあるから、換算すると一斤は〇・一五六kgとなる。しかし、一二万斤は使用重量であり、鋳減り二割とすれば、一斤は〇・一九五kgとなり、現行の一斤〇・六kgの約三分の一にあたる。新羅の斤量の制度は知られないが、唐の制度によって大小二種の斤を用い、小斤三斤を以て大斤一斤としたものとすれば、銘文にいう一二万斤は小斤を以て現わしたものであることが知られる。奈良県興福寺にある神亀四年（七二七）在銘鐘に見える使用銅量が同様唐小斤を以て表示されていることと思い合せて興味深く感ずるところである。

（6）大坂金太郎『慶州の伝説』田中東洋軒、一九三二年（桑名文星堂再版、一九四二年）に述べている。この文章は、現在、目に触れることも少ないと思われるので、ここに紹介しておく。

この鐘の鑄上げらるゝまでには、幾度造り換へられたか知れなかつた。飛天の陽炎が鮮かにゆらめいても、惜しや大きな龜裂が眞一文字に切れて居たり、蒲牢が見事に出來上つても、響く其の音に混濁の色が入つて居たり、造るたんびの失

敗に、國王初め係の檢校使等も、今は策の施すやうがなく、皆一様の憂色につゝまれて、唯吐息するばかりであつた。別けても鑄工の下典は、曾ては四十九萬斤餘の皇龍寺の大鐘を物の見事に鑄上げて、流石天下の名匠と世にうたはれた腕、夫れが僅々十二萬斤のこの鐘の出來ぬとは、自分ながらも其の理由が分からず、果ては精も根も盡きた體をぐたりと、我が家に投げるより外はなかつた。

夢うつゝの彼を、靜かに搖り起す者がある。夫れは彼には唯一人の妹である。早く良人に死に別れ、今は一人の娘の子を連れて、寂しく暮らして居る妹である。平素兄思ひの彼女は、鐘の出來ないのは、皆自分のせいであるかのやうに、寢ても覺めても、獨り小さい胸を痛めて居つた。

「人柱を立てねば、とても出來上がるまい。」

道行く人のこの言葉は、日に日に深く彼女の胸を刺戟せずには置かなかつた。或る日彼女は堅い決心をした。そしてこの世に唯一人よりない愛しき我が娘を眺めた。

それから彼女は、兄を訪うて自分の決心を語つた。

「兄さん。どうぞ其のやうになさいませ。幸この娘は未だ世の穢を知らぬ清淨な體、これがお役に立つて鐘が出來ましたなら、獨り王様のお喜びを見るばかりでなく亡き良人へ何よりの供養、娘も十分聞き分けて居ます。あゝもう其の用意も出來て居ます！。」

興奮した、そして血を吐く思ひを押えての、この尊き妹の言葉に、とうとう兄も動かされて、いよいよこの人柱が立てられた。

「お母さんよ！。」

母を呼ぶ一聲はこの世の名殘り。凄じい紫の煙は渦をまいて、銅の熱湯は鑄壺へと流れ込む！。

大暦六年も押迫つた師走の末、天花のように降つた朝の雪は、見渡す限りの一白で新羅の都を淨めてしまつた。

丁度此の日、足掛十何年間、待ちに待つた神鐘の靈音が、塵一つ含まぬ空氣を動かして、隅から隅へと滿都に響き亘つた。これを聞いた國中の人は、貴賤上下老若男女の別なく、皆等しく歡喜の絶頂に達し、無限の法悅に我を忘れ、そして

名匠の名を呼んでこれを讃嘆した。

併し下典兄妹のみは、恰も喪心した人のやうに、唯合掌瞑目してこの響をいつまでも、

「お母さんよ！。」

「お母さんよ！。」

と聞くのみであつた。

（7）　斎藤　忠「新羅聖徳王神鐘の鋳成伝説に就いて」『読書』二―二、一九三八年

（『有光教一先生白寿記念論叢』高麗美術館、二〇〇六年一一月）

（追　記）

なお、私は二〇〇六年十二月国立慶州博物館を訪れたとき（『古都慶州と新羅文化』二〇〇七年、第一書房参考）、同館発行の『聖徳大王神鐘』（一九九九年）の大冊の贈呈を受けた。この梵鐘研究の最も基本的な文献である。

三　開城市霊通寺跡の大覚国師碑の現状について
――付　霊通寺について――

(一)　はじめに

霊通寺跡は、朝鮮民主主義人民共和国（以下北朝鮮となす）直轄市開城市竜興洞の山中にある。市の中心地区から北東約一〇キロメートル余はなれて存する。しかし、これは、直線距離である。この寺跡に到着するには、迂回する山道を通らなければならないが、道は険阻であり、しかも渓谷をわたり岩山を踏みつつ、困難なコースをたどらなければならない（ただし、一九九九年の頃から、車でも行けるようになった）。

『東国輿地勝覧』（巻十二）の中に、

在五冠山下。洞府深邃。山勢周遭流水縈廻。樹木蓊鬱。其西樓勝概。爲松都第一、

とある。

また、詩人の李承召は、

穿林渡水入深山　　林を穿ち水を渡りて深山に入る

山半僧居抱碧灣。　　山半の僧居碧灣を抱く

図17　霊通寺跡と大覚国師碑

黄葉連山迷遠近　　黄葉の連山遠近に迷う
蒼苔満路困躋攀。　蒼苔は路に満ちて躋攀を困らす
謫仙詩興煙霞外　　謫仙の詩興ず煙霞の外
謝傳高懐水石間。　謝は伝わりて高く水石の間を懐く
夜倚西樓仍不寐　　夜は西楼に倚りて仍ち寝ず
満窓明月聴潺湲。　満窓の明月潺湲（水の流れ）を聴く
（『東国輿地勝覧』所収、下欄は私の読み下し）

と詠じているような人里離れた山間の地にある。

したがって、ながく、その道は閉ざされてきている。

私は、一九九七年十月から一九九九年十月にわたり、数回、この地を訪れることができた。それは、一九九八年五月から北朝鮮社会科学院考古学研究所と大正大学による霊通寺跡の共同発掘が実現し、私は、日本側の代表として参加し、社会科学院考古学研究所長・副所長をはじめ、多くの研究者とともに、その指導にあたったからである。その調査概要は、二〇〇〇年の三月に刊行された。

私は、滞在期間中、現地に立つ大覚国師碑に接したことは、いうまでもない。

大覚国師碑は、朝鮮半島における高麗時代の金石文として傑出しているものである。金石文関係の古文献として『海東金石苑』『大東金石書』などにも紹介されているが、日本の文献としては『朝鮮古蹟図譜』巻六

図18　大覚国師碑の前面と背面

（一九一八年）にも写真が掲載され、『朝鮮金石綜覧』（一九一九年）、『朝鮮寺刹史料』（一九一一年）にも記載されている。また、葛城末治の『朝鮮金石攷』（一九三五年）は、この碑について「開城霊通寺大覚國師塔碑」の一項も設けて、くわしく説明している。同書の中の一節に、

　碑を建てた年時は碑文の冒頭に「上嗣位之四年乙巳秋七月庚午」云々とあり、「遂授臣富軾。以行状曰。汝其銘之。」とあり、高麗史の踰年稱元法に據れば乙巳は高麗仁宗三年（西暦一一二五年）であって、碑は國師示寂の後ち二十四年に竪てられた。書體は楷書で字徑六分、頗る歐陽詢を體得してゐる。

　碑陰には大覺の墓室及び碑銘安立の事跡があり、又門徒の人名と其の職名とを刻してゐる。

として紹介している。

ことに、この碑は、『三国史記』の編者金富軾の選文によったものとしても、価値高いものがある。

『東国輿地勝覧』には、さきに紹介した霊通寺の記事につづいて、

　寺有金富軾所撰僧統義天塔銘

とある。

なお、この碑は、のちにも触れるように、現在寺域の入口近くにたっているが、移動によるものである。李原の詩(『東国輿地勝覧』所収)の中の「大覚碑横歳月深」を事実とすれば横たわっていた時期もあったようである。

さて、私は、現地における寺院跡の調査中、自らこれを拓本にしたいと思って、社会科学院の許可を得て着手したのであったが、かなりの時間をついやす大仕事になり、途中で断念せざるを得なかった。幸いにも、社会科学院では、拓本技術の専門家を呼び、ようやく、その拓本を完成させ、一部贈与された。

この機会に、私は、現地で自ら観察した碑文と拓本とにもとづき、碑の現状について、『朝鮮金石綜覧』『朝鮮寺刹史料』の記載のものと比較し、その後の流動したながい歳月の間に剥落漫滅があったか、この二書の記載のものの文字に差異がある場合、いずれが正しいか、などについて検討したのであった。ここに、これについて述べたい。

なお、今回の調査中、新たに、この碑の背面にも記されている大覚国師の墓所のある地域が明らかにされた。これは、この調査の大きい成果の一つであるが、ここに、これを付記したい。

(二)　大覚国師について

この碑文を説明するにさきだって、大覚国師について触れたい。それは、碑文の内容とも、かなり関連するところがあるからである。

義天は高麗の文宗の第四子として、文宗九年(一〇五五)九月二十八日に生まれた。はじめ煦という諱であったが、これは、宋の哲宗の諱の文字と同一であったことから、それを避けて、義天を通称の名として用いた。文宗から決意を聞かれ、自ら仏門にはいることを答えたが、十一歳のとき、霊通寺爛月王師(景徳国師)のもとで得度し、華厳学を学んだ。つづいて仏日寺で具足戒を受けたが、華厳学はもとより、広く経律を学び、かつ儒学をも研学し、すばらしい才能を発揮した。そして天台宗樹立の意欲をいだいていた。

図19　拓本光景

義天の大きい功績は、『新編諸宗教蔵総録』の編纂であった。興王寺に教蔵都監を設置し、広く宋・遼や日本から資料をもとめ、章疏一〇一〇部四七四〇余巻をまとめて刊行したのであり、「高麗続蔵経」の名で現在に残された偉業であった。

朝鮮仏教史上忘却することのできない大覚国師については、早くから北朝鮮・韓国・日本の学者により、その経歴・業績はもとより、思想的な展開の経緯などについても研究が進められた。一九二二年内藤雋輔によって「高麗の大覚国師に関する研究」（『支那学』三―九、一〇）が発表された。これは一九二〇年三月に提出された京都帝国大学文学部卒業論文の内容をまとめたものというが、次のような項目にわけ、詳細に研究したものであった。

（一）根本史料の批判　（二）伝記（イ）誕生より出家に至る（ロ）出家得度に就ての考察（ハ）出家以後入宋迄（ニ）浄源法師との交遊（ホ）入宋求法（ヘ）帰国後の国師　（三）国師の性情に就て　（四）業績（イ）諸宗章疏の刊行（ロ）著書に就て（ハ）高麗佛教史上に於ける国師の地位（ニ）通貨制の建言　（五）国師の法弟に就て（附録）大覚国師年譜

また、高橋亨「大覚国師義天の高麗仏教に対する経綸に就いて」（『朝鮮学報』一〇、一九五六年）があった。これには、次のような編成のもとに考察している。

一、高麗太祖と仏教　二、高麗僧位の階位　三、大覚国師義天

韓国の学者の研究では趙明基『高麗大覚国師と天台思想』の著となってあらわれた。一九八六年には崔柄憲が「大

覚国師義天の天台創立と仏教界の改編」（平木實訳『朝鮮学報』一一八）を発表し、韓国の仏教史において大覚国師義天（一〇五五～一一〇一）は早くから注目されてきた人物であり、したがしたがってかれにたいするこれまでの研究業績も少なからぬ分量に達している。その結果、義天の行なった仏教活動のうち、天台宗の創立や続蔵経の刊行、および華厳思想史上における位置などについてはかなり理解が深まったといえよう。さらに義天の仏教の中心が教観並修説であったことも解明されてきた。しかし義天の仏教について著述されたこれまでの研究書や論文の大多数は、義天の政治・社会的背景や当時の仏教界の状況にたいする認識が欠けており、また義天という一人間の具体的な生の姿というものについて考察せず、ただかれの言辞や文章だけをとりあげてその仏教思想だけを研究しようとしたものが多く、方法論的にも限界のあるものであるところから、これまで多くの努力がかさねられたにもかかわらず、いまだに皮相的、観念的な理解から脱することができない状況にある。

となしつつ、天台宗創立の背景について、こまかく論究するところがあった。つづいて李永子は『韓国天台思想の展開』（一九八八年）を発表し、義天について考察した。

そのほか、李永子「義天の天台会通思想」（『仏教学報』東国大学校仏教文化研究所、一九七八年）がある。

(三)　碑文の検討

次に、本論に入って、碑文について、あらためて『朝鮮金石綜覧』（Aとする）と『朝鮮寺刹史料』（Bとする）の両者に拓本および現地の観察による知見をもとにして述べたい（図22参照）。

1行は「上の嗣位の四年乙巳秋七月庚午に大覚国師門人都僧統澄儼等が師の行事を具し、以て聞こしめして曰く吾が先師世久し而も碑未だ著われず常に其の徳業の磨銘滅する所を懼る」という文にはじまるものであるが、その下

図20　大覚国師碑拓本の一部

は、Aは、「有所磨滅而不記惟上□□」、Bは「有所磨滅而記惟」とし、以下は欠略となしている。現在は「磨滅」の二文字だけわかるが、その下は不明である。

2行は、この文の選者である「臣富軾」の名もあらわれているが、上から一〇字目は、Aは「遂」となし、Bは不明とする。拓本では「遂」と読めそうである。上から一七字目は、Aは不明としBは「命」とする。現在は、Bのように「命」と読める。

上から四〇字目は、Aは「之」とし、Bは不明とする。拓本では「之」に読めそうである。

3行は、「字は義天、後に名の哲宗の諱を犯するを以て云々」とあり、広く知られているように、哲宗の諱を避けることを記している。Aは「哲宗諱以字行我太祖大王四□□□」とある。Bは「掊宗諱以字行我△宗大王四」とし以下欠略とする。この中で、Bは掊宗とするが、拓本では、Aのように哲宗である。なお、「行」の字の下からは現在磨滅していて明らかでない。

4行は「乙未の秋九月二十八日宮中に生まる。時に香気有りて、郁然たり。然して後に歇む」の文にはじまり「兄

弟皆賢行有るも、師は傑然として鋒頭を出ず」につづき、その下は、Aは、「上一日謂諸子曰□□□」とあり、Bは「上一△△諸子曰孰能」とし、以下は欠略しているとなしている。現状では「上一」までがわかり、その下は、摩滅して明らかでない。

5行は「五月十四日景徳國師を内殿に徴し、剃髪せしむ、上之を再拝して師に随って霊通寺に出居するを許す」の文で、霊通寺の名がはじめてあらわれてくる。その下は、Aは「冬十月就佛□告戒□受具□□」となし、Bは「冬十月就佛」以下は欠略とする。現在では「佛」の字の下は不明であり、Bと同じである。上から三四字目はAは「鬆」とあるが、Bのように髪が正しい。

6行は「博覧強記」となして「大小乗經律論章疏探索せざるは無し」と述べているが、その下端は、Aは「又餘力外學□問淵□□□□」とする。Bは「又餘力外學」とし、以下欠略となしている。Bの方が現状である。

図21　大覚国師碑前面の一部

7行は、その下端は、Aは、「師眥□志如宋問道聞」とする。Bは、「師眥△△如△△△聞△△△」とする。大覚国師が宋に行こうとする決意をあらわした重要な箇所であるが、また上から二〇字目は、Aは「流」とし、Bは不明とする。現在明らかに「流」と読める。「道」の下の一字は現在半欠している。一七字目は、Aは「及聲名」が脱漏している。

8行において重要なことは、そのはじめである。Aは「甚至宣王在位第二年」とする。Bは「△△△△△△甚至」となし「甚至」の前に、七字があり不明とする。

朝散郎尙書工部侍郎　賜紫金魚袋臣□□
1 上嗣位之四年乙巳秋七月庚午大覺國師門人都僧統澄儼等具師之行事以聞曰吾先師卽世久矣而碑銘未著常懼其德業有所磨滅而不記惟　上□□
2 可觀其可謚而不章乎遂授臣富軾以行狀曰汝其銘之臣讓不獲　□退而叙曰以臣觀之師於聖人之道可謂性得而生知者也何以知其然□□□□不□
3 賢而祖述之不幸短命而其所樹立如此子思有言自誠而明者其是類乎師諱釋煦　俗姓王氏字義天後以名犯　哲宗諱以字行　我太祖大王四□□□
4 至乙未秋九月二十八日生於宮中時有香氣郁然久而後歇師少超悟讀書屬辭精　敏若宿習兄弟皆有賢行而師傑然出鋒穎　上一日謂諸子曰□□□□
5 前夢貴徵竊惜之而業已受　君命叵如之何乙巳五月十四日徵景德國師於內　殿剃染　上再拜之許隨師出居靈通寺冬十月就佛□告戒□受具□□
6 至年甫壯益自勤苦早夜矻矻務博覽强記而無常師道之所存則從而學之自賢首　敎觀及頓漸大小乘經律論章疏無不探索又餘力外學□門淵源□□□□
7 髣寃寃無津涯雖老師宿德皆自以爲不及聲名流聞時謂法門有宗匠矣丁未七月乙酉　致書褒爲祐世僧統師嘗□志如宋問道闕
8 甚至　宣王在位第二年是宋元豊七年春正月入內誠請　上會群臣議皆以爲不可師於　上前與群臣言
9 意許之而群臣議確依違而罷至明年四月庚午夜留書上　王及太后率弟子壽介微服至貞州寓商客船發
10 以來朝之意　皇帝命主客員外郞蘇注廷導之秋七月入京師啓聖寺以中書舍人范百祿爲主數日見垂拱殿
11 高才碩學堪爲師範者兩街推薦誠師至是僧統擔衣下風欲行弟子之禮誠師三辭而後受之乃進曰某甲海外之
12 能行之可謂難矣願同志一乘同修萬行以游華藏海者吾之願也於是僧統請問云云歎曰辭旨婉切善啓重關非法□
13 公如見誠公之禮源公儼然而坐僧統進曰某甲仰慕道誼以日爲歲不憚險艱百舍來謁願開金口玉音以卒覺悟源公曰
14 就鐵有問有答盡其春容源公因知州蒲公宗孟之請入南山慧因院開講周羅經僧統施銀營齋以延□
15 致藏七千五百餘卷及還國又以金書大經三本歸之以祝　聖壽慧因本禪院改爲講院特免租稅
16 日　朝辭至秀州眞如寺見楞嚴疏主塔亭傾圮慨然歎之以金屬寺僧修葺楊公曰瑯公今日始遇知
17 千燈相續而無窮遂授經書爐拂以爲信非特僧統資源公而道益進源公名所以益高以僧統揚之也□
18 凡十有四月所至名山勝境諸有聖迹無不瞻禮所遇高僧五十餘人亦皆咨問法要若源公雅所望以爲□
19 慧林善淵戒律則擇其元照梵學則天吉祥紹德此皆卓然可尙故資其所長者己及將歸禪講宗師各率徒
20 學之悉備此眞重法大菩薩者也然非是始學欲以己所得與諸師相試故來耳故其所贈詩有執若祐世師□
21 三韓王子西求法瑩齒弥天兩勍敵其爲時賢推尊類皆然也夏五月二十日隨本國朝賀回使放洋二十九日

状（文辞は『朝鮮金石総覧』による）

22 上及左右無不感動　皇帝所贈金繒　國王太后寄送財寶以巨萬計舉施諸道場及所問法諸師無少
23 師誕年雖基既成多歷年　國家每議其主而難其人至是宣演敎理盡妙窮神學者海會得未曾有　上及□□
24 息不講故官私語亡散幾盡遂重購求書於中國以及契丹日本又於辛未春南遊搜索所得書無慮四千卷皆□
25 欣□頼甲戌春二月初入洪圓寺其敎學如故居興王初　順王寢病召師言寡人嘗願作大伽藍額號洪圓今病□
26 海印寺溪山自適浩然有終焉之志　獻王再徵不能致乙亥冬十月八日　肅祖卽位數遣近臣齎書迎之固
27 不我顧古之達者非夷非惠與時卷舒冀或一來副我意焉師翻然曰備禮厚辭義不可拒乃赴都復居興王寺敎□
28 一日忘於心　仁睿太后聞而悅之經始此寺　肅祖繼之以畢厥功師於此之時依文而顯理究理而盡心
29 師百世不遷之宗渠不信哉戊寅夏四月庚寅　上命第五子侍之師手落其髮今都僧統是也辛巳春二月
30 師所定也秋八月遘疾隱几而坐或觀心或持經不以疲憊自止門人請修佛事曰事佛久矣　上遣中使問體
31 其志伏望至誠外護以副如來遺敎則死且不朽冬十月五日壬辰右脇而化享年四十七僧臘三十六是前或夢
32 於五冠山靈通寺之震方從本敎也佛法以梁大通元年丁未雖入新羅後一百餘年義想元曉作是二師者以聖種
33 乎刹學益浮淺妙獵典籍碎裂文句置之齒牙間呶呶以自好後來者承誤襲謬往而不返師於是疾習俗之蔽蒙也
34 聞雖有心服而悅隨者而群邪疾正謗毀沸騰以道自處恬不動心終而翕然寢變於正異時僻見妄執者革面遷慮務
35 指三藏十二分敎芻狗也糟粕也又烏足觀者不亦誤乎乃勸學楞伽起信等經論又天性至孝善父母不息及其□則窮
36 之道又其文辭平澹而有味故士大夫承風而披靡稍厭彫琢而趣雅正焉至於俗吏虎臣不以文學自業及它道異術相背□
37 遠宋時泗上禮僧伽塔上有光明如燈火天竺寺禮觀音放素光赫赫然又在海印寺講經堂宇忽動有驚起者　睿考在東宮
38 新前路是百郡之所出入舊有館院而壞亡卽指授門人作新之名館曰指南院曰弘濟至　睿考錫以土田始師之幼□□太
39 亦不能盡書師既爲一國尊親有大政事必歎密諮決故所與　上論列國家事甚多而有陰德於人民亦厚世莫得而盡知師□
40 於敎以爲釋苑詞林而未及參定至後乃成故去取失當門人集所著詩文殘編斷藁存者無幾紬次爲二十卷此皆率爾落筆非將□
41 跋抄六千九百餘卷其餘文書藥物金帛至不可勝計燕京法師雲諝高昌國阿闍梨尸羅嚩底亦皆尊欽以策書法服爲問遣人來使
42 碑誌其名顯四方爲異國所尊又如此師嘗召臣先兄釋玄湛與之遊甚歡相知之分非曾期牙臣由是得以一謁容色睟淸若覩青□
43 無何師入滅噫士爲知已者用假令死而可作雖布髮而藉足亦所忻慕焉況以文字掛名於碑石之下豈不爲榮幸也哉而學術固□

図22　大覚国師碑前面前文とその現

しかし、現状では「甚至」が上端であり、Bの方は誤りである。また、次に「宣王在位第二年是宋の元豊七年春正月入内云々」の下の方は、A・Bともに「上前與群臣言」とあり、下は不明とする。現状も同じである。なお、この行で「群」の文字が二ヵ所にあり、Bは「羣」としているが、Aのような「群」が正しい。

9行は「弟子壽介を率いて微服して貞州に至らんとし、商客に寓して発す」であり、A・Bともに「寓商客発」の下は不明とする。現状も同じである。しかし、この下は磨滅したために不明ではなく、文はこれで終わっているものと思われる。

10行は、「秋七月京師啓聖寺に入る。中書舎人范百禄を以て主となす」とあるもので、その下はA・Bともに「數日見垂拱殿」となし、以下は不明とする。現状でも同じである。なお、この行の9字目は、Aは「主」の文字とし、Bは不明としている。拓本では「主」と読める。

11行目は、A・Bともに、下端は「進曰某甲海外之」となす。現状では「之」の下にも一字がある。しかし、文字は判明し難い。なお、この行では、上から二〇字目で、Aは「傴」、Bは「樞」とする。拓本で見る限り「傴」が正しい。

12行は、Aは「重關非法當」とし、Bは「重開非法」とし以下は欠略とする。A「關」、Bの「開」と差があるが、現状では「開」が正しいようである。「非法」の下は現在も同じで欠損して不明である。七字目は、Aは「矣」で、Bは「至」とする。現状は「矣」である。

13行目は「某甲道誼を仰慕し日を以て歳と為す」の文字もある。下端は、Aは「開金口玉音以卒覺悟源公曰」となし、Bは「開金口王音以△覺語源」以下欠略とする。ここに「玉」・「悟」（A）と「王」・「語」（B）の差異がある。Bの「王」、Aの「悟」の方が正しいようである。Aの「卒」をBは△で不明としている。しかし、現状では左肩が少し欠けているが「卒」に読める。また八字目は、Aは「源」とする。Bは「原」とする。三一字目はAは「艱」、Bは「難」とする。八字目は「原」が正しいようである。三一字目はAの方が正しい。

14行は、「知州蒲公宋孟の請に因りて南山慧因院に入る」の文がある。下端は、Aは「施錢營齋以延□」とあり、Bは「施錢營齊以延與」とし以下欠略とする。「齋」と「齊」（B）の差があるが、実際は「齋」である。また、Bのように「延」の下は「與」とも判読できるが、少し磨損している。

15行は「教藏七千五百餘巻国に還すに及ぶ。又金書の大經三本を之に歸す。以って聖壽を祝す。」とあるもので、下端は、A・Bとも「免租税」の下は、不明または欠略しているとなす。現状もその通りである。

16行は秀州眞如寺の修理について触れている。下端は、A・Bともに「今日始遇知」となしている。現状も同じであるが、「知」の字は半欠している。なお、上から一三・一四字は、Aは「疏主」、Bは「疏王」としている。拓本で見る限り、「疏王」と読める。「王」の上の点のような部分が欠けているために、このように「主」と判読したのであろう。

17行は、下端は、Aは「以僧統揚之也□」とし、Bは「以僧統揚之也」となす。現状では、「也」の字は、少し欠けているが、そのようにみられる。しかし、その下は、欠けている。

18行は、「凡十有四月至る所の名山勝境諸に有る聖迹瞻禮せざるは無し」として、大學国師の足迹を記しているが、下端は、Aは「源公雅所望以為□」とし、Bは「源公雅所望以為」とし、その下は欠略とする。現状では、やはり「為」の下は不明である。

19行は、下端は、A・Bともに「各率徒」とし以下は不明とする。現状は「徒」の文字の下の方は、少し欠落しているが、ほぼかわりなく残されている。

20行は、その下端は、Aは「故其所贈詩有孰若祐世師□」とし、Bも同じであるが、「世師」以下は欠略しているとする。現状でも「世師」の下は欠失している。

21行は、下の方はA・Bともに「夏五月二十日随本國朝賀回使放洋二十九日」とあり、国師が本国に帰るときの事情をあらわしているが、現状も、その下は欠けていて不明である。「九」の字は、現在かなり磨損していて明らかで

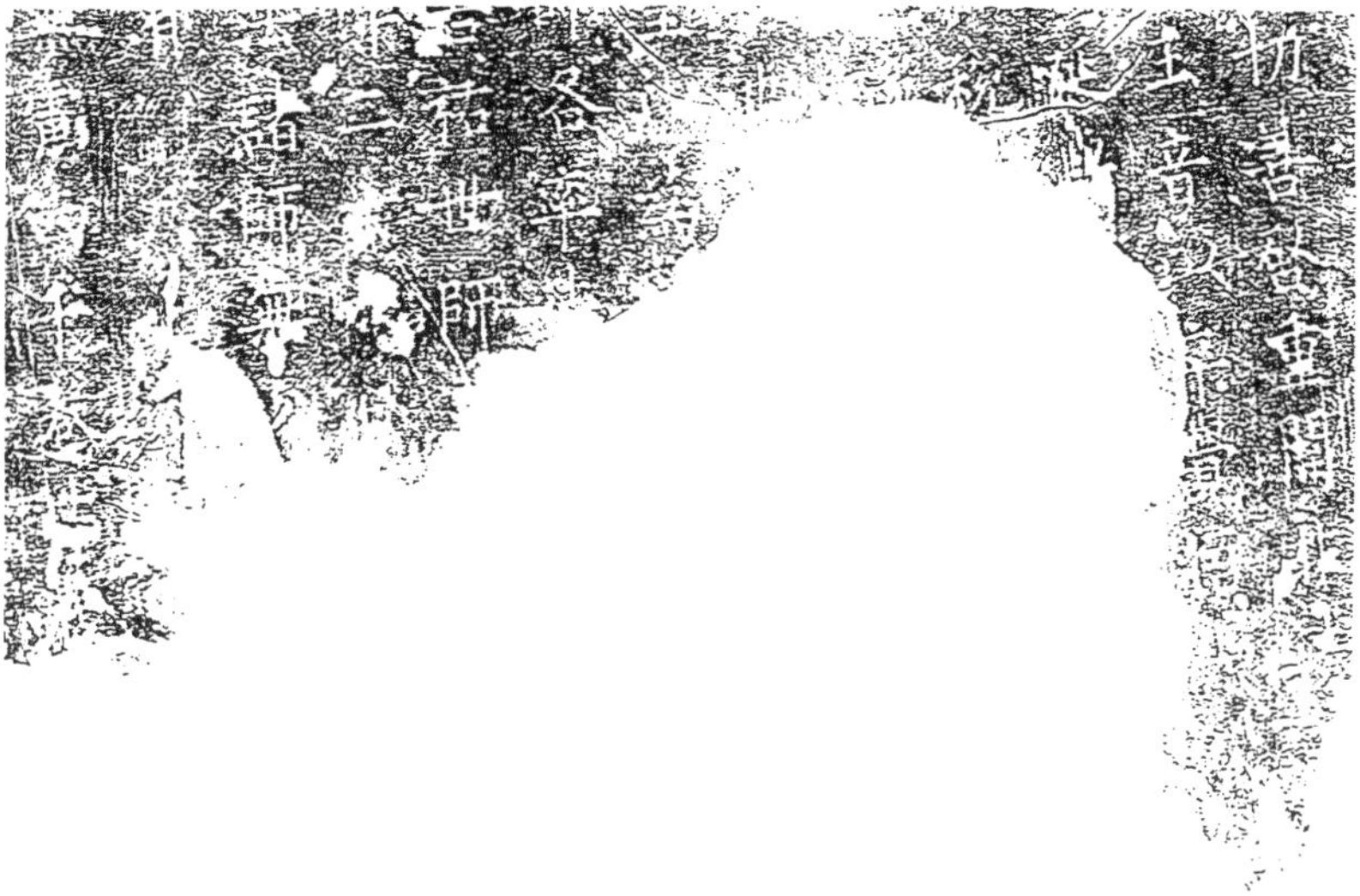

前面下端の拓本

なくなっている。

上から八字目以下九文字は、Aは「鑿齒弥天兩勍敵其為」となし、Bは「△齒天△△△其為」とする(図24―1)。

22行は、「皇帝の贈る所の金繒、國王太后に寄贈の財寶巨萬を以て計る。擧げて諸道場及び法を聞く所の諸師に施す」とあり、その下は、A・Bともに「無少」とし、下は欠略とする。現状では「少」の字は半分欠けている。

23行は、その下端は、Aは「神學者海會得未曾有上及」とし、Bは「神學者海會得未曾有上」とする。現在は、「神學者海會得未曾有」と読め、Aの方が正しい。最下端の「上」の字は、現在、辛うじて読める。

24行は、「重ねて書を中国に求め、以て契丹日本に及ぼす。又辛未の春、南遊して、捜索し、得る所の書、無慮四千巻」とあり、その下端は、Aは「皆□」となし、Bは「皆」の下は「以下欠略」とする。現状では「皆」の下に一字あるようであるが、漫減している。上から一二字目はAは「盡」とし、

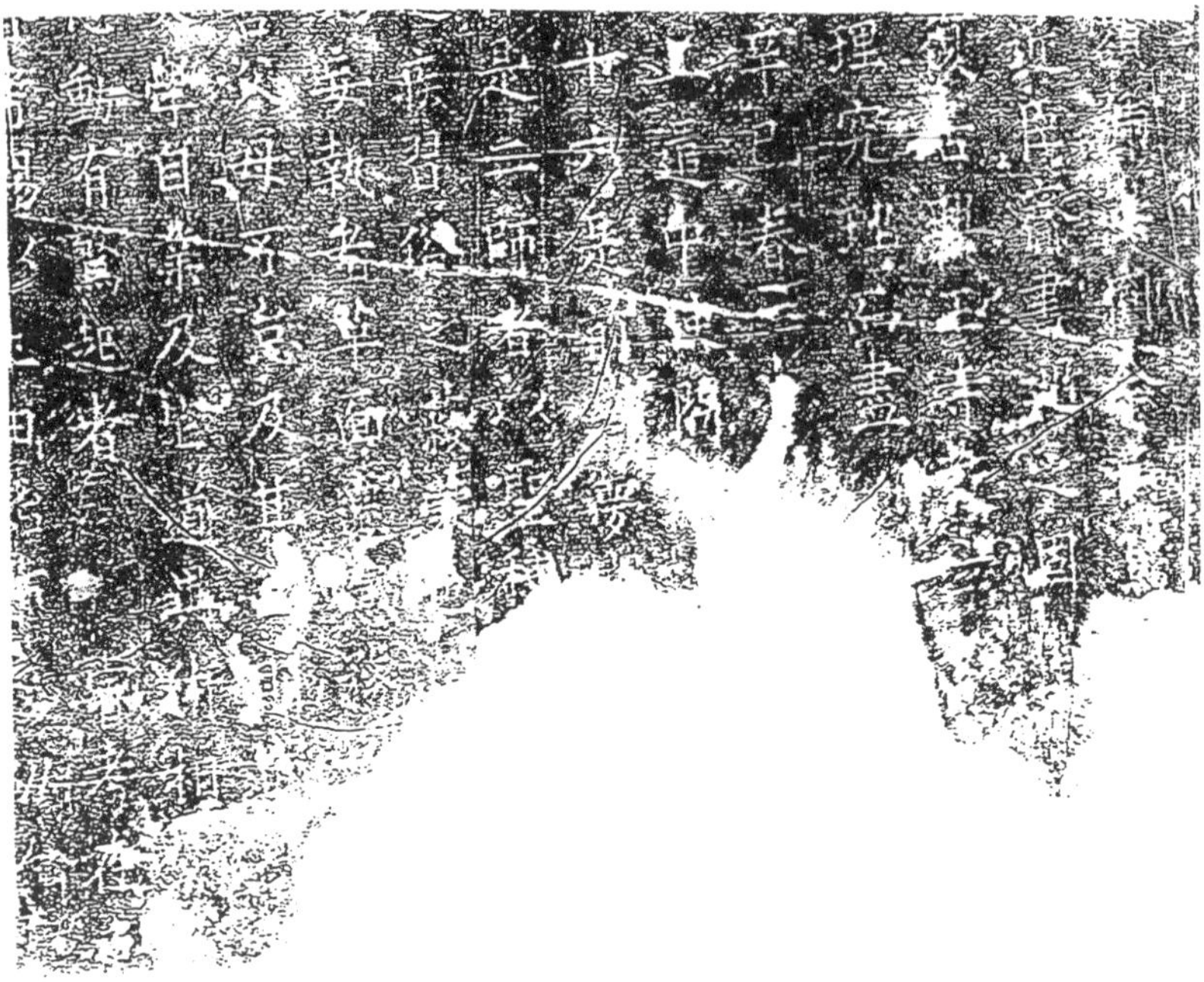

図23　大覚国師碑

Bは不明とする。Aのように「盡」と読める。

25行は、「甲戌春二月初めて洪圓寺に入る」とあり「嘗て大伽藍を作るを願う。洪圓と額號す」とある。Aは、上端を「欣□頼」とするが、Bは「欣頼」であり、現状もBの通りである。次に下端ではAは「今病□」となし、Bは、「今病篤」とする。「篤」の字は少し磨滅しているが読めそうである。

26行は、「海印寺の渓山に自適す、浩然たり。終焉の志有り」の文があるが、下端は、Aは「近臣齋書迎之固」となし、Bは「固」の下にさらに「辭」の一字があるとする。現状では、「辭」は漫滅して読めない。

27行は、はじめの文に、AとBとの差異がある。Aは「不我願古之達者非惠與時巻舒冀或一來副我意焉」とする。Aの「冀」は、Bは「異」となして差があるが、拓本によるとAの方がよいようである(図24―2)。また、Bは「與△巻△異或△」としているが、現状ではAのようにはっきり読める。

下端は、Aは「興王寺教□」、Bは「教王寺教學如」とする。拓本では「教」の下にさらに二字あ

り、やや磨滅しているが、Bの方を採りたい。

28行は、興王寺のことを記しているが、その下端は、Aは「而顯理究理而盡心」とする。Bは「盡」の下は「以下欠略」とする。現状では、Aのような「心」の字は明確でない。

29行は、「戊寅夏四月庚寅上命第五子に命じて之を侍らしむ。師手づから其の髪を落とす。今、都僧統是れなり」とあるもので、その下端は、Aは「辛巳春二月」となし、Bは、「辛巳春二」とし「以下欠略」とする。現状は「月」の字の部分は、かなり欠落している。この欠落が、いつの頃であったかは、明らかでないが、Aのようにはっきりと「月」と読めるなら、その後の欠落ともみられる。

30行は、「師の定する所なり」とある重要な箇所であるが、下端は、Aは「上遺中使問體」とあり、Bは「上遺中使問禮」とあり、「體」と「禮」との差異がある。これは重要なことであるが、現在「問」の下は欠落していて、この疑問を解くことができないのは残念である。

31行は、「冬十月五日壬辰右脇して化す享年四十七僧臘三十六」とある。大師の入滅の記事であるが、その下は、A・Bともに「是前或夢」とある。現状も同じである。

32行は、「五冠山靈通寺の震方に於いて本教に従うなり」とあり、大師の葬地の位置を示している。付記に述べるように、新たに、その墓域が、震方すなわち東北の方向に発見されている。下端は、Aは「二師者以聖種」とし、その下を不明とする。Bは「聖」以下を欠略とする。現状では「種」の文字は、下端右寄りがやや欠失しているが「種」とよめる。

33行の、最初の一字には問題がある。Aは「乎」とし、Bは「于」とする。Aの方が正しい。Aは、次を「利學益浮淺」とし、Bは「利學△浮淺」とし、「學」の次を不明とするが、拓本では「益」となっている。その下は、「典籍磔裂の文句を渉獵し歯牙に置く」という文があり、下端はA・Bともに「於是疾習俗之蔽蒙也」とする。現在やや磨損しているが、その通りである。

34行は、最初の文字について、Aは「閒」とし、Bは不明とする。拓本ではAのように読める。三九字目をAは「妄」とし、Bは「△」とし不明としているが、現状ではAである。下端はA・Bともに「革面遷慮務」で、以下は不明とする。「面」と「務」との間の二字は、現在かなり磨滅している。一一字目の「群」（A）は、Bは「羣」としているが、Aである。

35行は、はじめの文に、Aは「指三藏十二分」とあり、Bは「指三藏△二分」とする。拓本では明らかに「十」の字が読めるので、Aでよい。下端はAは、「及其□則窮」とし、以下は不明とする。Bも、「及其△則窮」とし、以下は欠略とする。「窮」の一字は現在半欠している。この行の中で、上から二四字目は、Aは「勸」とし、Bは「觀」とする。Bの「觀」は誤りで「勸」が正しい。また三三字目からAは「又天性至孝善父母」と続く。Bは「善」と「父」の間に「事」が入っているが、拓本にはAのとおり入っていない。

36行は、A・Bともに「異術相背」とし、下は不明とする。現状も同じである。

37行は、僧伽塔・天竺寺・海印寺のような塔や寺名があらわれているが、下端は、Aは「睿考在東宮」とし、Bは「睿考在東」とし、「宮」の文字はない。Aのように「宮」とも読める文字は残っている。

38行は、「新前路は是百郡の出入りする所にして舊舘院有りて壊亡す。即ち門人に指授して之を作新せしめ、館を名づけて指南院と曰う」とあって、指南院の名のあらわれている重要な文であるが、下端は、Aは「始師之幼□□太」とし、Bは「始師之幼」だけで、以下は欠略とする。現状では「幼」の下に三字は残されている。しかし、文字は明らかでない。

39行は、下端は、Aは「盡知師□」、Bは「盡知師」とし、以下欠略とする。現在「知」の字は、どうやらわかるが、他は、若干の欠失もあって読めない。

40行は「門人著わす所の詩文殘編斷藁云々」とあるところであるが、下端は、Aは「此皆率爾落筆非將□」とし、Bは「此皆率爾」のみとし、以下欠略とする。現状は、Aの方が正しく、明らかに「落筆非將」は読める。

図24　大覚国師碑拓本の一部

41行は、高昌國とその僧侶の名もあらわれているが、下端は、Aは「遼人來使」となし、Bは「遼人來使者」とする。「使」の下に明らかに一字がある。「者」とも読める。はじめの一字はAは「䟽」とし、Bは「疏」とする。Aの「䟽」が正しくよめる（図24―3）。

42行は、「其名四方に顕わる。異國の為に尊ばるる所又此の如し」の文もあるが、Aは、「容色睟清若覩青□」、Bは、「容色睟清若覩青天白日」とし、それ以下は欠略とする。現状では「青天白」までは残されている。

43行は、Aは「學術固□」を下端とする。Bは「學術固降辭語」を下端にし、以下欠略とする。現在「固」の下もBのように読める。六字目はAは「噫」とし、Bは「意」とするが、現状ではAである。

7　6　5　4　3　2　1

図25　背面左区画（向かって右）下端の拓本

以上は、表面の文であるが、次に裏面について述べる。

裏面は、三区廓にわかれている。中央の区廓は最も幅広いものであり、そこには、墓室造営などに関係した僧侶の名が列記されている。左・右の区廓は文章である。この裏面は、『朝鮮金石綜覧』に紹介されているが、『朝鮮寺刹史料』にはない。ここでは『朝鮮金石綜覧』(以下『綜覧』とする）と比較しつつ述べたい。

左廓（向かって右）は、題記を含めて七行から成り、右廓（向かって左）は刻者名を含めて七行から成るこれらの文字について、その後の欠損磨滅の箇所があったかどうかを主として記述する。

題銘は「大覚國師墓室及碑銘安立事跡記」で、拓本では「立」「事」は若干磨損しているが明らかである。

2行目は、国師の墓室は、「零通寺の東北隅」とし、その墓の所在を明記しており重要な箇所である。上から二二字目は『綜覧』では「幹」とするが、現在かなり欠失の部分がある。「粛」以下は欠落している。

3行目は、「五百人大石を輸して其の墓を覆う皆三重」とあり、「祭堂五間を墓南、霊通寺に營む」とあり、国師の墓の構造や、五間の祭間のあったことを示す重要な箇所である。現在「墓皆三重」の下は欠落している。

4行目は、「白丁四人居之給衣食使守」（之に居し衣食を給して、墓を守

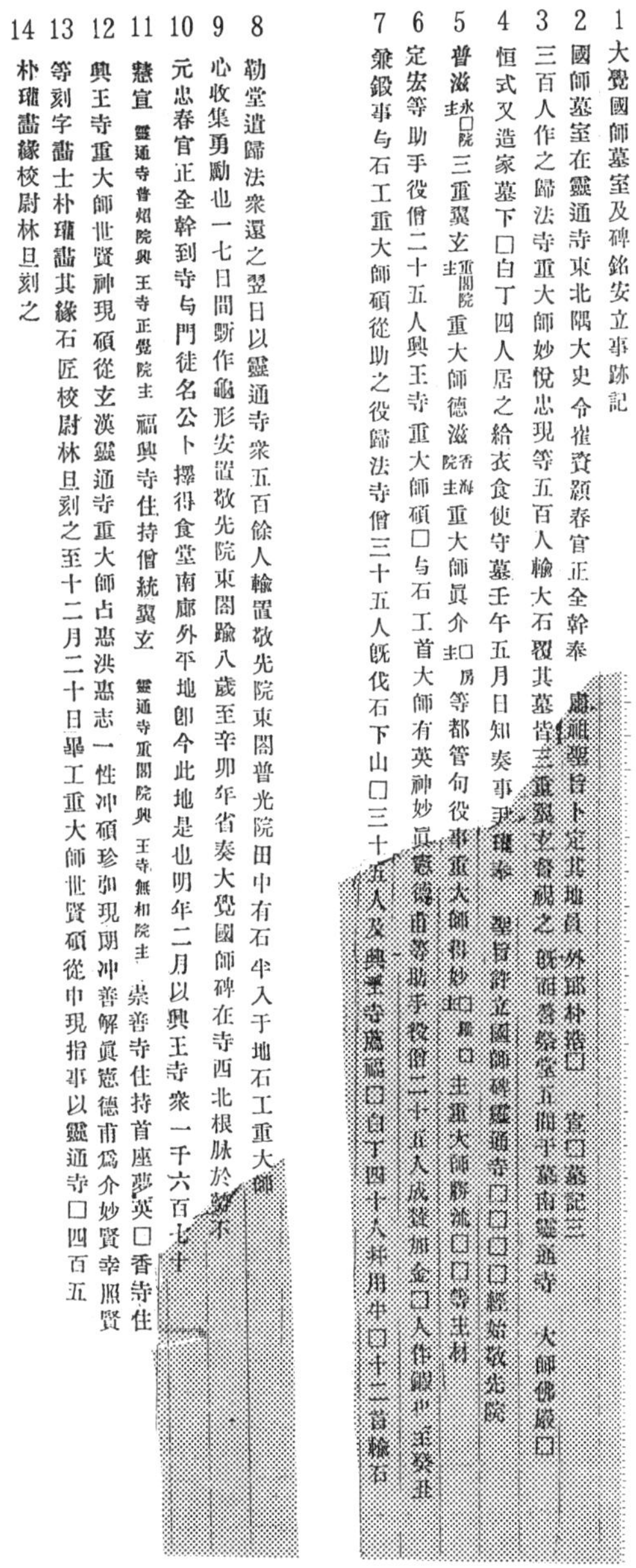

1 大覺國師墓室及碑銘安立事跡記
2 國師墓室在靈通寺東北隅大史令崔資顥春官正全幹奉 肅祖聖旨卜定其地員外郎朴浩□ 官□蓋記三
3 三百人作之歸法寺重大師妙悦忠現等五百人輸大石覆其墓皆芸重翼玄營祝之既而營碑堂五間于墓南靈通寺 大師佛嚴□
4 恒式又造家墓下□白丁四人居之給衣食使守墓壬午五月日知奏事尹瓘奉 聖旨許立國師碑靈通寺□□□經始敬先院
5 普滋（永□院主）三重翼玄（重閣院主）重大師德滋（香海院主）重大師眞介（□房主）等都管句役事重大師得妙（□□主）□（□□）主重大師勝祐□□等主材
6 定宏等助手役僧二十五人興王寺重大師碩□与石工首大師有英神妙眞憲德甫等助手役僧二十五人成賛加金□人作鍛也至癸丑
7 乗鍛事与石工重大師碩從助之役歸法寺僧三十五人既伐石下山□三十五人及興王寺薦福□白丁四十人并用牛□十二首輸石
8 勒堂遺歸法衆還之翌日以靈通寺衆五百餘人輸置敬先院東閤普光院田中有石半入于地石工重大師
9 心收集勇勵也一七日間斲作龜形安置敬先院東閤踰八歳至辛卯年省奏大覺國師碑在寺西北根脉於勢不
10 元忠春官正全幹到寺与門徒名公卜擇得食堂南廊外平地即今此地是也明年二月以興王寺衆一千六百七十
11 慧宣（靈通寺普炤院興王寺正覺院主）福興寺住持僧統翼玄（靈通寺重閣院興王寺無和院主）崇善寺住持首座夢英□香寺住
12 興王寺重大師世賢神現碩從玄漢靈通寺重大師占惠洪惠志一性冲碩珍弘現朗冲善解眞憲德甫爲介妙賢幸照賢
13 等刻字書士朴瓘書其緣石匠校尉林旦刻之至十二月二十日畢工重大師世賢碩從中現指事以靈通寺□四百五
14 朴瓘書緣校尉林旦刻之

図26　**大覚国師碑背面の左・右区画内の文辞とその現状**(文辞は『朝鮮金石総覧』による)

らしむ）の記事があるが「五月日知奏事尹」の下は欠落している。

5行は、「大師眞介」の下の六字は磨滅し、その下は、欠失している。

6行は、「大師有英神妙眞憲徳甫等手役僧二十五人成賛加金□人作鍛也至癸丑」とある。八字目から、すなわち「眞」の文字からの下は欠失している。

7行は、「既我石下山□三十五人及興王寺薦福□白丁四十人并用牛十二首輪石」とあり、墓の営造を示す重要な記事であるが、「三十」から下の二三字は欠けている。

次に右の廓、すなわち向かって左の廓について述べる。この廓は、左廓（向かって右廓）とちがって、かなりよく

保存されている。

左の廓（向かって右）の7行につづけて8行目とする。

8行は、「敬先院」「普光院」の名もあり大霊通寺の性格を考える上に重要な文である。下端は「普光院田中有石半入于地石工重大師」とあるもので、現在大の字は半欠し、その下は欠失している。

9行は、「踰八歳至辛卯年省湊大覺國師碑在寺西北根脉於勢不」とあり、碑の旧位置を考えるてがかりになるものである。現在「根」の下の文字の部分はほとんど欠落し、「勢」の文字のみがわかる。

10行は、「明年二月以興王寺衆一千六百七十」は欠失する。

11行は、「崇善寺住持首座夢英□香寺住」とあるが、「香」の字以下は不明である。

なお、『綜覧』では「霊通寺善炤院興王寺正覚院主」および、「霊通寺重閣院興王寺無相院主」を二行であらわしているが、二行でなく、それぞれ小さい字で刻しており、一行である。

12行は、「眞憲徳甫為介妙賢幸照賢」とあるものであるが、「照」の字以下は明らかでない。

13行は、「至十二月二十日畢工重大師世賢碩従申現指事以靈通寺□四百五」とある。現在「霊通寺」の下は欠けている。

14行は、「朴璀畫縁校尉林旦刻之」とあり、現在もよく残されている。しかし、「旦」の字はかなり欠失している（図24―4）。

㈤　小　結

以上のように、碑文に見られる文字を検討し、『朝鮮金石綜覧』や『朝鮮寺刹史料』の記載のものとの異同を指摘し欠落磨滅の状態を観察した。

私が、ひそかに憂慮したことは、『朝鮮金石綜覧』の編纂された一九一九年、『朝鮮寺刹史料』の編纂された一九一一年以来一世紀近く流動したながい歳月の間、この碑が風雪による自然現象はもとより、何らかの人為的な行為により破損磨滅の度がいちじるしく進んでいたのでないかということであった。しかし、幸いにして杞憂であった。裏面の一部のほかに少しの欠失磨損の箇所があったことは認められるが、ほとんど変化なく、現在に至るまで保存されていたのである。ただ、風雪にさらされて露呈されている碑の現状にあっては、今後のながい年月の経過とともに、あるいは磨滅欠落の箇所の多くなることをおそれるものである。願わくは碑閣を設けて保存されたいものである。

この場合寺跡の入口に碑閣を設けることにより、寺跡としての環境をそこねるおそれもあるかも知れない。

しかし、現在の位置が、当初からの原位置でない以上、他の箇所に移置することも問題ではない。この際、東北の山麓に新たに発見された大覚国師の墓域に、あるいは建物内、あるいは碑閣内に移し安置することも、一つの方法であるかも知れない。これは、二一世紀の初頭にあらたにもたらされた、北朝鮮の文化財の上の大きい課題でもあろう。

(六)　新たに発見された大覚国師の墓域

大覚国師の墓に関する記事としては、さきに述べた大覚国師碑の裏面に刻された文が重要である。また、開城市の興王寺跡から発見された大覚国師墓誌があり、これは、『朝鮮金石綜覧』にも紹介されているが、この中に、次の文がある。

是月（十月）五日　国師恒化す。上之を聞いて震悼す。朝を輟め有司に命じて礼を備う。荼毗す。已に霊骨を霊通寺の東山に遷し、石室を築いて以って肂す。

大覚国師碑の文を再び見ると「冬十月五日壬辰　右脇にて化す。享年四七」とあり、「五冠山霊通寺の震方に葬む

る。本教に従うとあり」ともあり、墓の構造に関連するものとしては、「大石を輸し、其墓を覆う。皆三重なり」とあり、また、祭堂五間を墓の南に営むというようなことも記されている。

霊通寺の東北方約二〇〇〇メートルはなれた山麓に石階が残されており、その地域がその墓域でないかということは、北朝鮮の研究者の間でも考えられており、また、土地の人々も伝承として信ぜられていた。しかし石階の後背は、樹木も茂り、いばらの草も茂り、足を踏み入れることは困難である。私も、寺院跡調査の際しばしば社会科学院の学者とともに、この中を跋渉した。そして、石材遺構も発見された。石材には、大覚国師碑と同質のものもあり、小型の石槽も残っており、この箇所が、その墓域であることを確認したのであった。

なお、社会科学院の調査隊員たちは危険を冒して一帯の地の清掃を試み、さらにその頂上近くにも、たくましく足をのばし、一体ずつの仏像の彫刻された二巨岩を発見した。

これらについては、やがて公刊予定の本報告に紹介されると思うが、二〇〇〇年三月に刊行された概要の文を、次に紹介しておく。

義天の墓は、大覚国師碑に記されているように霊通寺の東北隅にあった。墓地は住居跡の東北側にある山の南側傾斜面を二段に削りだして、それぞれの段に基壇を築いて造られていた。

義天の墓地では八〇〇平方メートルの面積を発掘したが、最上段には石造物と石片が散乱していた。ここには一辺一一四センチメートルの長方形の板石があった。この板石は大覚国師碑の碑身の石と同質の石材であったが、上部の面には蓮華文が彫られている。

墓の南側には祭堂とみられる建物跡があった。また、墓の北側山腹の岩には二像の磨崖仏が彫られていた。岩の東側の面には如来像の頭部が彫られており、西側の面には菩薩像が彫られていた。義天の墓域からは平瓦、軒丸瓦、塼、陶器片、磁器片などの遺物が出土している。

（付　記）終わりにのぞみ、この調査の機会をあたえられた朝鮮民主主義人民共和国社会科学院および大正大学の関係の諸氏に謝意を表す。また、私と同行され、種々の便宜をはかられた在日本朝鮮歴史考古学協会会長全浩天氏に感謝する。

（『朝鮮学報』第一七六・一七七輯、二〇〇〇年一〇月）

付　霊通寺（朝鮮民主主義人民共和国京畿道開城郡嶺南面）について
——文献および金石文より見たる——

（1）霊通寺の環境

霊通寺の環境については、『高麗史』（以下『史』とする）五十六の志一・地理一の項に「山水之勝は松京第一と為す」とあることによっても知られるが、『東国輿地勝覧』（巻十二）には、さらに詳しく、次のように説明している。

五冠山の下に在り。洞府深遠なり。山勢は周遭し、流水は縈廻す。樹木は蓊鬱たり（草木がこんもり茂る状態をいう）。その西楼の勝概は松都の第一たり。

ともに、「松京第一」あるいは「松都第一」のような表現を用いている。のちに紹介する多くの詩人も、この景観を巧みに文学的に描写している。たしかに、この表現は適切であり、私自身実地に踏んでこの感を深くしている。

この環境は、山岳美・渓谷美にめぐまれてはいるが、都京とははるかに隔絶した山岳の一角をしめている関係で、自然災害にも見舞われることも多かった如くである。毅宗二年（一一四八）六月丁酉の夜（『史』巻五十三）には、

大雨あり。霊通寺の山水湧出す。人多く漂没す。

というような事件もあった。また、仁宗九年（一一三一）一月丁巳には、「霊通寺の銅鼓自ら鳴る」の記事がある（『史』巻五十三、志七、五行一）。前日から「天鳴ること雷の如し」の天変があり、この作用によったものかも知れない。

一方、渓流をもつ奥深い山境は、鳥獣にとっても絶好の棲息の場であったようである。仁宗四年（一一二六）二月丁酉（『史』巻五十三、志七、五行一）には、

群鳥霊通寺の北山に集まる。相闘うて蛟み死す。終日にして乃ち止む。

また同じく、仁宗十四年十二月庚子には、

群鳥　霊通寺の南嶺に集まる。飛鳴して相闘う。凡そ五日、往々にして山谷の間に落ちて死す。

とある。鳥の名は明らかでないが、このような異変が報ぜられ記録された。また、明宗九年（一一七九）七月戊辰（『史』巻五十五、志九、五行三）には、

霊通寺内　大蟻群聚す。径二尺余。闘うこと三日。死者十八九。

とある。「径二尺余の大蟻」は、どんな学名の生物であったかは不明であるが、蟻は、古訓に「サソリ」とされている。あるいは蠍かも知れない。

霊通寺をいただく山岳の特殊性を語る如くである。

（2）　霊通寺の創建とその展開

霊通寺の創建の年次は明らかでないが、『高麗史』の中で、初見の記事は、靖宗二年（一〇三六）五月辛卯の条に見られる次の文である。

制すらく。凡そ四子有る者。一子の出家を許す。霊通・嵩法・普願・桐華等の戒壇に於いて。所業経律を試す。

これによれば、霊通寺には、戒壇のあったことも明らかであるが、これに先立っていつ創建されたかは、『高麗史』に記述されていない。その後、文宗二年（一〇四八）『高麗史』五月己卯の条には、文宗が霊通寺に行幸した記事が記されている。この行幸の背景を考える場合、文宗の子煦が、僧になって霊通寺に出居したことに関連するものとみられる。煦は義天である。文宗は、五月癸酉景雲殿に出御し、王師爛円を召し子の煦を僧とさせている。『高麗史』

（巻八）に、次の記事があることで知られる。

　五月癸酉。景雲殿に御す。王師爛円を召し、子の煦の髪を祝し僧と為す。

　己卯。霊通寺に幸す。

また、『高麗史』（巻五十、列伝三、宗室一）には、

　文宗。一日諸子に謂いて曰く。孰れか能く僧と為り、福田利益をなさんやと。煦起ちて曰く、臣　出世の志有り。惟れ上の命ずる所と。王曰く。善しと。遂に師に随い、霊通寺に出居す。

とある。霊通寺と王室との関係は、このような関連によって、一層深まり、王室にとり、重要な性格をもつに至った。

　王室との深い関係のあったことは、歴代の王が、霊通寺に参詣していることでもわかる。一方、この参詣の王や年次は、霊通寺の法燈のさかんであった時期や、その存続の時期などにも、示唆を与える。次に王の参詣の年月とを表示しよう。

王	年	西紀	月	高麗史巻数
仁宗	12	一一三四	6	16
毅宗	3	一一四九	2	17
	5	一一五一	2	
	6	一一五二	2	
	7	一一五三	2	18
	12	一一五八	2	
	13	一一五九	2	
	16	一一六二	2	
	17	一一六三	2	

王	年	西紀	月	高麗史巻数
毅宗	21	一一六七	3	
	24	一一七〇	1	19
明宗	2	一一七二	3	
	3	一一七三	3	
	4	一一七四	2	
	5	一一七五	3	
	7	一一七七	3	
	9	一一七九	2	
	10	一一八〇	2	

王	年	西紀	月	高麗史巻数
明宗	14	一一八四	11	20
	15	一一八五	3	
	16	一一八六	11	
	17	一一八七	2・11	
	19	一一八九	11	
	20	一一九〇	11	

王	年	西紀	月	高麗史巻数
明宗	23	一一九三	2・11	
神宗	4	一二〇一	3	21
	6	一二〇三	11	
忠宗	14	一二八八	5	30
恭宗	20	一三七一	5	43

以上であるが、忠烈王十四年五月の参詣のときは、白銀十両、米一百石を下賜している。また、神宗の六年二月の際には、

己巳。王 霊通寺に如す。時に御輦の軸頭、忽ちにして折れたり。王 馬に乗りて 選軍門に至る。尚乗局 軸を改めて以て進む。王復輦に乗る。太子扈行す。馬且《まさ》に逸せんとす。易えるに他の馬を以てす。

という災難もあった。

（3） 法要などの行事

霊通寺は、王室の寵のもとに法燈が盛んであった。国家鎮護の性格をもつとともに、王室にとっては、嗣を祈り先王・太后などの忌辰に際し、その供養の行事をなす忌辰道場としての重要な性格をもつ寺院でもあった。

仁宗は、八年（一一三〇）四月には、規聖寺と霊通寺において、齋を設け、国家のために、災いをはらい、福を祈る法事をなしている（巻十六）。また、毅宗は、元年（一一四七）五月に嗣を祈り、華厳経を五十日にわたって講じている（巻十七）。同じく三年五月には、仁宗の忌辰のために行香している。毅宗の二十四年一月は、寒気の烈しい季節ではあったが参詣し、華厳会を設けた。そして、親しく仏疏を写した。新年なので、百官から賀を受けている。

このような忌辰の法要は、のちまでも継続された如くであるが、神宗や煕宗の頃に至ると、中止するという事態も生じた。神宗元年（一一九八）三月には、仁宗の忌辰のため霊通寺に参詣しようとしたが、「即位未だ久しからず。変有るを疑って」果行しなかった（巻二十一）。また、煕宗四年（一二〇八）六月、恭睿太后の忌辰のために参詣しようとするとき、天文の役人が、「天に警あり。出ずるを宜しとせず」と上申し果行しなかった。また、祈雨のためにも、霊通寺がその祈禱の寺院となった。仁宗十二年（一一三四）六月には、霊通寺に幸し、雨を禱っている（『史』巻三十四、志八、五行二）。また、『高麗史』の列伝三十六に卜者栄儀のことが記されているが、この中に、毅宗の十一年元日に霊通・敬天などの五寺に命じて仏事を行なったことががある。

十一年元旦　風乾より来たる。太史占奏して曰く。国に憂ありと。王懼る。儀因りて禳禬の説を進むと。王　之を信ず。命じて霊通敬天等の五寺に於いて。終歳仏事を作り、以て之を禳う。

これは、巻五十五、志九、五行三の記事にも記されている。ほぼ同文であるが、儀は、卜者内侍榮儀とある。

（4）　眞殿の性格

霊通寺は、先王の眞を安置した霊殿的な性格もあった。明宗は、二年三月に行幸して、世祖・太祖・仁宗の眞に謁した。のち、忠烈王は、二年（一二七六）六月景雲殿の仁宗の眞を霊通寺に遷した（『史』巻二十八）。また、忠宣王二年（一三一〇）十一月には、明宗の眞をこの寺に遷した（『史』巻三十三）。

（5）　霊通寺と大覚国師碑

霊通寺が、高麗の高僧義天（大覚国師）と深い由縁に結ばれていることは、この寺の地位を一層高めるものである。現在、寺院跡にこの碑文が立っている。亀趺・螭首をそなえた典型的な高麗時代の石碑であり、碑面は、高さ三・二二メートル、横幅一・五八メートルという堂々たるものである。

碑文は、早く『朝鮮金石綜覧』にも紹介されており、その内容は、義天の伝記を中心にしているが、この撰文は、高麗の生んだすぐれた学者であり、『三国史記』の編者として知られている金富軾（一〇七五〜一一五一）であることによっても一層石碑を価値づけている。

ここでは、伝記の内容については省略するが、たとえば、さきに記した『高麗史』の記事をさらに補うものとして、義天の出家したことについて、十月に戒を受けていることが知られる。文王が十月に行幸しているので、あるいは、この戒の儀式に臨席したのではないかとも推察される。ちなみに、この石碑は、風雨にさらされている。碑閣を設けて保存すべきであろう。

（6）　大覚国師の墓

大覚国師碑の裏面には、「墓室及び碑銘安立事跡記」が刻されている。これによれば墓室は「霊通寺東北隅にあることがわかる。そして、大石を運び、その墓を覆い、皆三重であり、祭堂を墓身南に営んだ」とある。また、「大覚国師碑は西北の根脈に在り」ともある。とにかく、この墓域について明らかにし、保存することも重要な課題であろう。

（7）　霊通寺に関係したその他の僧侶

『海来高僧伝』は、朝鮮半島の著名な僧侶の伝記を集めたもので、朝鮮仏教史上重要な文献である。その撰者については、同書の冒頭に、

京北五冠山靈通寺住持教學　賜紫沙門臣覺訓奉　宣撰

とある。覚訓が、霊通寺の住持であったことがわかる。さらに、高麗明宗二十三年（一一九三）の紀年銘のある霊通寺住持智偁なるものの墓誌が発見されている（『朝鮮金石綜覧』）。智偁なる僧が住持であったことも知られる。また李

仁老（一一五二〜一二二〇）の『破閑集』の中には、次の記事がある。

朴君公　襲居して　酒を嗜む。客至って　飲むを以て無し。
酒を　霊通寺の　僧に求む。

霊通寺は、この霊通寺と見てよく、一僧の逸事を記している。

ちなみに、僧侶ではないが、文忠なる人物が五冠霊通寺の洞に居住していたことが『高麗史』巻百二十一列伝三十四の中に記されている。次の文である。

文忠未だ世系を詳らかにせず。母に事《つか》えて孝を至す。五冠山霊通寺の洞に居す。京都を去る三十里。養わんために禄仕し。朝出て。夕に返る。

とあり。その母の老いを嘆いて木鶏歌を作り、五冠山曲と名づけたという。

（8）詩の内容から見た霊通寺

『東国輿地勝覧』には、霊通寺に関し八首の詩が紹介されている。詩はもとより文学的な表現であり、史実の考証には縁遠いものもあるが、中には、その後の霊通寺の状況を知る資料も少なくない。まずこれらの詩を紹介すれば、次のようである。（なお、下欄の仮名交じり文は、とりあえず、私がなしたもので、誤りがあるかもしれない。高教をまつ。）

李奎報詩

線路縈紆接翠微　　線路は縈紆して翠微に接し
不煩問寺遂僧歸。　煩わずして寺を問へば遂に僧は帰る
到山才聽清溪響　　山に到りて才《ほのか》に清渓の響を聴く
春破人間百是非。　春は人間《じんかん》の百《もろもろ》の是非を破る

金九容詩

避暑山中宿
凄涼興轉新。
松軒臨淨水
苔逕絶纖塵。
坐石聞幽鳥
扶笻愧此身。

暑を避けて山中に宿す
凄涼として興転《うたた》新なり
松軒は浄水に臨み
苔逕は繊塵を絶す
石に坐して幽鳥を聞く
笻（杖）に扶けられし此の身を愧《は》ず

卞季良詩

地僻塵機息
樓高暑氣微。
鳥隨鳴磬下
僧趁暮鐘歸。
移石雲生袖
看松露滴衣。
秋霜山果熟
更此扣岩扉。

地は塵機を僻けて息《や》む
楼は高くして暑気微《かすか》なり
鳥は随って磬下に鳴く
僧は趁《はし》りて暮鐘に帰る
石を移せば雲は袖に生ず
松を看れば露は衣に滴《た》る
秋霜山果熟す
更に此れ岩扉を扣《たた》く

釋月窓詩

岩泉一派曲通林

岩泉の一派曲りて林を通る

老樹當軒積翠陰。
秋至洞門偏灑落
雲還松嶺轉幽深。
苔碑勝迹傳從昔
素壁新詩記自今。
坐久精神更清爽
磬聲搖月夜沈沈。

權近詩

五冠山下古叢林
風滿樓臺緑樹陰。
境絶塵喧常閒寂
溪因雨過更澄深。
西峰爽氣連朝暮
北嶺閑雲閲古今。
惆悵無由問前事
土橋依舊未消沈。

李原詩

閑向招提訪道林

老樹は軒に当りて翠《みどり》の蔭を積む
秋洞門に至れば偏に灑落たり
雲は松嶺に還りて転《うたた》幽深なり
苔碑と勝迹は昔より伝う
素壁に新詩今より記さん
坐すこと久しければ精神更に清爽たり
磬声として月を揺《ゆる》がし夜は沈々たり

五冠山の下の古叢林
風は楼台に満ちて緑樹陰たり
境は塵喧を絶ちて常に間寂たり
渓は雨過ぎるに因りて更に澄深たり
西峰の爽氣は朝暮に連なり
北嶺の閑雲は古今を閲す
惆悵たり前事を問うに由なく
土橋は旧に依りて未だ消沈せず

閑にして招提に向い道林を訪うに

緑溪小逕出松陰。
五冠山擁風煙古
大覺碑横歳月深。
寶子念心經律化
老僧談法去來今。
若爲結社中高臥
任名途昇與沈。

成任詩

清涼趣味在雲林
爲避炎塵就樹陰。
微雨歇時山更好
飛泉落處水偏深。
毎乘幽興頻來此
頓覺奇觀盡在今。
弔古徘徊詩未就
峰巒收影日初沈。

李承召詩

穿林渡水入深山

緑溪の小径は松陰に出る
五冠山は風を擁して煙古たり
大覚の碑は横たわりて歳月深し
宝子は心に経律を念じて化し
老僧は法を談《かた》りて今に去来す
若し結社を為さば中に高臥せん
名途に任せ昇は沈とともにす

清涼の趣味　雲林に在り
炎塵を避けん為に樹陰就く
微雨の歇む時山更に好し
飛泉落つる處　水偏に深し
毎に幽興に乗り　頻りに此に来たる
頓に奇觀を覚ゆ　盡く今に在り
古を弔うて徘徊し　詩未だ就らず
峰巒影を収めて　日初めて沈む

林を穿ち水を渡りて深山に入る

山半僧居抱碧灣。
黄葉連山迷遠近
蒼苔満路困躋攀。
謫仙詩興煙霞外
謝傳高懐水石間。
夜倚西樓仍不寐
満窓明月聴潺湲。

山半の僧居　碧灣を抱く
黄葉の連山　遠近に迷う
蒼苔は路に満ちて躋攀を困らす
謫仙の詩興ず煙霞の外
謝は伝わりて高く水石の間を懐く
夜は西楼に倚りて仍ち寝ず
満窓の明月潺湲《せんかん》（水の流れ）を聴く

この中には、李原の詩に「大覚碑は横たわりて歳月深し」とあり、碑が横たわっていたことを語る如くである。また「老僧　談法」の僧のことも記してあり、霊通寺が、何らかの形で法燈を継いでいたことも知られ、ことに李承君に「夜は西楼に倚りて仍ち寝ず」とあり、『東国輿地勝覧』の説明に「其西楼勝概」とあることと相まって、西楼の存していたことがわかる。

本稿は、大正大学が朝鮮民主主義人民共和国社会科学院と共同して行なおうとする霊通寺跡の調査にあたり、その予備知識を得ようとするために、いそぎまとめたものである。

（『佛教文化学会紀要』第七号、一九九八年一一月）

（付　記）

霊通寺跡の報告書については、研究編・図版編の二冊にした。二〇〇五年大正大学綜合仏教研究所編として、同大学出版会から刊行されている。なお、この寺は、発掘終了後新しく寺院として復興されている。

四　高麗玄化寺碑について
――とくに線刻の図文の紹介――

(一)　玄化寺の沿革

玄化寺碑の立っていた玄化寺は、朝鮮民主主義人民共和国開城市の北郊の山間にある。法燈は続かず、現在廃寺跡となっている。その寺の歴史的沿革には、重厚なものがある。とくに王宮と深い関係に結ばれ、高麗時代は寺運も隆昌であった如くである。『高麗史』の「世家第四」には、顕宗九（一〇一八）年六月戊申の条に、

始創大慈恩玄化寺。以資考妣冥福

とある。これによれば、大慈恩玄化寺と呼称され、顕宗がその考妣の冥福を祈るために建立されたことが知られる。つづいて、同王の十二年三月丙申の条（同巻四）には、

玄化寺北山崩出玉

とあり、八月辛亥の条（同）には、

王如玄化寺親篆碑額賞命翰林學士周佇製碑文参知政事蔡忠順製碑陰幷書

とあり、「御書篆額」であったことが記され、碑文の作者筆者名ともあわせ記されている。その後も、歴代の王の参

詣もあったことと思われる。

　毅宗二十三年（一一六九）六月乙未の条（『高麗史』世家第十九）には、

　　宴宰樞侍臣于延福亭、移玄化寺

とある。また、忠烈王の九年（一二八三）七月戊午の条（同世家巻二十九）には、

　　命廉承益孔愉修玄化寺塔納還元已未王與公主如玄化寺

とある。

　なお、玄化寺は、天災により被害を受けたこともあった。『高麗史』（巻七百五十三・五行）には、仁宗の九年（一一三一）九月丁巳に、

　　大風暴雷電水深平地一尺震玄化海晏兩寺南山樹

という災害があった。また、忠烈王九年（一二八三）には、九月辛丙に、

　　震玄化寺古木及馬二騍一

という震災もあった。

　以上のほかに、『高麗史』の「列伝編」にも、玄化寺に関する二、三の記事がある。たとえば、列伝（四十）の「李資讓」の条に、

　　義莊、自玄化寺、率僧三百餘人、至宮始創大慈恩玄化寺以資考妣冥福

とあり、巻九十三・列伝六「崔沆」の条に、

　　値沆忌日、命有司設道場玄化寺、薦冥福

の関連記事がある。

　ちなみに、『東国輿地勝覧』（巻四十一）「安岳郡午峰県」の中に、

　　在靈鷲峰下、有周佇所撰碑。

図27　玄化寺碑

図28　玄化寺石塔

とし、高麗忠粛王（在位一三一四〜一三三九）の次の詩を紹介している。この頃の玄化寺の景観の一端を偲ぶことができる。

萬機叢萃日紛然
却羨高僧擁褐眠。
金碎松梢當檻月
玉舂花外落階泉。
祥雲掩再知何處
流水盤回別有天。
一點紅塵飛不到
但將霞衲掛雙肩。

その後、この寺が、どのような推移をたどったかは明らかでないが、やがて法燈は絶え、次第に頽廃しつつ、廃寺となった如くである。そして、その遺跡が現在遺されている。玄化寺碑も、石塔も、保存のため開城市成均館博物館に運ばれた。しかし、次に述べるように、幢竿支柱が残され、かつてのこの寺の状況の一端を語っている。

(二)　玄化寺跡の現状

前項で述べたように、現在、玄化寺は法燈は絶え廃寺跡として残されている。開城市嶺南面の地で市の北方に聳え立つ霊鷲山の山岳の腹部にあたり、幽邃な境地を占めている。私は、一九九八年社会科学院の招請を受け、霊通寺跡調査のため、開城市に滞在したとき、同寺跡を訪れることも希望したのであったが、大雨のため山道の一部が崩壊し通行できず断念した。しかし、翌年一九九九年再訪問の際は、開城市当局の好意により山路の普請工事がされていた

図29　玄化寺跡の現状

ため、社会科学院・開城市の人々そして在日朝鮮歴史考古学会会長全浩天氏とともに登山することができた。幸い途中までは自動車を利用し、その先は徒歩であったが、坂道を登りつめると遺跡に達した。向かって右の一角の高台に幢竿支柱が立っている。遺跡はやや平らかな広汎な地域を占め、建物の跡もみられ、もと石塔のあった場所はやや高盛りをなしている。玄化寺碑のあった場所も知られる（図29）。

南は、ゆるやかな連丘を一眸の中に収めることができる。西には渓流が、寺域の一部を界する如く流れている。東はまたゆるやかな傾斜地である。まことに風水思想にも合致した絶好の占地でもあった。

㈢　玄化寺碑に対する既往の紹介とその内容

玄化寺碑は、開城市成均館博物館に移置され、保存されている。この碑については、金石文として重厚な研究の歴史があった。『大東金石書』[1]に、

玄化碑。在中峰灵鷲山玄化寺創寺碑。額麗顯宗書丹。蔡忠順書。周佇文。宋眞宗天禧五年辛酉立。麗顯宗十二年也。

として紹介している。

また、呉慶錫の編纂した『三韓金石録』[2]に「玄化寺創寺碑」として掲載され、「金州霊鷲山」として、その所在地を示した。

その後、『朝鮮金石綜覧』[3]をはじめ、葛城末治の『朝鮮金石攷』[4]にも紹介されるところがあり、『朝鮮古蹟図譜』(六)にも写真が掲載された。『朝鮮宝物古蹟名勝天然記念物要覧』[5]には、「玄化寺碑」として宝物に指定されていることを紹介し、次のような解説文を加えている。

本碑は大理石の碑にして、花崗岩の螭首及龜趺あり、碑身の兩側に文様を刻す。高さ七尺、高麗顯宗十二年辛酉に建立せらる。

ちなみに、この碑の大きさは『朝鮮金石綜覧』に、

碑身は高七尺八寸五分・幅四尺三寸で簷石があり亀趺の上に立っている。

となしている。これによれば、高さ二・三八メートル、幅一・三〇メートルになる。

この文の内容については、葛城末治氏が、『朝鮮金石攷』の中で要をつくして説明しているので、これを紹介する。すなわち、氏は、碑を立てた年次については、碑文の次の文を引用し（以下、葛城氏文）、

皇宋天禧五年歳次重光作噩秋七月甲戌朔二十一日甲午樹。

とある。天禧は宋眞宗の年號で五年は辛酉に該り、古名の干支を用ひて之を重光作噩としたので、高麗顯宗十二年に當つて居る。月は碑文と高麗史との記事に一箇月の相違があるが、碑文の月日を正とすべきやうである。

陰記は立碑の翌年に刻したことゝなる。

と述べている。顕宗十二年は一〇二一年に当たる。

続いて、この建碑と造寺の次第については、

顯宗豹隱の際、侍養の心を竭し、龍飛の後は劬勞の恩を念ひ、毎に風樹の歎を積み追尊の禮を行ひ、附廟の儀を備へたが、孝心が未だ以て足らぬ所がありとなし、精舍を營立し、資しては亡靈に薦め淨業を益增し、二親の慈愛に報い、諸佛の誓願に應ぜんとし、仍つて此の寺を建立したのである。

となし、

高麗史世家顯宗九年六月戊申の條に、

始創大慈恩玄化寺。以資考妣冥福。

の記事が見えて居る。

となしている。

さらに、碑文の内容については、次のように述べている。

碑文の記事に據れば皇考安宗は高麗成宗十二年癸巳の冬に契丹の入侵により難を泗州（慶尙南道泗川）に避け、遂に病みて彼の土に薨じ地を卜して葬つたとあるが、高麗史の記事に據れば、泗州に行つたのは實は謫せられたことになつてゐる。

皇妣獻貞王后も亦偕老を遂げずして先考に先づこと三年で、疾を以て寶華宮に薨じた。

そこで顯宗が位に即いて追尊の典を行ひ、又八年四月の吉晨を擇び、泗州に在つた先考の陵を京（開城）の妣陵の傍に葬地を迁定して之を埋安した。靈柩が開京に至るに洎んでは、法駕を備へ親ら百僚を率ゐ權殯を歸法寺に迎へた。高麗史世家顯宗八年夏四月の條に、

遣門下平章事崔沆中樞副使尹徵古于泗州。奉遷安宗梓宮。王備法駕迎于東郊。

と見えてゐる。

王は又別に寺内の西北地に眞殿の基を開いて、考・妣・姊及び王后の眞影を畫かしめ、殿内に之を安置したことが碑文に見えてゐる。

図30　玄化寺碑の一部

また碑陰については、

碑陰記に據れば顯宗は又發心願を立て、邦家の鼎盛と社稷の益安とを祝する爲、毎年四月八日（佛浴日又は佛誕日）から三日三夜彌勒菩薩會を設け、又二親の冥福を追薦する爲めに、毎秋七月十五日（百種日又は白中日）から三日三夜、彌陀佛會を設け、特に工人に命じて大般若經六百巻・三本華嚴經・金光明經・妙法蓮華經等の印板を雕造せしめて、此の寺に置き、別に號を立て、般若經實と爲し、永く十方に印施せしめた。

又同じく陰記に、

既而金鐘法鼓鑄造皆畢。乃命鑾駕君臣備禮行幸。

の文字がある。

となしている。

以上、葛城氏の記述を紹介したが、私は、この碑文の内容にみられる特色のある二、三の点を整理したい。

その一は、この碑額である。二六センチ、横四七センチの中の「霊鷲山大慈恩玄化寺之碑銘」の十二字は、顯宗の

図31　玄化寺碑拓本（1）（題額）

親筆であることである。これは先に述べたように『高麗史』顕宗十二年八月巳未の条の如くである。

高麗時代の石碑の中に王の親筆の題額のあることは、妙香山普賢寺碑に仁宗の親筆があるが、それとともに貴重な例である。字画は、八センチ四方の大きさである。図31に掲げる。

その二は、この碑が、玄化寺が考妣の冥福を祈るための寺であったことを示す点である。この時代には、寺院の建立が活発であったことはいうまでもないところであり、北朝鮮・韓国の各地にあって、今なお法燈の盛んな寺院も多い。これらの中にあって、玄化寺の建立の目的は、まことに意義深いものがあるのである。

その三は、「眞殿」の名が見えることである。眞殿は王の絵姿を祭った建物である。

この建物を寺の西南に設けたことが知られるが、この時代における眞殿のあり方を考える上に貴重な内容である。

その四は、裏面に工人に命じて、大般若経の印板を彫刻させたことである。高麗時代における大般若経印行事業は、経典研究の上にも重要なものであり、とくに韓国海印寺に残る資料は、広く知られているところであるが、この碑文により、玄化寺にあっても印行事業が行なわれたことが知られるのである。

図32　玄化寺碑拓本の一部

(四)　玄化寺碑とその現状

この碑については、私は、成均館博物館の庭で見ることができたが、社会科学院の好意により、その表面・裏面の拓本をいただくことができた。

拓本にもとづいて、改めて文面を見ると、表面の上の顕王の「御書篆額」の親筆は、細かい線刻であり、工人の巧みな技術とこれを指導した建造碑関係者の叡智とが想察されるものである。下の文は三九行にわたり、一列はおよそ六三字である。一字の区画は二センチであり、見事な楷書である。

さて、石碑などの碑文は、覆屋などの施設内で保存されていない限り、多年にわたる間、風雪などにさらされ、あるいは人為的に、とかく毀損されている例が多い。では、この碑の場合はどうであろうか。この碑面の拓本は、『朝鮮古蹟図譜』（一九一八年）の中に掲載されている（図33、以下「旧拓本」と称す）。これと比較すると、剥落や損傷の部分はほとんど見られないことに気づく。旧拓本のように下端の中央部の欠落の部分は少し広がっているが、ほとんど同じである。なお、旧拓本では、文字の不明の箇所を四角であらわしてい

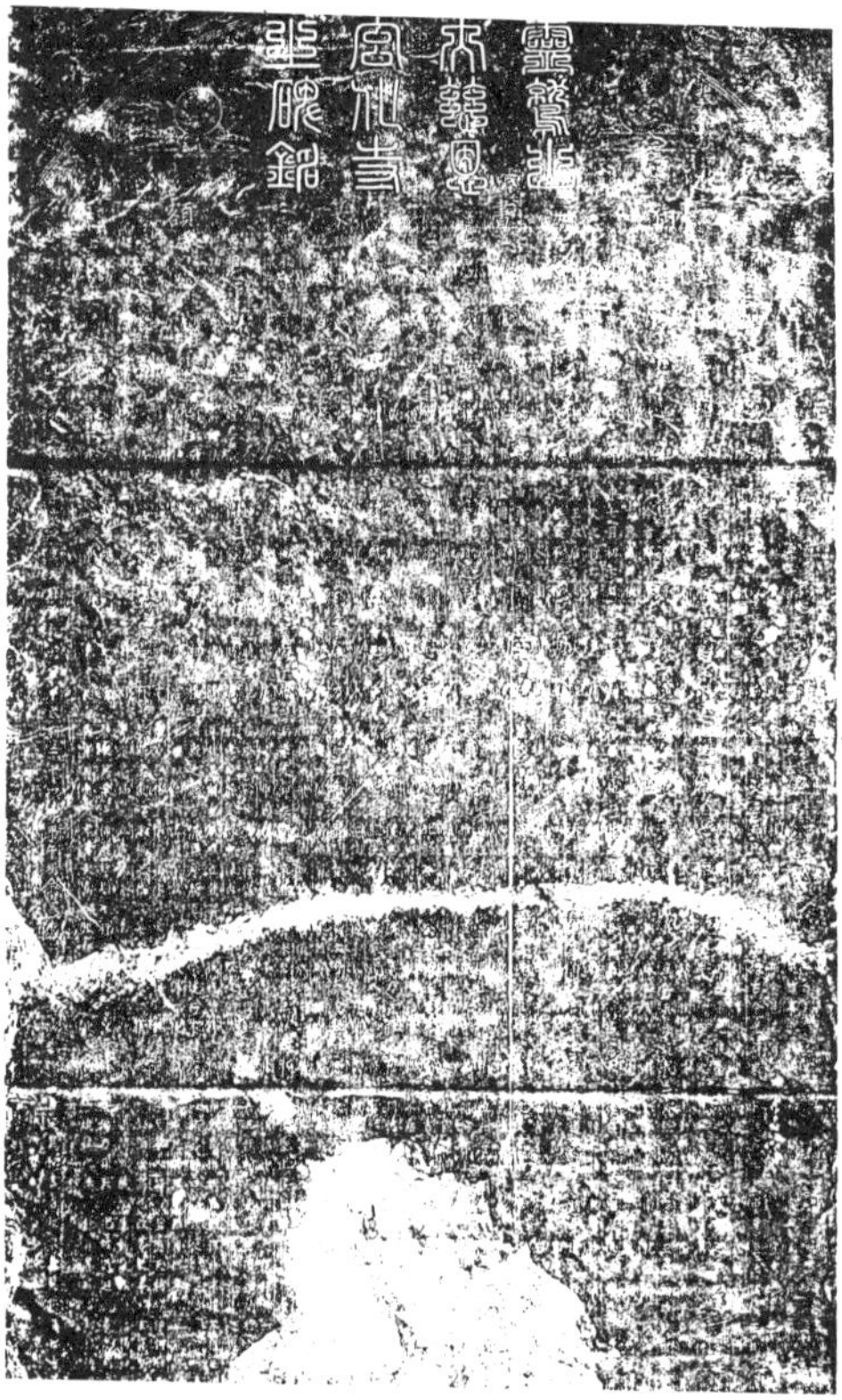

図33　玄化寺碑拓本（『朝鮮古蹟図譜』より）

るが、これらの部分についても一つ一つ比較照合したが、ほとんど同じであり、より以上の磨消の部分は、あまりないようである。

なお、裏面は拓本もほとんど全文美しく拓され、よく保存されている。

(五)　碑額の左右に線刻された図文

第三項で紹介した『朝鮮宝物古蹟名勝天然記念物要覧』の中に「碑身の両側に文様を刻す」という文がある。このとき、すでに図文のあることが注目されていたのであったが、これが、どのようなものであるかの記述はない。その後も、北朝鮮・韓国・日本において文様の発表紹介はされていなかったようである。この石碑は、高さ二・三八メートルにも達する巨碑である。しかも亀趺の上に立っている。したがって、下から見上げるだけでは気づかれない。ま

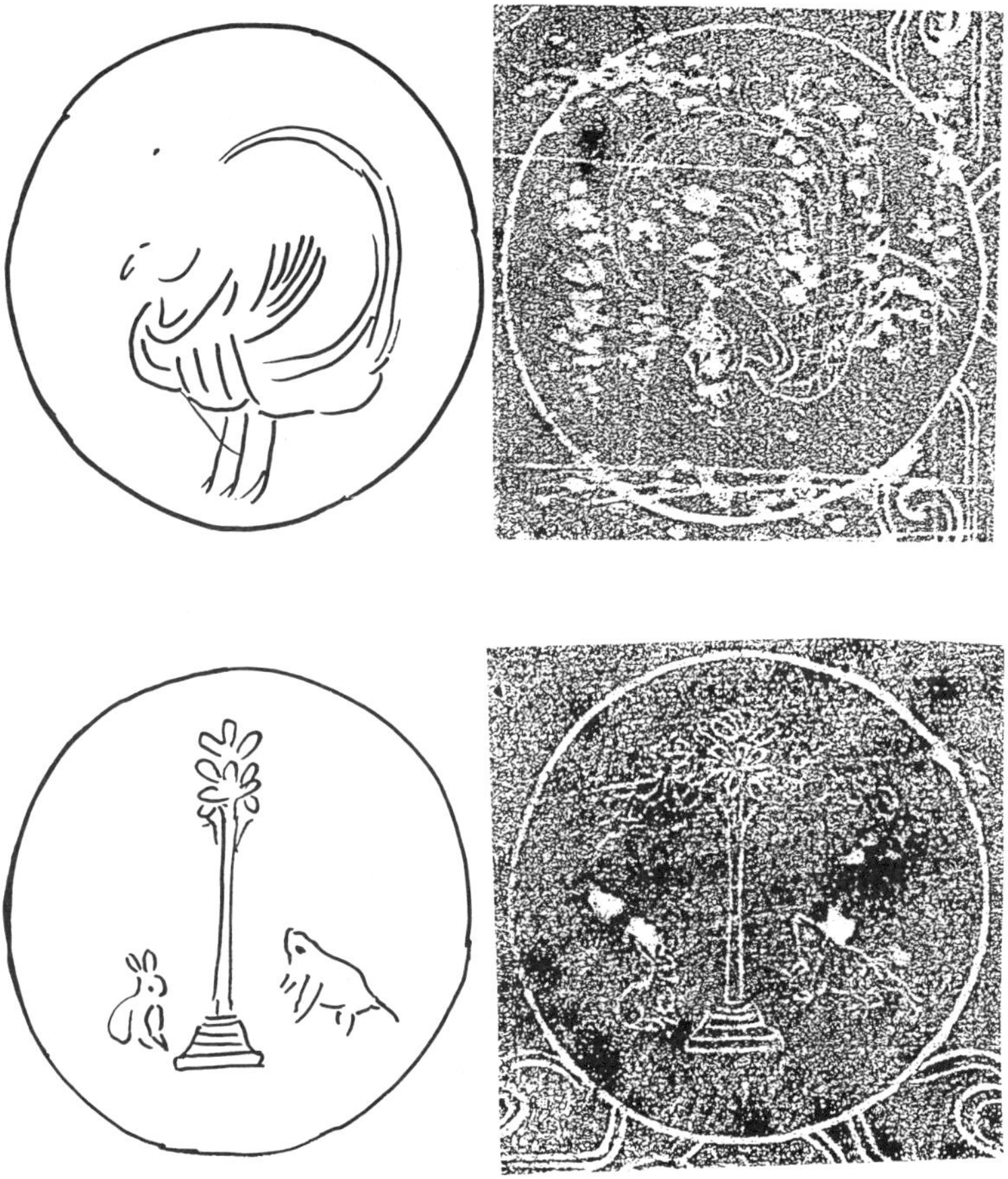

図34　玄化寺碑拓本（２）（文様１）

た、たとえ、梯子などによりそばに近づいても、細かい線刻によるものであるため、十分に、その図柄を把握することはできない。幸い私は、拓本を入手することができた。鮮明に線刻の図文がみられるので、これにもとづいて紹介する。

　この線刻図文は、勅額の文字の左右に見られる。両側の空白な部分を巧みに利用したものである。それぞれ勅額の部分に近い左右には円径約二一センチの円文の条線を彫刻し、その中に一種の図絵を入れる。向かって左は図34（下）で、向かって右のものは同図（上）である。向かって右のものを見ると三足の鳥があらわされている。これは、あらためて説明するまでも

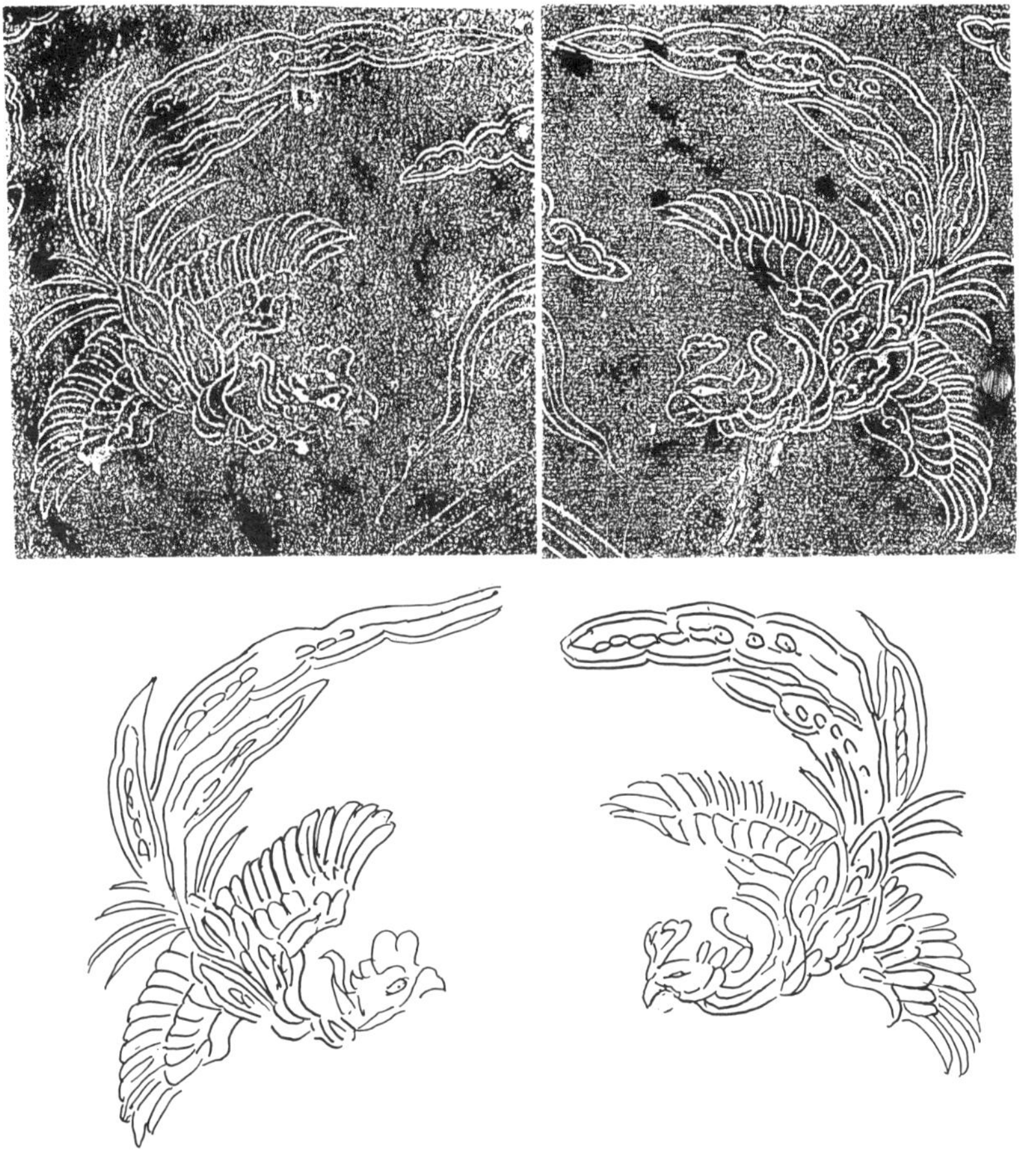

図35　玄化寺碑拓本（3）（文様2）

なく、「青鳥」であり、日の象徴でもある。青鳥の名は、高麗時代の石碑の文にもあらわれている。たとえば、法泉寺智光国師玄妙塔碑には「青鳥の地勝を卜し云々」の文もある。

向かって左（図34下）は、一本の樹木の左右に二匹の動物をあらわす。一は兎である。一は蟾蜍すなわち「ひきがえる」とみなされる。兎は月兎の名もあるように月の象徴である。蟾蜍はまた月中に住むことにより月をあらわす。したがって、樹木は桂である。とくに月桂樹を中心として蟾蜍を配した図案は特殊である。

ちなみに、早く、漢代の画

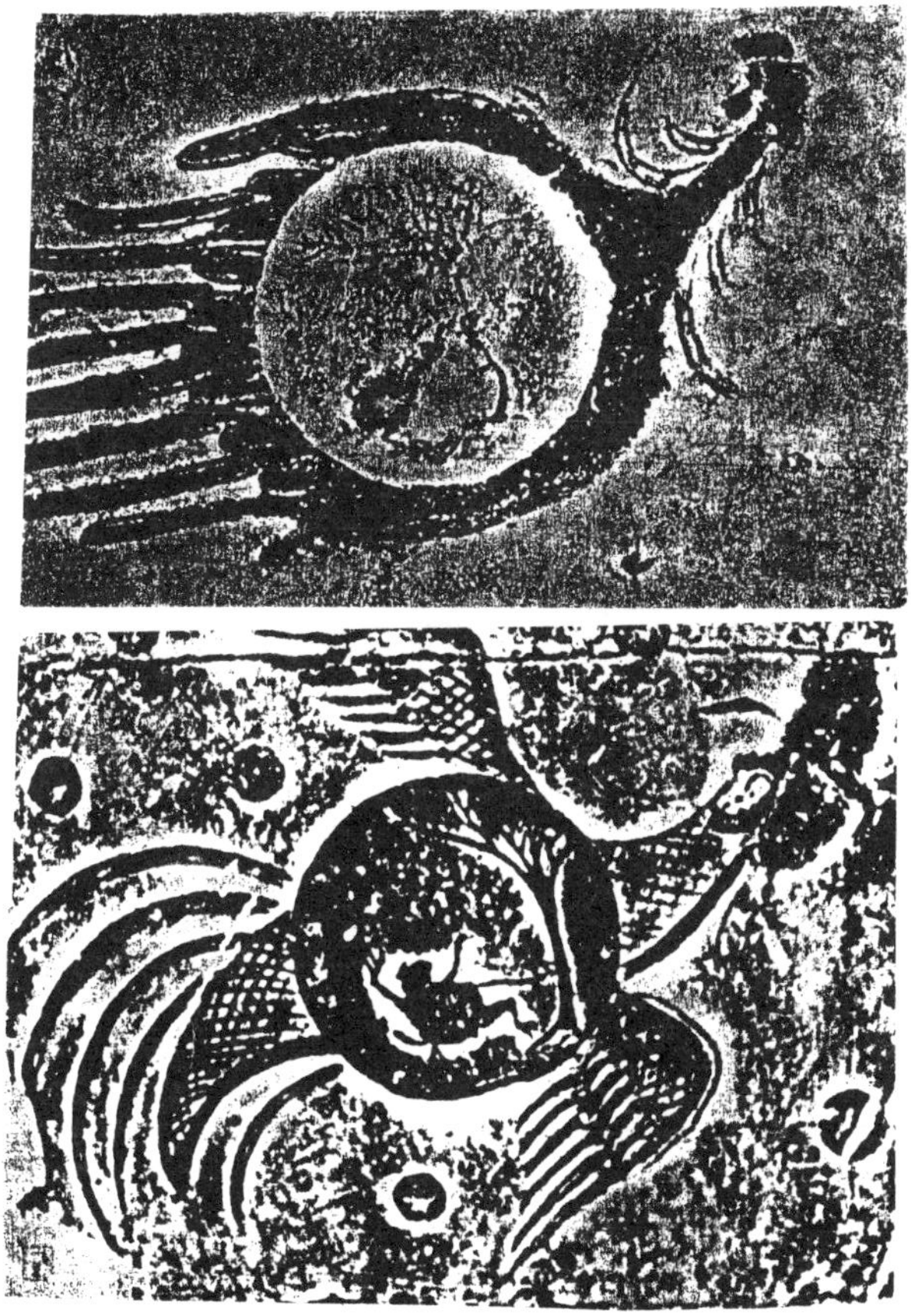

図36　漢代の画像塼に見られる鳥の中に表わした蟾蜍（『浙江考古精華』1999より）

像塼には、鳥の体内に蟾蜍を取り入れ、月を象徴した特殊なものもある。

　これらの日・月を象徴した図文のそれぞれ斜め下に飛翔する鳳凰を相対向しあらわす。体躯だけを測ると縦二四センチ、横二一センチの間に収まる。鳳凰はいうまでもなく絶大な神霊を内包する瑞鳥である。この図様は中国の例にも多くあり[6]、新羅の瓦などにもみられるが、高麗時代においても、たとえば鏡の文様にも指摘される。

　ちなみに、私は、二〇〇五年三月、インドのブッダガヤを再訪し、ここにある、いわゆる「大塔」についてつぶさに観察することができたが、この表飾に、一種の鳳凰文とも見られる図文のあることを知った（図38）。左右対向文である。この種の文様が南アジアにも早くから発達していたのである。

弔うために設けられた寺院の碑として、思想的にもまことに意義深いものがある。

図37　高麗鏡の双鳳文（黄洹根『韓国文様史』1977より）

図38　インド・ブッタガヤの「大塔」の文様

(六)　おわりに

以上、私は五の項にわけて玄化寺について述べ、とくに入手した拓本にもとづき、かつて「図文有り」とのみ記され、その後、紹介の発表のない線刻図文を新たに紹介した。これらの図文を改めてみるとき、高麗時代における精神内容と石工技術とが知られるものである。

おわりに蛇足を加えさせていただきたい。私は、このような高麗時代の図文に、新羅の継承あるいは中国文化の影響があるとともに、はるか先行の高句麗時代の強靭な伝統も伝えられたのではと考えたいのである。それは、多くの高句麗古墳壁画で日・月があらわされ、鳳凰とみなされるものも画かれているからである。これらの図文に、このような遥かな祖先たちの残した余光が照射されていたのでなかったろうか。

終わりにのぞみ拓本を作成され寄贈してくださった社会科学院の好意に謝意を表するとともに、玄化寺跡の登山のため山道を修理された開城市の方々、および同行された全浩天氏に感謝したい。

注

（1）『大東金石書』は一九七六年に韓国金石文全書第一巻として亜細亜文化社から復刻刊行された。
（2）『三韓金石録』は一九八一年に韓国金石文全書補助資料五として亜細亜文化社から復刻刊行された。
（3）『朝鮮金石綜覧』朝鮮総督府編、一九一九年。なお一九七一年図書刊行会から復刻された。
（4）葛城末治『朝鮮金石攷』一九三五年。一九七四年図書刊行会から復刻された。
（5）『朝鮮宝物古蹟名勝天然記念物要覧』一九三七年
（6）中国の鳳凰文については、王従仁『鳳凰』海峰出版社、一九九五年、孫建君ほか編著『祥禽瑞獣』天津人民出版社、二〇

〇一年、などに紹介されている。

（『朝鮮学報』第一九九・二〇〇輯合併号、二〇〇六年七月）

五　妙香山普賢寺碑

㈠　はじめに

普賢寺は、北朝鮮平安北道寧辺郡北薪面香岩里に所在する妙香山の麓の幽邃な境地の中に包まれている。この寺の境内には、高麗靖宗十年（一〇四四）の建立の石塔があり、また幢竿支柱も立つ。これらについては、私は『石塔の研究』、『幢竿支柱の研究』の中に、それぞれ紹介している。

ここに述べようとする碑は、いわゆる「普賢寺碑」として知られているもので、覆堂の中に保存されている。この碑の題額は高麗王仁宗の自書によるものである。すなわち勅額である。文は『三国史記』の編者でもある金富軾によるものである。書は、文公裕による。行書の書法に似ている。この三点から古来の金石文資料の中でも高く評価されているものである。

私は、一九九五年および一九九八年の二度にわたり詣り、幸い拓本も入手することもできた。ここに、この拓本により、仁宗勅額と碑文の一部を紹介し、あわせて額面の下方の文字について旧時のものと現状を比較しても、ほとんど欠損もなく、よく維持保存されていることを報告したいと思う。

(二) 普賢寺碑

普賢寺は、妙香山麗に立地する高麗時代の名刹である。『東国輿地勝覧』（巻五十四）の「寧辺」の項「仏宇」に次の文がある。

普賢寺 在妙香山。○金良鏡詩 寺廢重修非一度 春禽感古語間關。峰巒四擁幾千疊 堂構半新三百間。卜地規模深密祖 絶塵塗塈信香山。須知法力降胡虜草綠郊原戰馬閑。

私が一九九五年に、この寺に詣った時の記事に、次のような文がある。

普賢寺は妙香山中にある（旧寧辺郡北薪面下杏里）。妙香山は、金剛山とともに北朝鮮における名山であるが、この寺はこの山間にあり、前面は谷川をのぞみ、後背は山を負うすばらしい幽邃な境地の中にあって、ながく法燈をつづけてきた古刹である。

『三国史記』の編集者としても知られている金富軾の撰文による普賢寺記碑によると、高麗の景宗三年（九七八年）宏廓法師の創建によったという。その後、粛宗元年（一〇九六年）・恭愍王十年（一三六一年）・世宗三十一年（一四四九年）をはじめ、五回にわたる重修をへて整備されてきたが、朝鮮戦争により破壊された。しかし、万歳楼

図39　普賢寺境内

図40　普賢寺碑の写真

の前の九層石塔と、大雄殿の前の八角十三層の石塔（図39）はそのまま残され、ありし日の寺院の壮観をしのばせている。一九九五年十一月、私はこの寺院に詣でた。復旧された景観は、あたかも高麗の世に身を置いて創建したばかりの寺院の境内にあるようにも思われた。石塔の風鐸は、新しく作られたものというが、さわやかな音響は、晩秋の冷たい風の中に流れていた。

㈢　普賢寺碑の紹介の歴史

この碑の建てられた年次については、碑文の終わりに、

大金皇紀元年歳次辛酉秋七月十一日記住持比丘臣釋覺隣等立石あり。高麗仁宗十九年である。

とある。

石碑は、高麗金石文としても著名なものであり、多くの関係文献に紹介されている。たとえば、『大東金石書』に「普賢寺碑」として次のように記されている。

普賢碑。在寧邊妙香山普賢寺創寺碑。額麗仁宗書。金富軾文。金熙宗統二年壬戌立。南宋高宗紹興十二年同時。麗仁宗二十年也。

また、『東国金石』に「普賢寺刱建碑」として、

[籙]金富軾撰高麗仁宗額文公裕書、在寧邊妙香山　[評]額行書飄逸隠記行書稜厲捷熟可法

『大東金石名攷』には、「普賢寺創寺碑」として、金富軾・文公裕の名をあげ、

仁宗壬戌寧邊妙香山

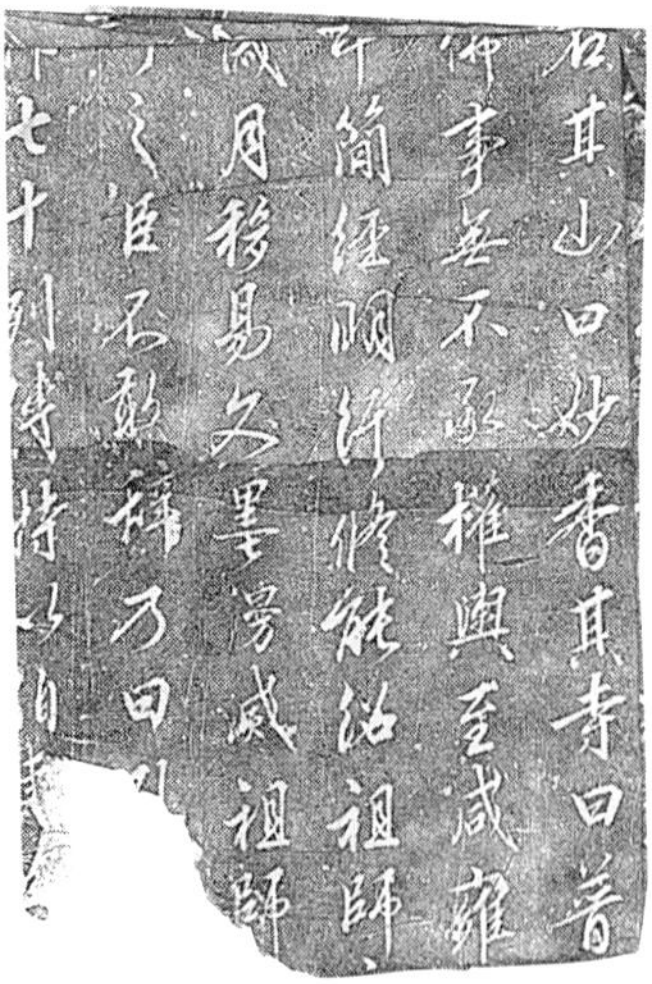

図41　碑拓本の一部

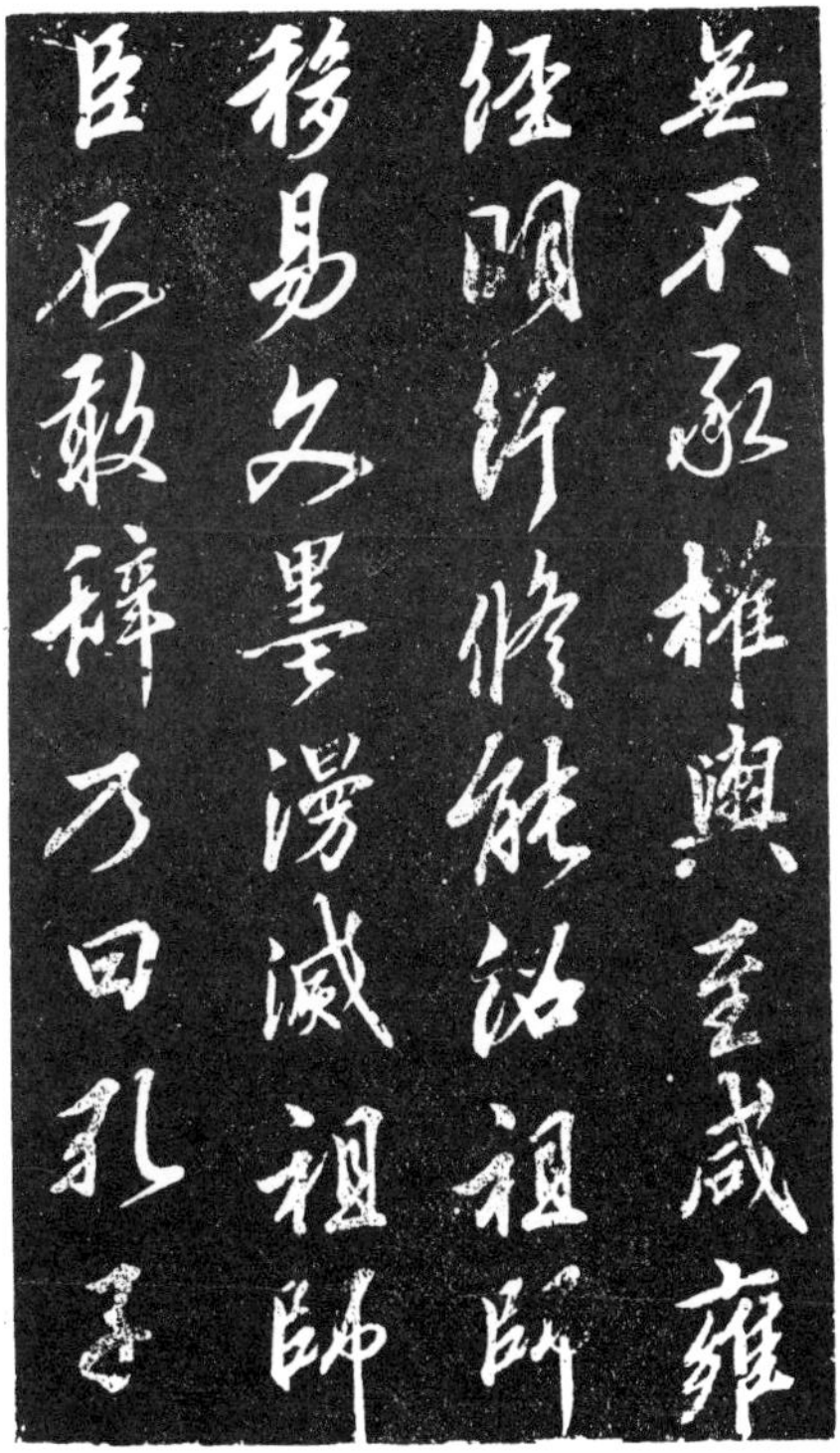

図42　『大東金石名攷』に見られる碑の文字

となしている。

また同書に「普賢寺刻寺碑」として記されている。

その後、『朝鮮金石綜覧』はもとより、葛城末治の『朝鮮金石攷』にも紹介されている。同書には、次のような解説がある。

　碑は平安北道寧邊郡北薪峴面下杏洞普賢寺の境内に存す。普賢寺は山號を妙香山といひ、現に朝鮮三十一本山の中に數へられてゐる。此の碑に就いては大東金石書に、

　普賢碑。在寧邊妙香山普賢寺創寺碑。額麗仁宗書。金富軾文。金熙宗皇統二年壬戌立。南宋高宗紹興十二年同時。麗仁宗二十年也。

と載せられ、また『海東金石存攷』にも略ぼ同様の記事がある。

　碑身は高六尺六寸、幅三尺七寸あり、趺石の上に立つてゐるが簷石は當初よりなかつた。碑身の上部に題額があり「妙香山普賢寺之記」の八字を刻してあるが高麗仁宗の親筆に係るものである。

また許興植の『韓国金石全文』には、

所在　平安北道寧邊郡北薪峴面下香洞普賢寺

年代　高麗仁宗十九年（西紀一一四一年）

そして終わりに大きさなどについて次のように記している。

（碑身高一〇〇糎幅一一二・一糎字徑二・七糎行書題額字徑一〇・六糎行書）

(四)　碑の特色

この碑の大きさなどは、前項の紹介の文によっても知られるが、高麗仁宗十九年すなわち中国の金の皇紀元年にあたる年の一一四一年に同寺の住持覚隣らが建立したものである。

その特色の一は、仁宗の親書であること。その二は、文公裕の行書体で書かれたものであることである。文公裕は、

文林郎試尙書兵部侍郎兼　東宮侍講學士
賜紫金魚袋

である。

金石文として行書体の例は少ない。その中で、この碑文は高麗の書家文公裕の書いたものとして、書道史上にも高く評価されるものである。

その三は、碑の文が金富軾の文章であることも意義深いことである。金富軾は、先に述べたように『三国史記』の編者でもある。

吏禮部事兼太子太師監修國史上柱國臣の地位にある。

(五)　仁宗親筆の題額と金富軾の文の紹介

仁宗（在位一一二三〜一一四七）については『高麗史』（巻十五〜十七）に述べられている。

図43　題額拓本

はじめの文にいう。

仁宗恭孝大王諱楷字仁表古諱構睿宗長子母曰順徳王后李氏睿宗四年十月己亥生性仁孝寛慈十年二月

なお、この文末に、金富軾が「史家」として記している。

史臣金富軾賛曰仁宗自少多才藝曉音律善畫喜觀書手不釋卷或達朝不寐及即位聞明經申淑貧甚召入内侍受春秋經傳性又儉約嘗不豫宰樞入内問疾所御寢席無黃紬之縁寢衣無綾錦之飾初年宮中宦寺及内僚之属甚多毎黜以微罪不復補至末年不過數人日再視事或奏事者稽遲必使小臣趣之專以徳恵安民不欲興兵生事及金國暴興排群議上表稱臣禮接北使甚恭故北人無不愛敬詞臣應制或指北朝爲胡狄則瞿然曰安有臣事大國而慢稱如是耶遂能世結閑歡盟邊境無虞不幸資謙恣横變生宮闈身遭幽辱然以外祖之故曲全其生至如拓俊京亦棄過録功俾保首領斯可以見度量之寛矣故其薨也中外哀慕雖北人聞之亦且嗟悼廟號曰仁不亦宜哉惜乎惑妙清遷都之説馴致西人之叛興師連年僅乃克之此其爲盛徳之累也

仁宗の筆蹟は、題額碑身の上部に「妙香山普賢寺之記」とあるものである。字径一〇・六センチである。拓本によって紹介する（図43）。

次に、金富軾の文について、その原文は『朝鮮金石綜覧』をはじめ、多くの本に紹介されているが、その読み下し文の紹介は、私なりに読んだ文で掲げる。

大元の至正六年の春、資正院使姜公金剛左藏庫副使辛侯裔天子の命を奉

じ金幣を以て来たり。金剛山に鐘を鑄す。時に旁山の諸郡は饑《う》え其民は争うて工に趨り食を得て以て活す。鐘成り公将帰朝せんとす。国王公主は臣僚に謂って曰く。金剛山は今吾邦域の中に在り。聖天子は近臣を遣わして仏事を張皇する所以は之を無窮に足れること是の如し。吾に絲毫の補ある靡《な》し。盍し図るに上に報ずる所以なり。僉《せん》して（皆揃って、一緒に）曰く。演福寺の大鐘は久しく廃して用いず。今、功治の来たれるに因りて、更に鑄すならば上の意を体すに足る。不朽の功を為すに遂に之を曰う公欣然として曰く。諾と。行を輟めて以て之を成す。

王、臣穀に命じて之に銘を為さしむ。銘に曰く（以下省略）

（新稿）

なお、碑は碑堂の中に保存されており、碑面は幸いにかつて紹介されているものに比し、ほとんど損傷されていないことは幸いである。

第三章　中国文化史研究

一　青竜寺考

(一)　はじめに

中国西安市の東南の郊外の鉄炉廟村にある青竜寺は、唐代における密教寺院として、法燈はさかんであり、わが国の空海が、この寺において恵果から戒を受け真言宗を日本に伝えたことは広く知られているところである。空海のほかに、円仁・円珍をはじめ多くの僧侶も関係した。このような点にあって、青竜寺は、日本の仏教界において重要な意義をもつものである。いま跡地として残り、日本の仏教界の関係者を中心とし、中国側の協力のもとに空海紀念碑、恵果・空海紀念堂などが設けられている。

私は、この地に一九八五年の八月に訪れたが、二〇〇二年八月の末に再び訪れた。ここに両次にわたる現地調査の際の感想に触れつつ、青竜寺に関して述べたいと思う。

(二)　青竜寺の歴史的展開

青竜寺は、長安城の東南約二キロの距離にあたる地に営造された(1)。この地は「楽遊原」の名で呼ばれており、長安の都に住む人びとにとっての清遊の名勝地でもあった。早く『漢書』（巻八）の「宣帝紀」第八の神爵三年（紀元前五

九）の条には、

　春起楽遊苑

とあり、師古の注に、

　三輔黄圖云在杜陵西北。又關中記云宣帝立廟於曲池之北、號樂游。案其處則今之所呼樂游廟者是也、其餘基尚可識焉。蓋本爲苑、後因立廟乎□。

とある。

この広大な地域の一部は陵園になっていたが、隋の文帝のときに寺院が建立され、これにちなんで霊感寺と名づけられた。

その後の沿革については、すでに中国の研究者によって紹介されているが、唐に至って高宗の竜朔二年（六六二）に観音寺の名に改められ、つづいて睿宗の景雲二年（七一一）になって青竜寺の名になったという。

その後、青竜寺は、唐の武宗の会昌二年（八四二）に廃仏の厄にあったが、宣宗に至り護国寺の名で復興された。これは、多くの寺とともになされたもので、『旧唐書』（巻十八下）の宣宗の即位元年（八四七）の五月の条に、次の文がある。

　五月、左右街功徳使奏准今月五日赦書節文、上都兩街舊留四寺外、更添置八所。兩所依舊名興唐寺、保壽寺。六所請改舊名、寶應寺改爲資聖寺、青龍寺改爲護國寺、菩提寺改爲保唐寺、清禪寺改爲安國寺、法雲尼寺改爲唐安寺、崇敬尼寺改爲唐昌寺。右街添置八所。西明寺改爲福壽寺、莊嚴寺改爲聖壽寺、舊留寺。二所舊名、千福寺改爲興元寺。化度寺改爲崇福寺、永泰寺改爲萬壽寺、温國寺改爲崇聖寺、經行寺改爲龍興寺、奉恩寺改爲興福寺。

護国寺の名は、その後宣宗の大中九年（八五五）に至って再び青竜寺の名に復興されたという。

青竜寺は、このような歴史的な変転があったが、密宗の根本道場として法燈はさかんであった。そして、不空（七〇五～七七四）の伝えた思想が継承され、それにもとづく信仰も篤く、各種の行事も活発に展開され、密教関係の僧

侶はもとより、一般の人びとも、また参詣した。桑原隲藏が、北宋の錢易の『南部新書』の「長安戲場多集干慈恩、小者在青龍、其次薦福、永壽」の記事を引用し、「可なり群衆の雑沓した場所らしい」と述べていることは、青竜寺のありし日の状況を語るものであろう。(2)

唐代における青竜寺とその周辺の景観については、詩人の詠じた詩の中からも想察される。たとえば、朱慶余は「題青竜寺」として、次のように詠じた。

寺好因崗勢　登臨値夕陽　青山当佛閣　紅葉満僧房　竹色連平地　虫声在上方　最憐（隣）東面静　為近楚城墻

これは、詩特有の美文でなく実際に見たままの景観を表現したとみなされ、この地勢は紅葉が僧房にみち竹林がつらなっていることも知られる。

また、王維の『青竜寺曇壁上人兄院集』と題する詩の一節に、

眇眇孤烟起　芊芊樹遠齊

とあり、同じく周辺には樹木草叢の地のあったことも知られる。

㈢　青竜寺と恵果

青竜寺において、不空の高弟の中で最も傑出した僧は恵果であったといわれている。恵果については、中国の多くの僧伝にも記されているが『大正新修大蔵経』（巻五十）の「史伝部」㈡の中の「大唐青龍寺三朝供奉大徳行状」に詳らかである。これによれば、京兆府万年県歸明郷の人というが、この中に、

年二十五。特奉恩旨詔命入内。於長生殿。當時有勅喚。對問。師有何功効。夾天云。微僧未有功効。奉勅便誠當時。喚童子八人。考召加持　恩命所問。盡皆成就轉瓶合竹。并得成就。帝乃大喜。至大暦十年。於當寺。別勅賜東塔院一所。置毘盧遮那灌頂道場。七僧持念。至大暦十一年。加持代宗皇帝。應時便差。

とある。文中の「當寺」は青竜寺である。また、この文によって、青竜寺に勅命によって東塔院一所がおかれ、毘盧遮那灌頂道場をおいたことがわかる。

そして、この東塔院において、空海と恵果との深い関係がむすばれた。空海は自ら「秘密曼荼羅教付法伝」の中に「第七祖恵果」として述べているが、この中に、弟子呉慇の次の文を引用している。

今、日本の沙門空海といふ人あり、来って聖教を求むるに、両部秘奥壇儀印契をもってす。漢梵差ふことなく、ことごとく心に受けること猶、瀉瓶の如し。これこの六人吾が法燈を伝ふるに堪へたり、吾が願ひ足んぬ。日出でて月没し、油尽きて燈滅するは物の常なり。菩薩も住まらず、如来もまた滅したまふ。吾もまた庶幾くは真に帰せんには如じ[3]

また、恵果の死にのぞみ、自らその碑文を作ったことは広く知られているところであるが、この中の最後に、「ああ哀しいかな」「ああ痛ましいかな」などの文を挿入し、先師を追慕する悲しみの切々たる心情にあふれた格調の高い文である。

(四)　空海の入唐と青竜寺

青竜寺における空海、そして恵果との関係については、すでに日本の学者によっても述べられている。まず空海の入唐後の行動について、桑原隲蔵は「大師の入唐」の文にくわしく述べている[4]。これによれば、空海は、長安にあって、はじめ遣唐大使藤原葛野麻呂の一行とともに宣陽坊の公館に宿泊したが、延暦二十四年（八〇五）二月十日大史らが長安を去ってからは右京の延康坊の南西隅の西明寺に移り、六月まで滞在した。その間、晉昌坊の大慈恩寺、靖善坊の大興善寺にも詣っているが、六月から青竜寺に移ったという。

空海と青竜寺との関係は、『続日本後記』（巻四）の仁明天皇承和二年（八三五）三月丙寅（二十一日）の条に、

大僧都傳灯大法師位空海終于紀伊國禪居。

と記し、さらにつづけて、

延暦廿三年入唐留學。遇青龍寺恵果和尚。稟學眞言。其宗旨義味莫不該通。懐法寶。歸來本朝。啓秘密之門。弘大日之化。

と記している。

また空海に関する多くの伝記にも記されている。その中の二、三についてみると、眞済による「空海僧都伝」には、「入唐学法」として、次の文がある。

更に発願をなして、入唐学習せんとす。天、至情を感じて、去んぬる延暦の末の年、命を銜んで渡海す。すなはち上都、長安青龍寺の内供奉大徳、恵果阿闍梨に遇ひて、五部灌頂に沐し、胎蔵金剛界両部秘奥の法を学ぶ。及び『毘盧遮那』・『金剛頂』等二百余巻の経、並びにもろもろの新訳の経論を賚《たま》わり、唐梵両ながら得たり。(5)

また、藤原良房らの勅撰による「大僧都空海伝」（巻八）の中には、「延暦二十三年、入唐、留学し、青竜寺にて、恵果和尚に遇いて、真言を稟け学び、その宗旨、義味、該通せざることなし。」とある。

(五)　青竜寺跡の位置に関する研究の展開

青竜寺は、明代に至って法燈は絶え廃虚になった如くである。このことは万暦年間（一五七三〜一六一九）、この地方をまわった嗰趙は『訪古遊記』をあらわしているが、この中に、

江（曲江）正北一阜、故樂遊源、今爲永興王府、塋原下舊有青龍寺、今亦毀。

とあることによっても知られる。

その後、清の時代になると、嘉慶己卯の歳（一八一九）に重修された『咸寧縣志』の「祠祀の項」（巻十二）に、

「石佛寺即唐青龍寺旧在祭臺村」となし、祭台村にある石仏寺という小寺院を青竜寺の後身となした。そして、その「名勝図」にも、

城内諸坊、若安仁坊之薦福寺浮圖俗呼小雁塔、進昌坊之慈恩寺浮圖俗呼大雁塔、諸善坊之興善寺、新昌坊之青龍寺今名石佛寺、皆迄レ今不レ廢。

となした。すなわち「新昌坊の青竜寺は、今の名は石仏寺」とし、薦福寺（小雁塔）・慈恩寺（大雁塔）・興善寺とともに「今に至るまで廃せず」となしたのである。

この石仏寺については、後述するが、現在青竜寺跡として決定された地域の北西方約四キロぐらいの地に存する寺院であった。

青竜寺跡について、深く関心を寄せたのは、日本の学者であり、僧侶であった。

これらの学者の一人に桑原隲藏がいた。氏は、大正十年（一九二一）六月、京都の東寺において開催された弘法大師隆誕会主催による講演会において、「大師の入唐」と題して発表した。[6] これは、のちに『史林』（一三—三）に再録されたが、この中に、前記『咸寧縣志』の記事を引用し、次のように述べた。

青龍寺は後に石佛寺と名を變へて、嘉慶時代まで存在したものと見える。祭台村は今の長安縣の西南郊外、我が一里強に當る。私は長安へ出掛けた時分に、未だこの事實を承知せなかった爲め、石佛寺を探訪せず、今日まで遺憾千萬に思ふ。私の前後に長安に出掛けた人々が尠くないが、誰も石佛寺の現状を審にせぬ様である。その後大正十三年の夏に、眞言宗の青年僧侶の和田辨瑞君が、私のこの論文に刺激され、態々長安に出掛けて青龍寺の舊蹟を踏査し、石佛寺—今は祭台村の小學堂になって居る—の現状を始めて傳へられた。大正十四年二月發行の『新興』といふ雑誌に、その大要が紹介されて居る。

この記事によって知られるように、氏は、青竜寺を石仏寺と考えたのである。しかし、その地域には自ら足を運ぶことはなかったが、この論文に触発されて自ら石仏寺に詣った真言宗の青年僧侶がいたのである。和田辨瑞である。

図1　青竜寺遺址保管所

和田は、実地を視察し、石仏寺の現状を調べ、その結果を大正十四年（一九二五）二月発行の『宗教研究』に「支那密教史蹟踏査記」と題して掲載した。[7] なお、和田は、石仏寺に一首の題詠を残した。次の文である。

当石佛寺者、唐之青竜寺也。貞元二十一年六月、日本僧空海上人弘法大師仰当時（恵果）大和尚受学密教矣。千二百載后、未資辨詣当時、無極感恐烟災、茲書。大正十三年八月十八日、眞言密教、未資和田辨瑞誌。（なお、恵果は慧果としている）[8]

和田は、青竜寺は石仏寺とする信念をいだき、右のような題詠ともなったのである。また、ほかに、青年僧加地哲定も訪ねており、同じく、次のような題詠を残した。

大正十四年六月十一日予詣此处、該寺是青龍寺之故址。密教根本道場也。嗟法灯既絶。和尚逝久。感慨无量。所願法灯再燃。佛日増暉。日本国密乗沙門。加地哲定識

すなわち、同様に、石仏寺は青竜寺とする信念をもった。

この石仏寺は、のち小学校の敷地となって、その遺構などは失われた。学校建設にあたって石仏や経幢の一部も発見されたという。

私は、二〇〇二年八月、この場所を訪れた。小学校の門には「碑林区祭台小学」という額がかけられていた。町並の一部にある学校で、校庭は日本の小学校のように広くはなく、南には民家が接していたが、その一隅には、石獅子が一体残されていた。現在石仏寺の面影をつたえる唯一の資料でもある。

その後、仏教学者常盤大定は大正十四年九月発行の『宗教研究』（二―五）の中で「我が東台両密の発源地たる唐の青龍寺につきて」を発表し、(9) 石仏寺は青竜寺でないことを述べた。

氏の論旨は、長安京の坊制の上から青竜寺の位置を考えるものであった。すなわち『咸寧縣志』などの記事を批判し、

　佛寺に關して至つて注意を拂はぬ清朝の儒者は、左程の心力を勞せずして、往々にして斯の如き速斷を爲すのであつて、一たび速斷が誤れば、其後に至り、所謂一犬の吠えた虚が、萬犬の實となる。少しも珍らしい事で無い。縣志の府志の斯の如き記事に接して、無益の勞力を爲せる事の餘りに多きに驚く予は、縣志や府志を研究や踏査の手懸りとはするが、他の證據を得ぬ限りは、決してそのまゝには從はぬ事として居る。

として、これを信拠することを警戒し、さきに述べた嘛趙の文をとりあげ、

　咸寧縣志の記事は、少くも嘛趙の實地踏査の記事と矛盾する。嘛趙は明代に廢滅して居る事を明言し、縣志は名が變つて居るけれど、連綿として法燈を維持して居ると言ふ。いづれに從ふべきかと言はゞ、予は躊躇なく嘛趙の記事に信を置くのである。

となし、坊制の上から、青竜寺は石仏寺でないとなした。ことに、氏は図面（甲）と巻一の図面（乙）とを引用し、

　青龍寺は東第五街の南より數へて第四（他に比すれば第六となる譯であるが、最南の二は曲池であるから、坊は無い）の新昌坊の南門の東にあつた。青龍寺の前を東に過れば、延興門に出る。青龍寺の前を東西に走る大街は、實に東西を貫通して郊外に走る三大街の一つであるから、青龍寺の位置は頗る人通りの多い所である。殊に郊外との關門たる延興門の近くであるから、當然雜踏すべき形勝の地である。大興善・大慈恩の名刹たるは勿論の事であるが、青龍も之に次ぐべき名刹であつた事は、その位置の上からも明白である。以上甲圖につきて處々指點する事が出來る。

となし、

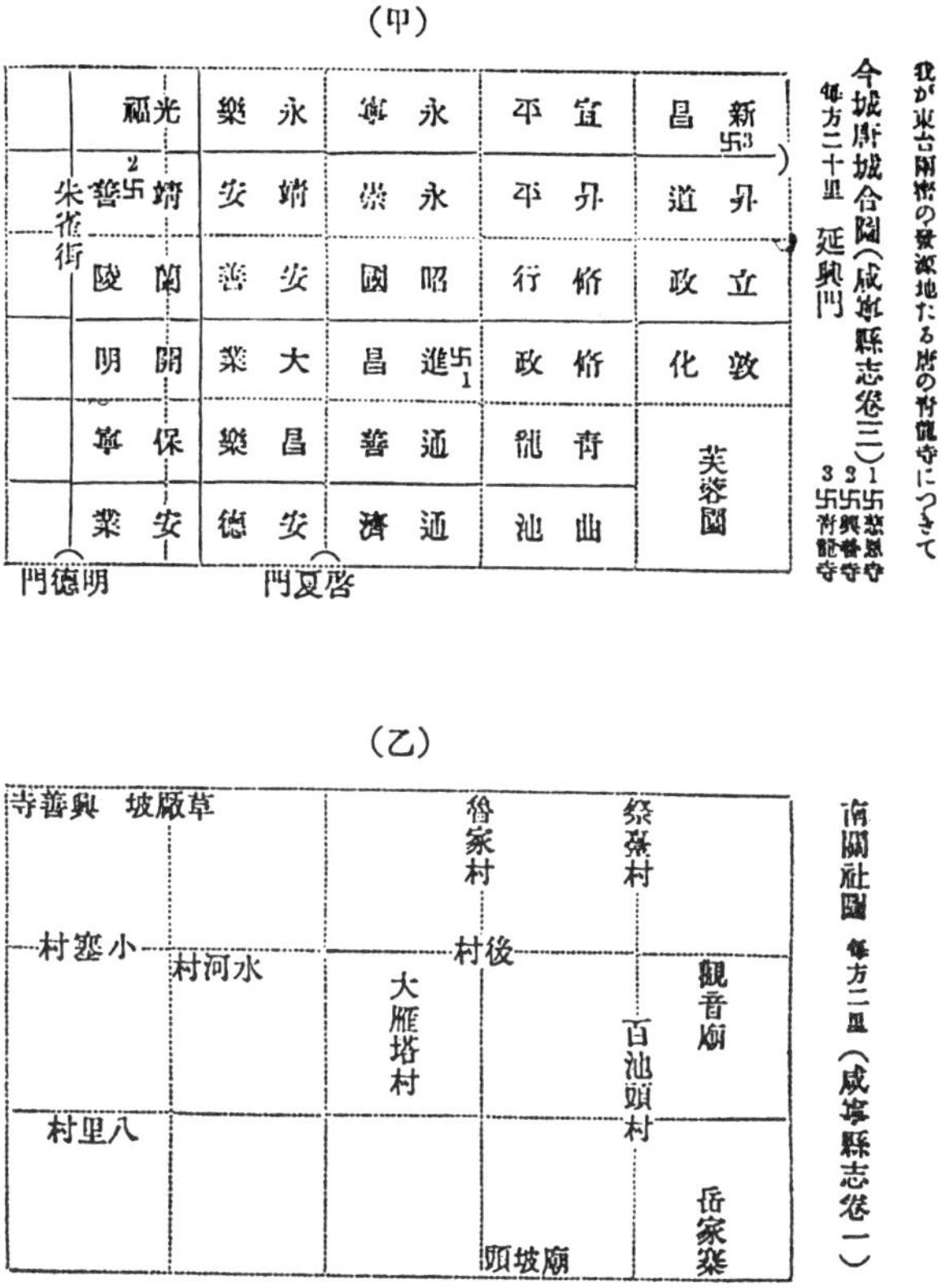

図2　常盤大定の青竜寺の位置を示した図

乙圖に示せる如く「咸寧縣志」巻一の南關社圖の中に見出さるる。毎方二里の方形の中に、祭臺村の名のみならず、大雁塔村をも、興善寺をも載せて居る。不精密ではあらうが、毎方二里の區劃中に載せてあるので、研究上此上もなく好都合である。すなわち、毎方二里から割り出せば、大雁塔村の東北三里許の所に祭臺村を置き、西北四里強の所に興善寺を置いてある。

となし、さらに、

甲乙二圖を合して見る時は、祭臺村の位置は、古の昇平坊か、精々宣平坊の南部に當らねばならぬのであるから、新昌坊の青龍寺とは正に一里以上の距離がある。要するに、祭臺村は方向に於て、大なる誤では無い。然し距離の上に頗る差違があるから、縣志が村中の石佛寺を唐の青龍寺と言つて居るからとて、直に之に従ふは、所謂文書に誤らるゝ常套の途に堕する事となる。

となした。

桑原は、これに対して、早速「長安の青龍寺の遺址に就いて」（『史林』一二—三）の文を発表して、反論した。(10)

されど閲讀後に於ける自分の所感を率直に吐露すると、私はこの論文に就いて可なり失望を禁ずることが出来ぬ。石佛寺の所在地を青龍寺の遺址とする舊説に對する反駁も誠に薄弱であり、又博士が新に提唱された青龍寺の遺址としての擬定も實に不確である。當初の期待が多大なりしだけ、閲讀後の失望も亦多大である。

という鋭い内容であるが、これに先立って、書簡を通じて、質問と回答があった。この内容は、現在の学界において考えられない文辞によってつづられている。(11)

このような、東洋史学者と仏教学者による、真剣な討論も展開されたのであったが、ただ、残念なことは、二人とも青竜寺跡にせよ石仏寺にせよ、自ら実地を調査せず、文献のみにたよったことであった。

その後、足立喜六は、昭和八年（一九三三）『長安史蹟の研究』をあらわした。(12)氏は、早く一九〇六年から四年の間、西安に滞在したが、一九〇七年に西安に遊学した桑原隲藏の指導のもとに、周辺の史跡を調べ、その成果を一冊の本にしたのであったが、青竜寺については、

青龍寺は又石佛寺とも云う。我が弘法大師を始め入唐僧侶の留錫請益した處で我が佛教史上記憶せざるべからざる名刹である。西安郊外の東南五支那里、龍首原の支派なる樂遊原の南崖に當る祭臺村にあつて、慈恩寺の大雁塔から東北方面に望見される。その地は唐の長安の延興門内の新昌坊に當る。長安志巻九の唐京城三に

〔新昌坊〕南門之東青龍寺（註北枕高原、南望爽塏、爲登眺之美）

とある。眺望の佳美の上に、附近に戯場など立ち並びて相當雑沓した處であるが、興善寺と同じく會昌の厄後は寺運は次第に荒廢に委したもので、現在は極小い殿堂が二棟三棟建つて居るだけで、周圍一面の田圃に何等の遺物も留めて居らぬ。唯寺の北側が高さ五六丈の高臺で、長安志の註の如く登眺の美を盡して居る。附近は唐瓦が夥しく散在して地下に數尺の層をなして堆積して居るので、唐時の壯觀と會昌破佛の殘酷さとが想像せられる。

この青龍寺の位置に就いては、近く桑原博士が昭和二年七月の史林に發表された「長安の青龍寺の遺趾に就い

て」といふ論文を一讀するがよい。
　大興善寺は西域の僧不空三藏の密教を廣めた所で、その不空の弟子が青龍寺の慧果阿闍梨で、我が空海の師匠である。故に大興善寺も青龍寺も我が國の眞言宗と因縁の深い名刹であるが、今は舊時の髣髴をも認め難い程荒廢して居るのは遺憾千萬である。

以上である。この本には石仏寺については、一枚の写真が収められている（図3）。

図3　足立喜六『長安史蹟の研究』の中の石仏寺写真

のち、石田幹之助は、『長安の春』の中で、このような経過と新しい中国の調査の成果をとりあげ、[13]

　また青龍寺はもと隋の霊感寺。竜朔二年、城陽公主が観音寺とし、景雲二年、青竜寺と改名した。土地が高く、展望が良かった。会昌の厄後、荒廃に帰したが間もなく再興された。その現在地について、桑原隲藏「大師の入唐」（『東洋史説苑』所収）、同「長安の青竜寺の遺址に就いて」（『東洋文明史論叢』所収）は、『咸寧縣志』巻一二の説にしたがい、後に名を石仏寺と変えて清朝の嘉慶時代まで存したが、祭台村つまり長安県の西南郊（ママ）外わが一里強の地にあるという。ところが中国科学院考古研究所西安唐城発掘隊の調査によると、石仏寺は唐の宣平坊にあたるから青龍寺の故址ではなく、青龍寺の故址は今日の鉄炉廟村のあたりつまり石仏寺より東南二里（一里は五七六メートル）余にあったという（『考古』一九六四年七期）。

と述べた。

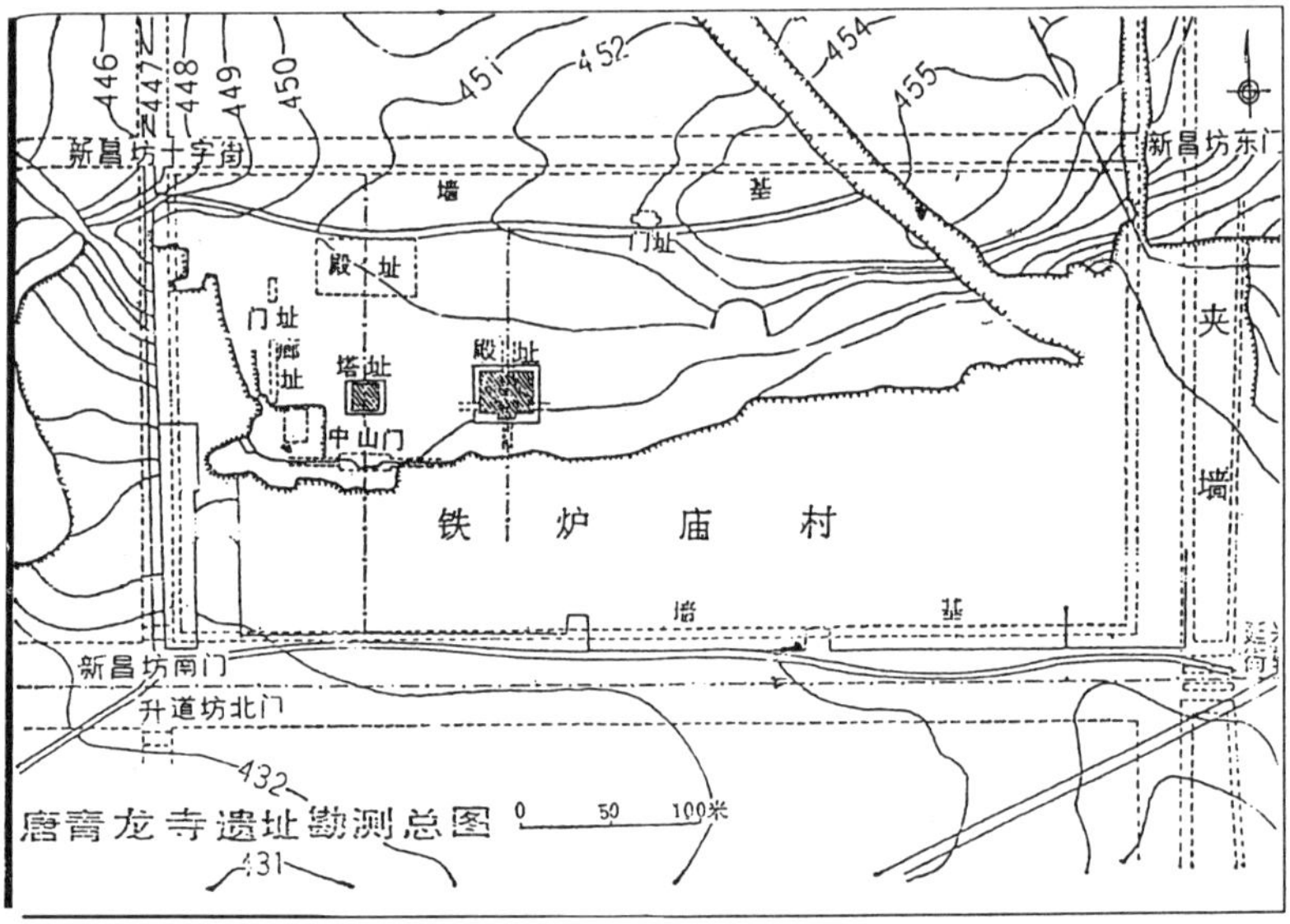

図4　青竜寺跡図（『青竜寺』より）

(六)　青竜寺跡の調査の成果とその現状

青竜寺跡は、前項で述べたように、早くから日本の学者や僧侶も深く関心を寄せたが、新たに、中国の学者によって文献や都京の坊制の細微な研究、つづいて実地の検討をへて発掘調査がなされた。そして建物跡の検出、関係遺物の出土などにより、その位置も決定された。

中国の学者の研究については、閻文儒による『西京勝迹考』の中に「青竜寺」の条があったが、一九六四年刊行の『考古』（一九六四—七）には、中国科学院考古研究所西安唐城発掘隊によって「唐青竜寺遺址踏査記略」が発表された。これには「青竜寺の位置問題」の一項を設け、坊制の上から従来石仏寺の場所とされていた説を否定し、現在の鉄炉廟村の場所となした。この中には、次の一文もある。[14]

長安城内的大寺院、常占半坊、甚至尽一坊之地。青竜寺的規模想亦不小、推測断崖以北的原上当还有其遺迹。今在崖壁上、尚能隠約看到唐代的地面。原上盛長庄稼、无近代建筑、遺址可能保存較好。

さらに、現地における予備調査の結果を述べ、唐代の瓦

図５　空海紀念碑（2002年８月24日撮影）

塼などの出土があり、ことに石燈籠型の石幢の幢身部も発見されたことを報じた。これには、仏頂尊勝陀羅尼経文も刻されており、密教寺院と関係あることにも触れた。

このような調査をへて、一九七三年からは発掘調査が行なわれ、その結果、七ヵ所の遺構跡が検出された。この中、塔跡および、その東方約五〇余メートル離れて存した殿堂跡など顕著なものがあり、唐代の青竜寺の面影を示すものがあった。この報告については、同じく『考古』（一九七四―四）に発表されている。[15]

このようにして検出された建物跡などは、その後、埋め戻して、現在は空地として、広々とした一角に残されている。

なお、坊制の上から精緻な研究をなした武伯綸「唐代長安東南隅」（陝西省博物館『文博』）には、[16]日本の福山敏男の「唐長安城の東南隅―呂大坊長安図碑の復原」（『古代学』二―四、一九五三年）、足立喜六の『長安史蹟の研究』の曲江地図を紹介しながら「青竜坊」の坊名をとりあげ精緻な研究をなしている。

ちなみに、この寺跡の南側、東西に通ずる道路をへて、空海紀念碑が設けられている。この碑は一九八二年（昭和五十七年）四国の香川・愛媛・徳島・高知四県で空海紀念碑建立委員会が中国の協力のもとに立てたもので、その募金には法人・団体合わせ約三万二〇〇〇人から約一億五〇〇〇万円あったという。

その後、その西に隣接した地に、恵果・空海紀念堂が一九八四年（昭和五十九年）に設けられた。建物は、発掘された殿堂跡の規模をも考慮に入れたという。

図6　青竜寺跡の現状（2002年8月24日撮影）

(七)　おわりに――再び青竜寺跡に立って想う――

昭和六十年（一九八五）八月十二日、私は、青竜寺跡に立ったが、平成十四年（二〇〇二）八月二十四日、再びこの地を訪れた。十七年振りである。この間、寺跡はもとより空海紀念碑などの立っている一帯の地にどのような変化があったかをも知りたいと思ったからである。この日は、土曜日の晴れた日であった。

午前中に詣った法門寺は参詣の人びとや宝物館を見学する人びとで賑やかであった。そして、午後訪れるであろう青竜寺跡にも同じような賑わいを予想したのであったが、その期待は外れた。紀念碑の近くには、数人の中国の人（実は結婚前の男女のアルバム作製のための人）が見受けられたが、広々とした寺跡には人影もなく、草叢の地となり畑地となり、十七年前の光景とかわりはなかった。実は、私は、内心で、この敷地が史跡として整備され、遺構の基壇なども復原されているのでないかとも予察したのであった。草叢の中を一人歩きながら、空海が、かつて戒を受けた由緒深い東塔院、あるいは空海も起居した周辺の風光をも眺めたであったろう僧房が、どの辺にあったのだろうかと、考古学徒としての目を注いだのであった。

今次の旅行中、山西省の三門峡の宝輪寺跡も訪れた。この寺跡には、三棟分ほどの建物跡が回廊跡とともに、基壇が整備されていた。私は、青竜寺跡の東塔院の建物や僧房などの全貌が明らかにされ、すでに発掘された建物跡などとともに整備さ

れた美しい史跡公園として、いつの日か、再び目に映ることに夢をいだきながら、この跡地を去り、石仏寺のあった場所に行ったのであった。

注

（1）青竜寺の沿革については、早く常盤大定「密教の発源地たる唐の青龍寺につきて」『支那仏教の研究』一九三八年所収にくわしく述べられているが、新しくは、暢耀編著『青竜寺』一九八六年にも述べられている。
（2）桑原隲藏「大師の入唐」『桑原隲藏全集』第一巻『東洋史説苑』一九六八年に掲載されている。
（3）弘法大師空海全集編輯委員会『弘法大師空海全集』第二巻、一九八三年の宮崎忍勝訳注による。
（4）前注（2）
（5）『弘法大師空海全集』第八巻、一九八三年の眞保龍敞訳注
（6）前注（2）
（7）「支那密教史蹟踏査記」の文は、一九二五年二月発行の『宗教研究』に掲載されているが、この雑誌は、現在入手も困難のため、読む機会も少ないと思われるので、とくに青竜寺に関する記事の前半部を紹介する。

青龍寺を訪ふ

青龍寺の位置─青龍寺は唐都の新昌坊に在り、慈恩寺は普昌坊にあるから、慈恩寺から東北に當るので、彼の安仁坊の大薦福寺の小雁塔よりやや直線に東にあるのであるから、大雁塔と小雁塔より等邊三角形を畫いた一點にあたるので、桑原博士の御説を中心として唐代長安城坊略圖を羅針盤として其の位置を定め、且つ青龍寺が現今は石佛寺と稱するのであるから石佛寺の名を中心として訪ねる事とした。
慈恩寺裏より北方に二つの村落があり、其の東方の村が石佛寺のある祭台村でないかと思ひ、東に向ったが、行って見ると觀音廟と云ふ所であるから、祭台村を問ふと此の村の裏だと云ふので、其の村の北へ出た。丘を下りると十七八戸の部落

がある。村の入口に小さな塔があるので其れが唐代の墓でないかと思つて登つて見たが一向に判らない。村人に廟はあるかと聞くと部落の東北の角にあるとゆび指してくれたので行つて見ると支那煉瓦で一寸歐風がかりの一見教會様であるが、入口に唐獅子が二つあるので古寺である事を物語るので、喜んで飛び込んで見ると、中には簡単な門があり、其の額に古石佛寺の文字が明らかにある。又光緒三十一年七月の文字もあるから、光緒年間に此の額が出來たもので、額と云つても門の鴨居の所へ刻りつけたものだ。これで一寸安心して入ると次に天王殿があり、最近のものだが立派な四天王が見えるので呼び起して番人に戸を開かせて入り、四天王を拝して、偉駄天を拝して大雄寶殿を拝した。大雄寶殿と云つても三間に六間位で見すぼらしいものだ。中には十五六の机が並べてあり、中央に觀音の像がある。其れも全く粗末のもので老教風で明末か清初のものと思はれる。だが青龍寺の古蹟だと思ふと時分の來た事が少しは意味をもつのだから、殘らずカメラにをさめ、特に門の石佛寺の文字は拓したいのだが出來なかつたので二重に寫眞を取つて歸つた。

なお、つづけて青竜寺の沿革を記し、『咸寧縣志』の記事を引用して、石佛寺が唐の青龍寺であった事は明らかで、その証明は実に密教史研究上の一問題である旨を述べつつ、最後に、

學者たる者宜しく長安に入り唐都と現今の西安とを比較して調査研究あらん事を切望するのである。

と結んでいる。

（8）なお、この題詠は、暢耀編著『青竜寺』一九八六年にも紹介されている。

（9）常盤大定「我が東台両密の発源地たる唐の青龍寺につきて」『宗教研究』二―五、一九三九年、同「密教の発源地たる唐の青龍寺につきて」『支那仏教の研究』一九三八年所収。なお、この論文の終りには、『支那仏教の研究』所収のものには「付記」として、次のような文がある。

この煩雑な論文に對して、故桑原博士が、注意を怠らず、「史林」の中に於て、懇々指教を吝まれなかつた事は、感謝に堪へぬ。博士の論文の要領は、「咸寧縣志」の青龍寺の記事は信ずべしといふ事、及び青龍寺の位置は、慈恩寺塔や興善寺塔よりせずして、延興門より測定すべしといふ事の二點に歸着するのである。「咸寧縣志」のかの記事の信不《ママ》は、研究者の識見に依り、而してその信不《ママ》は、測定法に依存するから、問題は結局如何にして青龍寺の位置を測定すべきかに歸着する。

博士の方法の如く、若し現存せぬ延興門を標準に取り得べくば、何を苦しんでか慈恩寺塔や興善寺塔より出發しやう。延興門の位置にして判明せば、青龍寺の如きは、殆んど數尺を誤らざるまでに決定せれるのみならず、或は當時の長安城をすら測定し得られると思ふ。然し恐らくは延興門の位置の決定法は、青龍寺のと同様、或は青龍寺以上の困難があらう。之を決定せんには、同じくまた兩塔を起點として爲すより外に、良法があるまい。予は、之につきて、博士に、延興門の位置の決定法を御尋ねして、その學恩に接したいと思うて、之を果さぬ間に、博士は白玉樓中の人となられた事を遺憾に思ふ。

(10) 桑原隲藏「長安の青龍寺の遺址に就いて」『史林』一二―三、一九四六年（『桑原隲藏全集』第二巻、一九六八年に所収）

(11) なお、桑原と常盤との質問と応答との内容は、次のようである（「長安の青龍寺の遺址に就いて」所収）。

そこで私は四月九日に念の為博士に左の三點に就いて質問書を発送した。

(1) 貴下は長安地方を踏査されたことがあるか。

(2) 若し有りとせば、特に石佛寺所在地附近を踏査されたことがあるか。

(3) 貴下の論文は石佛寺の所在地を青龍寺の遺址とする舊説に反對すべく努力せらるる割合に、貴下の新に擬定されんとする青龍寺の位置を明示すべく努力されて居らぬ。貴下は果して青龍寺を那邊に擬定さるるか今少しく具體的に明示されたい。

之に對して常盤博士より早速大要次の如き内容の回答を接手した。

(1) 長安地方に實踐して居らぬ。

(2) 從つて石佛寺方面を踏査する機會をもたぬ。

(3) 青龍寺は石佛寺の所在地たる祭台村より尠くとも更に東方一［支那］里程の場所に當ると想ふ。（大正十四年九月發行の『宗教研究』三六頁の甲乙兩圖は全く重ね見るを得べく、上圖の毎方二十里といふは、下圖の毎方二里といふに同じく、（實は）毎方二里に當る。兩圖を見るに、祭台村よりも青龍寺は東方に在る。或はそれよりも一層東方に寄るとも、西方に在らずと確信して居る。

(12) 足立喜六『長安史蹟の研究』財団法人・東洋文庫論叢二十の一、一九三三年

（13）石田幹之助『長安の春』一九六七年。なお「長安に於ける弘法大師」『大法輪』一九七三年七月、『石田幹之助著作集』「東洋学雑鈔」一九八六年がある。
（14）青竜寺跡については、中国科学院考古研究所西安唐城発掘隊「唐青竜寺遺址踏査記略」『考古』一九六四―七
（15）中国科学院考古研究所西安唐城発掘隊「唐青竜寺遺址発掘簡報」『考古』一九七四―四、および前註（1）・（8）の『青竜寺』がある。なお、奈良文化財研究所創立五〇周年記念『日中古代都城図録』二〇〇二年八月にも、「長安城青竜寺」の一項を設け、青竜寺跡全体推定図とともに、建物跡などのプランをも紹介している。ちなみに、同研究所は青竜寺跡の発掘調査にも協力している。
（16）武伯綸「唐代長安東南隅」陝西省博物館『文博』一九八四―一・二・三・九
（17）翟春玲「陝西青龍寺仏教造像碑」『考古』一九九二―七

（「中国青竜寺考」『小野塚幾澄博士古稀記念論文集』二〇〇四年一月）

二　中国高麗寺と義天

——高麗寺復興の紹介をかねて——

(一)　はじめに

中国における寺院の名称には多様なものがある。これらの名称の中で、かつての他の国の名を冠したものがあることは特異である。これは、高麗国の名をつけた高麗寺である。しかも、この名の背景には、仏教史上とくに天台宗の歴史において忘却できない一人物が関係していることで、その意義の大きいものがある。

この一人物とは義天である。義天（一〇五五〜一一〇一）は、高麗の文宗の第四子である。したがって、他の高麗の多くの僧とは、その社会的な地位を異にする人であったが、中国に密行し、かねてから敬慕していた高僧浄源のもとに学び、帰国後は、『新編諸宗教蔵総録』三巻を編集した。そして、高麗天台宗の開祖となったのである。ちなみに義天が中国を訪れる際、王子という地位のため密行の行動をとったのである。杭州にある慧因寺に浄源がいたので、この寺院で学び、浄源と深い関係に結ばれたのであった。

帰国後、この寺に財政的に大きい援助をしたことにより、高麗寺の名が広く用いられたのである。

さて、私は、義天について学ぶようになったのは、韓国の李永子女史から寄贈された「義天の天台会通思想」の論

文に目を通してからであった。その後、二〇〇七年四月から行なわれた北朝鮮の開城市霊通寺跡の発掘に参加したが、この寺は義天と深い関係のあることを知り、一層義天に関わる認識を深めたのであった。

高麗寺については、一九九八年、この廃墟を訪れたが、寺院としての面影が全く失われていることを嘆いた。しかし、二〇〇五年八月に訪れた時は、復興工事が行なわれており再興の近いことを喜んだ。

翌年二〇〇六年八月再三訪れたが、工事も終わり、新しい高麗寺が完成しており、その法燈は再びかがやいたことを知ったのであった。

私は、このような義天と高麗寺とに関わる奇縁をしのびつつ、小稿をまとめようとするものである。

新高麗寺の成る直前の廃墟の写真は、ありし日の姿をしのぶ、参考資料になるものと思う。

なお、幸い鮑志成氏の『高麗寺と高麗王子』と題する本の寄贈をうけた。この本には高麗寺の沿革につき、よく資料を整理しまとめている。この本を参考にしたところが多い。ここに謝意を表する次第である。

(二)　日本の先覚の発表した義天に関する論文

義天については、多くの関係文献が発表されている。早くに、日本の研究者・内藤雋輔が一九二二年に「高麗の大覚国師に関する研究」という論文を発表している。この論文の中で「出家以後入宋迄」・「浄源法師との交遊入宋求法」の項を設けている。この中で、義天が中国に密行し、のち杭州の慧因寺に詣るまでの経過が詳しく述べられている。慧因寺は高麗寺である。

如斯して京師に止ること月餘、上章して杭州淨講下に赴き素志を達せんことを請ひ、（文集第五乞就杭州源闍梨處學法表）許されて主客員外郎揚傑が伴行した。金山を過ぎ佛印禪師了元に謁して雲門の禪風を窺ひ、汴に沿ふて泗淮に達し、遂に餘杭に至り、大中祥符寺に詣でて淨源法師に謁した。豫ての宿願を達した國師の喜悦は如何ばかりであつたら

うか。

文の中には、義天の心情がよく表現されており、さらに、次の文が続いている。

元祐元年正月、淨源は知州蒲公宗孟の請によって南山慧因院に入り周譯經を開講す。此慧因院は後唐天成二年（西紀九二七年）に呉越忠武肅王の建てたものであるが、其後荒廢に歸してゐたのを、資政殿學士蒲公が杭州に知たるや、一日慧因禪院に遊び其久寂不葺を惜み、翌年淨源に請ふて住持を得、又金を施して賢首華梵七祖の像を立てて祠り、國師も亦經論疏鈔七千五百餘巻を印造寄附し、其他の寄附者もあつて莊嚴壯麗金碧相輝き、再び舊觀を復することとなり、以後南宋以來の帝王、親臨校閲せざるはなく、寧宗は閣額を御書し以て是を表章した。

(三)　義天と慧因寺（高麗寺）との関係——とくに金石文資料を中心として——

義天と中国との関係を知る上で貴重な文献として『大覚国師外集』（巻十二）があるが、金石文資料にも重要な内容のものが含まれている。

開城市郊外の霊通寺碑の中に、次の一文がある。

至明年四月庚午夜留書上　王及太后率弟子壽介微服至貞州萬商客船發以來朝之意　皇帝命主客員外郎蘇注廷導之秋七月入京師啓聖寺以中書舍人范百祿爲主數日見垂拱殿高才碩學堪爲師範者兩街推薦誠師至是僧統摳衣下風欲行弟子之禮誠師三辭而後受之乃進曰某甲海外之能行之可謂難矣願同志一乘同修萬行以游華藏海者吾之願也於是僧統請問云云歎曰辭旨婉切善啓重關非法當公如見誠公之禮源公儼然而坐僧統進曰某甲仰慕道誼以日爲歲不憚險艱百舍來謁願開金口玉音以卒覺悟源公曰就鍼有問有答盡其舂容源公因知州蒲公宗孟之請入南山慧因院開講周譯經僧統施錢營齋以延□教藏七千五百餘巻及還國又以金書大經三本歸之以祝　聖壽慧因本禪院改爲講院

また、興王寺大覚国師碑には、次の文がある。

忽元豊乙丑歳師以微行越海巡遊宋境而主客郎中楊傑被詔導引自密水至汴河直上宸殿且訪丞相既而歴問六宗中錚錚者則淨源懷璉擇其慧琳從揀等五十餘人也此輩還識我國師胷襟之妙蘊

これらは簡潔に、しかし的確に義天の渡航と、杭州慧因寺に至った経過を記している。

これらを参考に要約すると、義天の入宋は高麗の宣宗二年、すなわち、中国の神宗のときの元豊八年（一〇八五）の四日であった。王子という地位にあったため、密航した。出帆後文宗はこれを知り、追わせたが、入宋は成功した。はじめ、北宋の都京の汴京（開封）に入ったが、王子という身分が明らかにされ、厚遇された。そして杭州に行ったが、再び汴京にもどり、さらに杭州に行き明州から帰国している。その間、天台山にも詣っているが、最も長い滞在は杭州であり慧因寺の浄源のもとで学び、多くの学僧と交際している。

図7　中国杭州竜井における義天の図（竜井博物館所蔵）

ちなみに、前記内藤論文には、中国における行動を年譜の中に簡潔にしたためているので紹介する。

宣宗元年甲子（宋神宗元豊七年）。國師三十歳。
正月入内して入宋を請ふ、群臣相議して許さず。

二年乙丑（宋神宗元豊八年）。國師三十一歳。
四月八日夜弟子壽介等を伴ひ、貞州より宋船に乗じて發す。五月甲午大宋板橋鎮に至る。七月京師に入り諸寺に詣る、留ること月餘、

南遊して淨源法師に謁し其講下にあり。十二月二十八日には元炤律師に見ゆ。
三年丙寅（宋哲宗元祐元年）。國師三十二歳。哲宗の諱をさけて以後名を呼ばず字を用ふ。正月淨源に從て慧因院に入る。二月本國王母后の意により歸國を促し來る。十三日詔によりて京師に入り、更に南巡して遺寶を捜る。

なお、義天の杭州における慧因寺以外の行動については明らかでない。ちなみに、杭州の西湖の辺に「竜井」という古跡がある。早くから名泉の湧出するところとして知られている。ここの博物館に、義天が竜井に訪れたときの図がある（図7）。この図は、いつの頃の作成かは不明であるが、僧衣を着ている義天の姿を紹介しておく。

(四)　慧因寺の沿革と高麗寺の名称

慧因寺の沿革については、明の成化年間（一四六五〜八七）に成った『杭州府詩』（巻五十）の「寺観」の項に次の文がある。

恵因教寺、在南山。後唐天成二年呉越王建。宋元豊八年高麗王子僧統義天入貢、因請浄源法師學賢首教。元祐二年以金書晉譯〈華嚴〉五十巻、唐則天時譯八十巻、徳宗朝譯四十巻、共三部附海舟捨入寺。元符三年、又施金建華嚴大閣以崇之、寧宗書〝華嚴經閣〟四字以賜寂照法師、有禮懺堂。元[延]祐四年、太尉高麗瀋王奉詔入山降香、翻閲藏經。至正末毀。今重葺、俗名高麗寺。

これによれば、後唐の天成二年（九二七）、呉越王によって創建されたという。なお、さきに紹介した『高麗寺と高麗王子』には、「高麗寺の名称」の項を設け、恵因寺・慧因寺・恵因院・慧因教院・恵因教寺・恵因講寺のように多くの名称もあったと記している。

この寺が、はじめて史籍にあらわれたのは、南宋の淳祐十二年（一二五二）の編の『臨字府志』（巻八）の「山川」の「赤山」の項に、

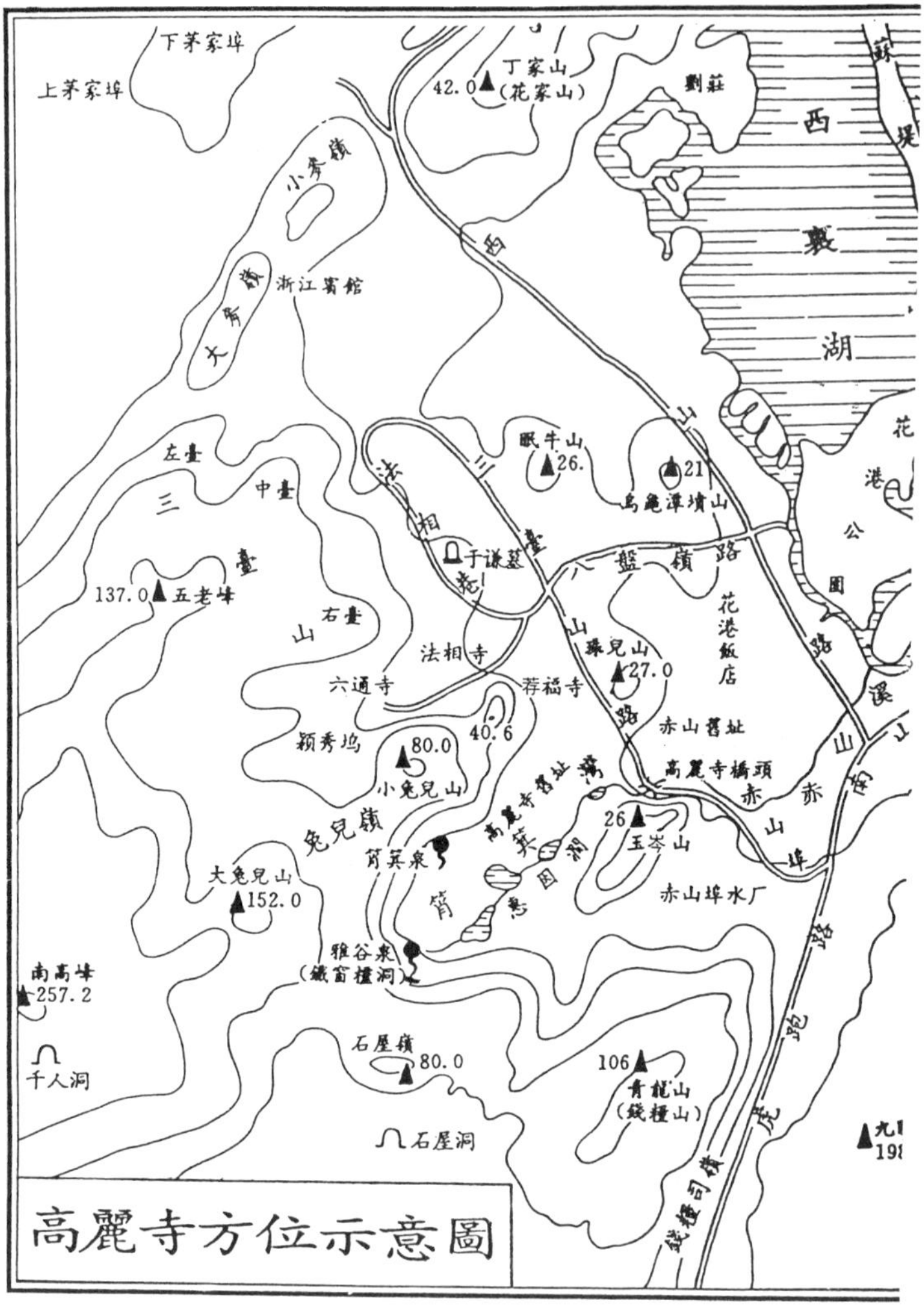

図8　高麗寺位置図（『高麗寺と高麗王子』より）

在錢湖門外、厥土赤埴、上有惠因院、俗呼高麗寺、對有玉岑峰。

とある記事というが、この名は寺前の西湖にある慧因澗にちなんだものといわれている。哲宗の元祐三年（一〇八八）には、慧因禅院・慧因教院の名もあった。

高麗寺は、杭州の名湖である西湖の南南東に位置している。西の方には、小兎児山（標高八〇メートル）・兎児嶺・大兎児山（標高一五二メートル）の山梁が聳えている。東の方は、玉嶺山（標高二六メートル）・赤山埠に達する。南に慧因澗の水流が見られる。この水流は、今なおその名残りをとどめている。

(五)　義天と浄源

義天が、この寺に滞在した目的は浄源から教えを受けるためであった。浄源は、宋の大中祥符四年（一〇一一）泉州の晉江の出身であり、これにちなみ晉水とも称せられた。十二歳の時、東都報恩寺に入って僧となり、具足戒を受けた。のち学僧として大成し華厳宗を振興させ、多くの教典を編纂し碩学として名が高かった。その後、西湖のほとり慧因寺の住職となっている。

直接、教えを求めたのは、すでに高麗にいたときに因している。ちなみに、浄源は義天と送別するとき、次の一首を詠じている。

送高麗國王子祐世僧統

大宋晋水沙門浄源上

離國心忙海上塵、歸時身遇浙江春。
休言求法多賢哲、自古王宮祇一人。

なお、義天は帰国後、浄源の慧因寺に対し、「青紙金書の六十華厳経三百部と経閣の資産」とを寄進している。それ

以後、この寺は高麗寺として呼称されるようになった。

㈥　高麗寺のその後

高麗寺の名で広まったこの寺は、その後、至正年間（一三四一〜六七）の末頃破壊の厄にあったが、明代の初めに、葺されている。理宗の「玉嶺」の親書の刻石もあったという。しかし、次第に時勢の推移にともない法燈もかすかになった。とくに、十八世紀の中頃からは、この地方の不幸な戦雲の漂う中につつまれ、急激な衰退の一途をたどり、往時の石造仏関係の遺物や礎石あるいは石碑も失われ、跡地となり、わずかに小庵が残っただけであった。あたかも、一九二〇年十二月には、常盤大定もこの地を訪れ、『支那文化史蹟』四（一九三九年）には、次のような簡潔な文をまとめている。

寺の沿革は、不明である。明の正統年間（西暦一四三六―一四四九）、萬松禪師の興復せし事が知られるだけである。現状（大正九年十二月二十九日）は、一の民家たるに過ぎぬ。主婦が、上海に募縁して、僅に之を結んだのであるといふ。「高麗寺」の額の存するだけが、辛くも訪者の意を満たしめる。

また、『古賢の跡』（金尾文淵堂、一九二二年）の中には、「高麗寺」と題する一文がある。

予がこゝに來たのは、慧因寺又は法雲寺又は高麗寺を探らんが爲である。舟子二人、兎角の言を弄して往くを欲せなんだが、之を叱咤して獨り前行し、首尾能く寺を得た。彼等は之を知らなんだのである。知らぬも其筈で、今や形ばかりの堂があるのみ。寺といふやうな俗家といふ方が適當である。老女や主婦が、常に一人の詣者のなきを訴へ、予の至れるを、大に喜んだ程で、聞けば、主婦が上海に募縁して、辛くも堂宇の形を結んだのであるといふ。

㈦　高麗寺の位置と建物とその廃滅および復興

寺院は、ながい歳月の経過にあって、多くの変遷があったが、鮑志誠氏の本には、かつての建物の配置図が書かれているので、これをもととして紹介する。図9の如くである。

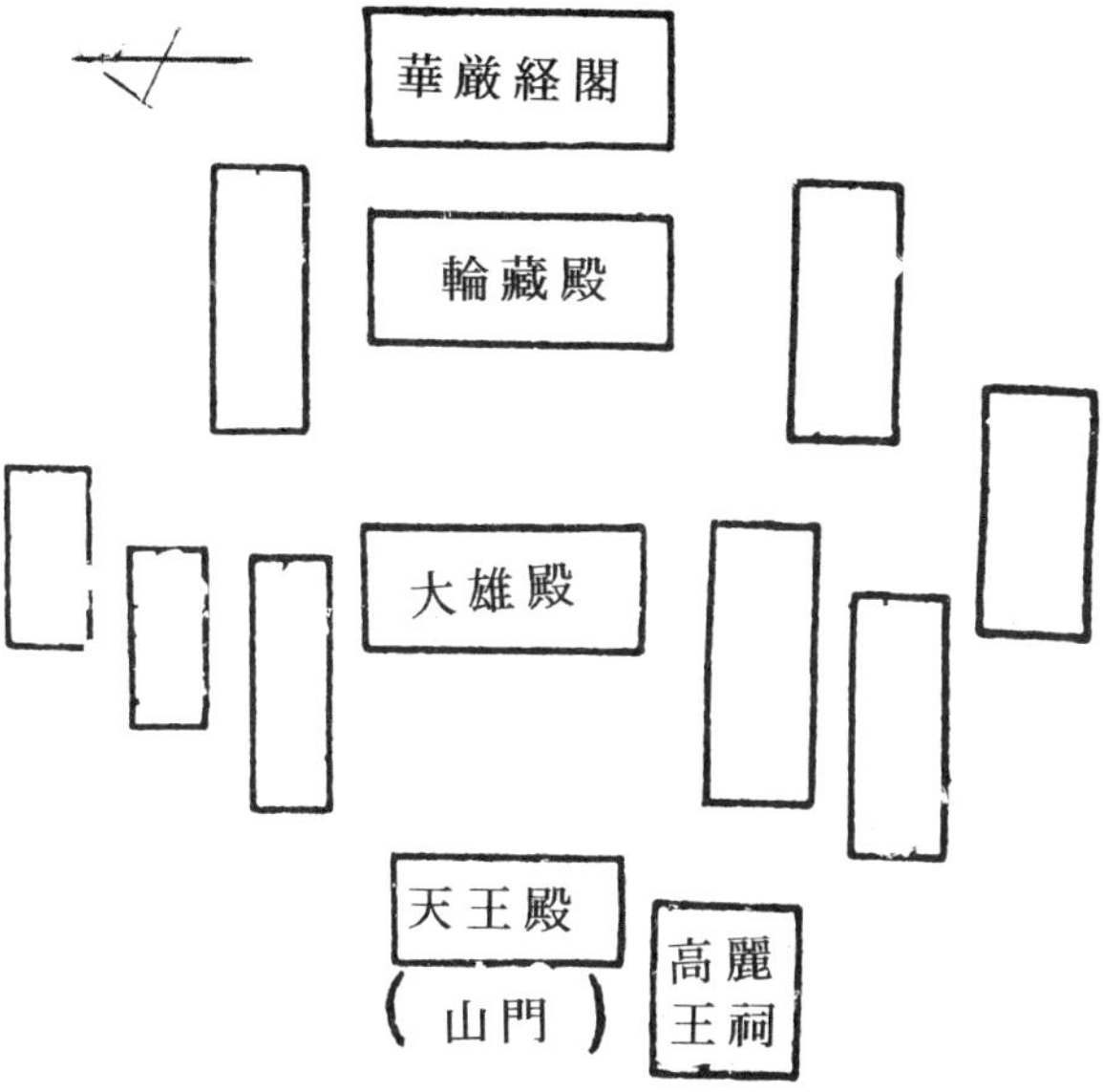

図9　高麗寺境内建物配置図

これらの建物の中、とくに注目すべきは、高麗王子祠のあったことである。

高麗王子祠について、同氏は、次のように述べている。

いつ建立されたかは明らかでないが明末に一度修覆されたらしい

しかし、このように義天を知る重要な高麗王子祠はもとより、伽藍の建物は、その後失われている。私の一九九八年の一次調査のときは、寺院としてはもとより、跡地としての面影は全くなかった。いくつかの建物が建っていたが、その建物のわきに、寺院遺構に関係したとみられる石材が二、三残されているに過ぎなかった。二〇〇五年八月の二次調査のときは、すっかり変貌し、新しい高麗寺の復原中であった。私は、工事現場の中に入れてもらい、建築中のいくつかの建物の間をまわり、さらに工事事務所の階

上から写真などを撮影することができた。

二〇〇六年八月再三の現地行きであった。工事中の建物がほとんどできたとの連絡を受け、八月二十八日訪れた。中門・天王殿・禅堂・大雄殿など多くの建物が竣工していた。

これまで述べてきたように、義天に深い関係のある高麗寺は、ながい間廃墟の姿で残されていた。一九九八年に訪れたときの写真は、これを示すものであるが、二〇〇四年から再建復興され、二〇〇七年四月から慧因高麗寺として復興し、新しく法燈がかがやいた。

図10　高麗寺跡

図11　高麗寺跡に残存する石造物

（付　記）『新編諸宗教藏総録』は『新修大正大藏経』第五十五巻目録部に収録されている。なお、義天による序文は、次のようである。

新編諸宗教藏總録序

漢明夢感之後。葉書繼至。飜譯流通者。無二代無一レ之。而及二貞觀一。經論大備。繇レ是。西聖之教。霈然莫レ禦也。自二聶道眞道安一。至二于明佺宣律師一。各著二目録一謂二之晉録魏録等一。然於二同本異出舊目新名一。多惑二異途一。眞僞相亂。或一經爲二兩本一。或支品爲二別飜一。四十餘家。紛然久矣。開元中。始有二大法師一。厥號知昇。刊二落訛謬一。删二簡重複一總成二一書一。曰二開元釋教録一。凡二十卷。最爲二精要一。議者以爲。經法之譜。無レ出二昇之右一矣。住二持遺教一莫大焉。予嘗竊謂。經論雖レ備。而章疏或廢。則流衍無レ由矣。輒效二昇公護法之志一。搜二訪教迹一。以爲二己任一。孜々不レ捨。僅二一二十載于茲一矣。今以二所レ得新舊製撰。諸宗義章一。不二敢私秘一。敍而出レ之。後有レ所レ獲。亦欲二隨而録一レ之。脱或將來編二次函袟一。與二三藏正文一。垂二之無窮一。則吾願畢矣。

時後高麗十三葉。在宥之八年歳次庚午八月初八日

海東傳華嚴大教沙門義天敍

ちなみに、義天は、天台山国清寺にも詣っている。これについては、『中国天台山諸寺院の研究』（第一書房、一九九八年）の中にも発表した。

現在、国清寺境内の奥の台地に「中韓天台宗祖師紀念堂」が設けられ、この中に大覚国師碑がある。また、『国清寺志』の「義天大覚国師杖履遺墟碑」にもその全文が紹介されている。この碑文は、大韓仏教天台宗第二代宗正南大忠の撰文によるもので、その中には、

図12　建築工事中の新高麗寺

図13　建築成った新高麗寺

蓋し、海東の天台教義の弘揚は、師實に開祖なり。
而して此の山は則ち師の開宗発領の地なり。

とある。

なお、高麗寺については、私が二〇〇六年に刊行した『求法僧の仏跡の研究』（第一書房）にも紹介した。

参考文献

内藤雋輔「高麗の大覚国師に関する研究」『支那学』三—九、一〇、一九二三年
鮑志誠『高麗寺と高麗王子』「韓国研究叢書」杭州大学出版部、一九一九年
趙明起『高麗大覚国師の天台思想』経書院、一八六二年
李永子「義天の天台会通思想」『仏教学報』一五、東国大学校仏教文化研究所、一九七八年

第四章　中国と韓国・北朝鮮文化史研究

一　唐・宋の陵墓の墓域の石造物とその新羅・高麗への影響

(一)　はじめに

中国において帝王陵をはじめとする王妃・王族やその他の高位高官の人びとの陵あるいは墓は早くから発達し、高壮な墳丘をつくり、宏大な墓域を有している。この墓域は「兆域」[1]の名が用いられているが、そこには、石人・石獣が並置され、石柱が立てられ特有な風格を持っている。これには「石刻」[2]の名が用いられ、その研究にも重厚なものがある。

一方、韓国の新羅の古都慶州にも、新羅時代の王陵などが保存されており、その墓域に石人・石獅などが配置されている例も多い。また、高麗の古都、北朝鮮の開城にも王陵が整備され、石人なども復原され、その伝統を伝えている。

私は、一九七七年、中国を訪れ、西安郊外の唐の乾陵の兆域の石人類に接し、さらに一九八六年には、南京市の郊外の南北朝時代の石獣などを見ることができ、その後もしばしば中国の多くの帝王陵などの石人・石獣を見にいった。新しくは、二〇〇五年夏、再三、乾陵の墓域に立ち、その石人などをすべて写真に収めるなどの機会にめぐまれた。

一方、新羅の王陵などの石人・石獣などには、早く一九三四年の頃から学問的な関心を寄せ、その兆域における配

置を自ら測量し、その後、しばしば慶州を訪れるごとに調査し、これらに関する研究の成果を発表した。
高麗の王陵は、北朝鮮の高麗の旧都開城市郊外にある。私は、早く一九三六年に、これらに接し、また一九九五年は整備復元された見事な石人などに接した。
ここに、このような歴訪により、学び得た知見をもとに、唐・宋の王陵などの兆域の石人などと、新羅・高麗のそれらとの比較を考え、これらの時代における文化関係の一面を考察しようとするものである。

(二)　中国における墓域の石造物の配置

中国において、墓域すなわち陵墓の前庭などにあたる兆域に石刻すなわち石造物類を配置する儀礼的な習慣は、とくに漢代から顕著にあらわれた。『宋書』（巻十五）の中に、次の文がある。

漢以後天下送死者奢靡。多作石室石獣碑銘等物。

ここに、「石獣」の名がみえる。また唐封演「封氏聞見」には、

秦漢以来、帝王陵前有石麒麟、石辟邪、石象、石馬之属、皆所以表飾墳壟如生前之象僊衛耳。

とある。石麒麟・石辟邪・石象・石馬の類が発達していることがわかる。
この種の実例は、西安市郊外に霍去病墓を含むいわゆる「茂陵十三陵」の中に残されている。その後、六朝時代になると帝王陵をはじめ、その関係の陵墓は墓域も整備され石造物類も造形的な発達を示した。これらの関係資料について(3)は、早く一九一八年関野貞が調査して報告している。すなわち、南京市の郊外、甘家巷にあるもので、梁の武帝（五〇二〜五四九）の七子で、天監十七年（五一八）に薨じた安成康王の墓域の石造物である。
関野貞は、
石獅の各一對が、空しく民家の側に立って居る。

図1　南京市郊外甘家巷の石獅

梁墓中最も代表的なものは、この安成康王墓である。石獅は長さ約十二尺、高さ九尺五寸、極めて雄健奇抜な姿勢を為して居る。

と記している。この石獅は、その所在する環境は変化しているが、現在なお畑の中に保存されている。そのほか、現在小学校の校庭に保存されている一群の石造物がある。梁文帝（在位五五〇～五五一）の第七子蕭秀の墓域にあったものである。

なお、墓域には望柱石といわれている一種の石柱が立てられている。本来、華表（道路に立てた木柱）から発達し

たものといわれているが、六朝時代の陵墓域にも残されている。図2に示したものもその一例であり、現在畑の中に石獣とともに立っている。この時代の石獣に漢代のものとの関係について『六朝考古』の中に、

六朝陵墓前石獣、看来是和漢代石獣有密切関系、而漢代石獣有一部分又受到西方的影響。所以到了六朝、此類石獣就綜合了我国固有遺風和西方二者的因素。

と述べている。

図2　南京市郊外甘家巷の石柱

図3　西安市の唐乾陵

三　唐代における陵墓の兆域の石造物とその配置

陵墓の兆域とそこに配置される石造物は、唐代に至り最高潮に達したといってよい。この時代の陵墓[4]の制度については、『唐会要』（巻三十八）の中に、次の文があり、その一般を知ることができる。

図４　乾陵の石造物

舊制銘旌三品以上長九尺五品以上長八尺六品以下七尺皆書云某官封姓名之柩舊制凡詔喪大臣一品則鴻臚卿護其喪事（二品則少卿三品丞人往皆命司儀示以制）舊制應給鹵簿職事四品以上散官二品以上及京官職事五品以上本身婚葬皆給之舊制碑碣之制五品以上立碑（螭首龜趺上高不過九尺）七品以上立碑（圭首方趺趺上不過四尺）若隱淪道素孝義著聞雖不仕亦立碣凡石人石獸之類三品以上用六五品以上用四。

これらの帝王陵をはじめとする陵墓の石造物は、墓域に、そのまま残されているとともに、一部は

地元の博物館などに保存されている。[5]とくに、陵墓の集中している地域は西安市郊外であり「唐十八陵」として知られている。とくに、これらの中でも乾陵などの例は、その兆域にも宏壮なものがあり、石造物の形式も多彩であり、配列もまた整然としている。これらの各陵における石造物の紹介などは繁に過ぎるので、ここでは『唐陵十八陵』に基づきとくに、乾陵については、二〇〇五年八月改めてその全部を撮影したので配列順にしたがい紹介したい（図4）。

図5　乾陵の西域人の石像

なお、乾陵兆域における石造物として、特殊なものは西域の人物をあらわしたとみられる群像である。中国の文献には「蕃像」として述べられている。王族に奉仕する一群の西域人とみられる。

乾陵の場合は、一区域にまとまって存し、しかも銘文の刻されているもの（図5）もあり、これも特殊である。

(四)　北宋の陵墓の兆域の石造物

宋の場合、とくに北宋において、太祖・太宗の二代（九六〇〜九九七年）の、いわゆる創業時代さらに真宗から仁宗（九九七〜一〇六三年）の発展時代、および哲宗（一〇八六〜一一二六年）からの衰退時代にわけられている。北宋の陵墓は鞏県の地域に集中している。(6)永昌陵（太祖・在位九六〇〜九七六年）・永熙陵（太宗・九七六〜九九七

図6　乾陵墓域の石獅

図7　乾陵墓域の石柱

年）・永定陵（真宗・九九七〜一〇二二年）・永昭陵（仁宗・一〇二三〜一〇六三年）・永厚陵（英宗・一〇六三〜一〇六七年）・英裕陵（神宗・一〇六七〜一〇八五年）・英泰陵（哲宗・一〇八五〜一一〇〇年）などである。

とくに、石造物の最も多く残されている例に永定陵がある（図8〜10）。

石人類は、唐陵の伝統があるが、早く現地を訪れた関野貞は、

> 次に獬豸なる一對がある。獅面象鼻で、また不思議なものである。次に鞍馬の二對がある。これは唐陵によっ

図8　北宋永定陵の墓域

図9　永定陵の石人群

図10　永定陵の石人・石獣

たが、その左右に二人の馬卒の添ってあるのが異る。次に石虎の二對がある。これも唐陵になかったものである。次に石羊が二對ある。羊は、唐代には臣下の墓にあったが皇帝の墓にはなかった。

と記している。

㈤　新羅における陵墓兆域の石造物の唐よりの導入とその展開

唐陵の制度は、政治的にも文化的にももっとも関係の深い新羅に導入された。第二十九代武烈王陵（在世六五四～

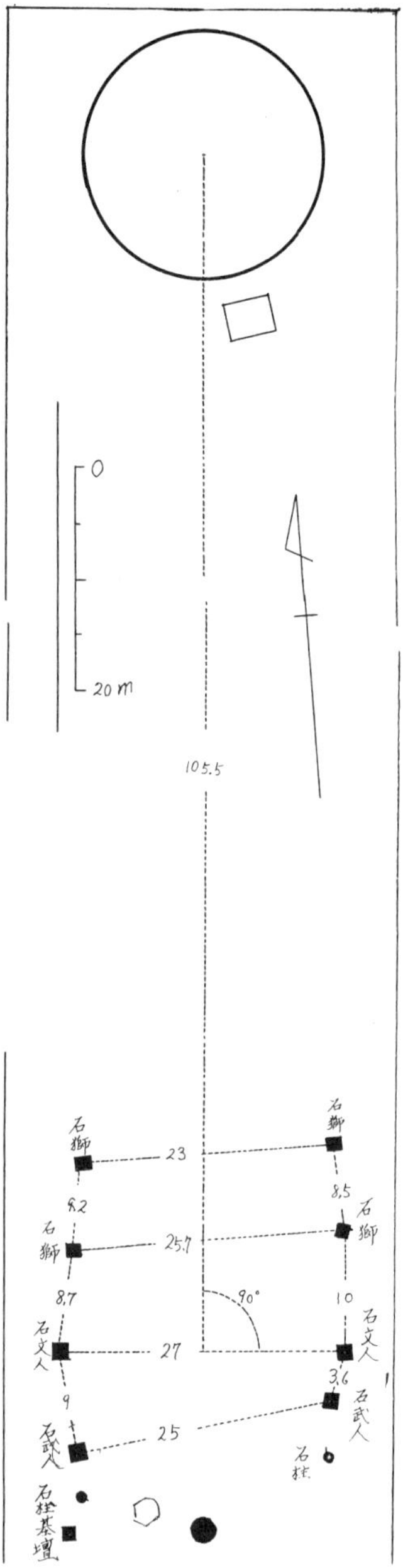

図11　慶州掛陵の石人・石獣配置図

る。

六六一年）に見られる石群およびその亀趺・螭首の形体は別として、とくに石造物としての石人・石獅は、まず聖徳王陵（在世七〇二～七三七年）に導入された。この王陵は十二支像も導入されている。

石人・石獅もまた、最初の影響であり、唐文化の関係を示している。聖徳王の在位は、唐にあっては玄宗帝にあたる。さらに、伝興徳王陵に継承されているが、掛陵にもみられ、ここには、墓域における最も整った配置を示している。

まず、聖徳王陵の場合は、石獅は四体、封土を中心としてその四隅に見られ、石人は二体相対立して封土にかなり接近して存する。

石人・石獅もまた、最初に影響された。この頃における唐文化との関係をよく示すものでもある。

伝興徳王陵は、掛陵と同じく石柱・石人は相対するが、石獅は聖徳王陵の場合の如く墳丘の四隅に存する。もとより、その面位は異にしている。掛陵においては、石柱・石人・石獅が参道両側に相対立して並列しているが、互いの位置は現在かなり不秩序である。

図12　掛陵の墓域と石獅

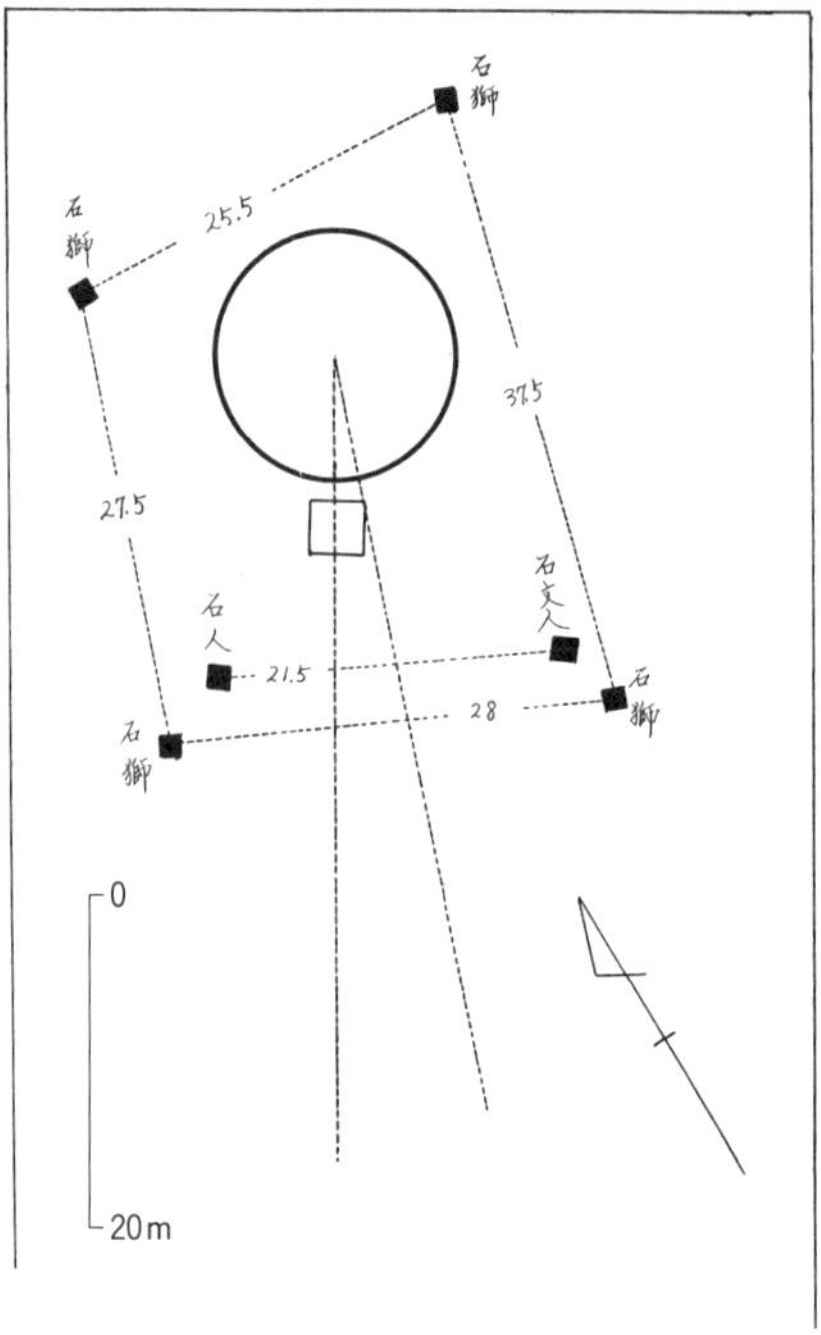

図13　聖徳王陵の石人・石獅とその実測図

これらの発達については、石人そのものの特色から考えるとき、聖徳王陵・掛陵つづいて伝興徳陵の順が考えられる。すなわち、伝聖徳王陵および掛陵のものは体軀均整で雄勁な手法が見られ、伝興徳王陵の均整が整っていない退化した作に比して、製作年時もまた一段と先行したことがうかがわれる。このことは、石獅の例においても同様にみとめられる。石獅において、やはり伝聖徳王陵・掛陵のものが雄勁な作風を示し、伝興徳王陵のものより先行することは明らかである。

なお、石柱となる八角石柱は素面で何らの特色もない簡単な式である。掛陵の石柱は、長さ一・八二メートル、基台は方盤をなし（一縁長さ八八センチ）、二段の八角造り出しを設けて、その中央に径三三センチ、深さ約一五センチの枘穴をうがち、石柱の一方の枘を挿入する装置をなしている。伝興徳王陵のものも、ほぼ軌を一にしているが、石柱はかなり長く二・四メートルに達する。

図14　聖徳王陵の石人とその実測図

㈥　高麗王陵の墓域の石造物

高麗の国家になると、開城（北朝鮮開城市）を都京とし、諸制度も新たな展開を示し、王陵なども国家背景のもとに整備され、人びとの参詣の霊域ともなった。

そして、これらの墓域には石造物も配され、いっそう整備された。これらは新羅の伝統のもとに、新たに宋の陵墓の影響のもとに展開したが、一方、高麗独自の風格もあった。たとえば、関野貞が指摘しているように、恭愍王陵の石獣として、新羅王陵に見られる石獅のほか石羊・石虎のあることなどその例である。しかし、宋陵にある配置と異なり、墳丘の前面両端に並置されている。

次に、太祖顕陵・恭愍王陵について述べる。北朝鮮開城市の西方約四キロメートルの万寿山の南麓に、新たに復原されている。

墳丘の四隅に石獅を配し、前面には左右に石人が一対立つ。また、石柱も前面左右に立っている。八角石柱で頭部に宝珠形の造り出しがある。

恭愍王（在位一三五二〜一三七五年）の王陵は、顕宗の西約三〇キロメートル、鳳鳴山麓にある。王陵王妃相並列

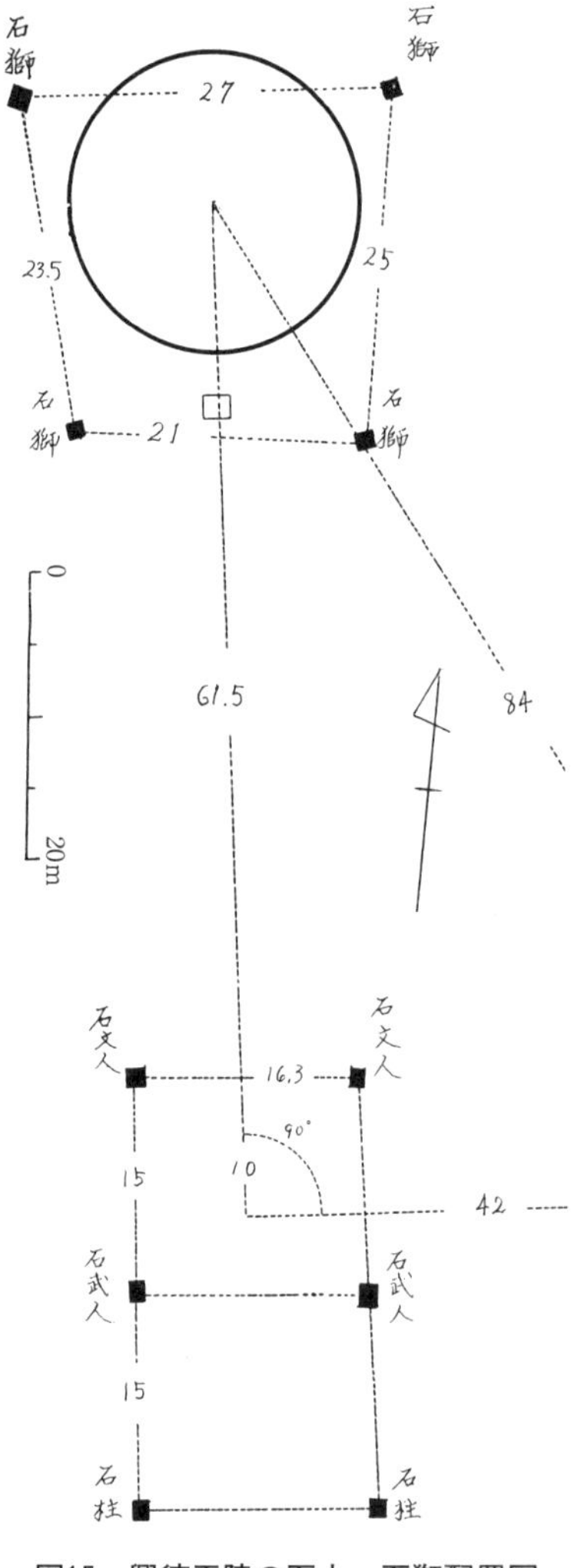

図15　興徳王陵の石人・石獅配置図

図16　興徳王陵の墓域と石獅

し、あたかも双円墳のようである。前面に石人（文人・武人）が二対ずつ立っている。ほかに石柱がある。

　はじめに述べたように、復原であるが、繁栄当時の面影をしのぶことができる。

　ちなみに、石柱については、大正五年（一九一六）の『古蹟調査報告書』には、「石望柱」の項に次のように記している。

　望石ハ一對アリ方柱ノ角ヲ削リ落シ上部ニ二條ノ切リ目ヲ附セルモノナリ、其上方側面今内方ニ向フニ徑約五分ノ小孔アリ高八尺一寸五分本面ノ幅八寸乃至六寸五分、隅面ノ幅三寸乃至三寸五分アリ地上五尺ノ點ニ測ル

　望柱ノ一對若クハ一本ヲ遺存スル陵墓ハ顯陵、宣陵、聰陵、「正陵玄陵」、七陵群第三陵、明陵群第二陵、韶陵群三陵等ナリ、李朝五禮儀ニハコレニ種々ノ彫刻ヲ施ス規定アレトモ麗陵ノモノハ簡單ニシテ正陵玄陵ノモノ李朝ノ作タルヘキ顯陵ノモノニ加工アリ、聰陵ノモノ、柱頭ニ珠形ヲ刻スルモノアルノミ、七陵群ノモノ、ハ

極メテ簡單ナルモノナリ

新羅・唐の王陵などについて比較するとき、その宏大な地域、その数量などに大きい隔差のあることを認めなければならない。

これは当時における唐・新羅の両国家のあり方を反映するものであろう。このような中で、なお新羅の石人などの配置に、その特異性もみられる。たとえば、掛陵の場合、最も前面に立つ武人像は、西域人をあらわしたものとみられる。唐の乾陵のいわゆる「蕃像」と共通するものがある。これは、他の武人・石人と同列に扱うことは、西域人に対する新羅の処遇のあり方を知ることができるのである。このことは、新羅王陵の伝統を受けつつ、新たに宋の王陵の制度を採用した高麗の場合にも見られるのである。

図17　開城市顕陵

中国・北朝鮮・韓国の王陵などの墓域の石造物は、よく唐・宋文化と新羅・高麗文化と共通する。

(七)　おわりに

以上、六項にわけ、唐・宋の兆域の石造物および新羅・高麗の墓域の石造物について述べた

が、新羅の諸例が中国の影響を受けたものであることは明らかである。
そして、その初現は、聖徳王陵に見られる。聖徳王陵の場合は、最も早く採用され、形式は立像であるが、座からの十二支像の影響をも受けている。石造物としての石人・石獅もまた当然同じ影響である。しかも新羅特有の配置もあったことが知られる。以上のような視点に立つとき、王陵などの墓域の石造物は、当時の唐・宋と新羅・高麗との政治関係の一面をのぞかせ、文化の問題において受容のあり方の一端を示しているのである。

（新稿）

注

（1）兆域は「葬域」であり、「塋域」であり、「墓域」である。
（2）「石刻」の名は、難渋なので、わかり易く「石造物」とした。
（3）中国の皇帝陵について日本でも、楊寛著　尾形勇ほか訳『中国皇帝陵の起源と変遷』学生社、一九八一年に紹介されている。
（4）中国唐陵については陳安利『唐十八陵』中国青年出版社、二〇〇一年がある。なお、唐陵に関して新しく『中国皇帝陵の測量調査―西漢陽陵と唐靖陵』（二〇〇六年、茨城大学）がある。
（5）乾陵については樊英峰・劉向陽『唐乾陵』三秦出版社、二〇〇三年がある。
（6）燠辛ほか『陝西帝王陵』陝西旅遊出版社、二〇〇六年

二　隋・唐の十二支像の発達と新羅への影響

㈠　はじめに

十二支に対する思想は、現在においても伝統が残っている。この思想は、早く中国において発達し、動物そのままの生態、あるいは、いわゆる獣首人身像として展開した。

私は、かつて一九三五年の頃、韓国慶州にいたとき、新羅王陵にみられる十二支像に学問的な関心を寄せ、これらを調査した。自ら拓本をとり、あるいは写真撮影をした。撮影は苦心をきわめ、太陽の照射により明暗の差が著しい位置に配されている十二支像の一つ一つを同じように撮影するため、とくに曇天あるいは雨の日を選んだのであった。

のちに、その研究の成果を発表したのであった(1)が、その後、中国にしばしば旅行し、墓誌に彫刻された十二支像などを詳しく観察することができた。

二〇〇五年八月西安を訪れたときは、その墓誌の大きい拓本を入手し研究することができた。ここに唐代における十二支像が、いかに新羅文化の中に導入されたかの問題について考えてみたい。

(二)　中国における十二支像思想とその墓制への導入および展開

　中国における十二支像思想は、四神思想に関連し、また五行思想とも結合して、十干十二支として早くから発達した。このことについては、すでに日本の先覚によってもすぐれた研究が行なわれた。ここに、これらの研究にもとづいて整理すると、十干は、古代中国における五帝・五祀の信仰と関連し、天文とむすびつけられて発達した。十二支もまた、その祖型は、バビロニアの十二宮にあったといわれているが、暦と関連し十干とくみあわせられて六〇の周期を生んだ。なお、五行説は、漢代に勃興したといわれているが、万物は、木火土金水の五つの具から成立し、これが循環することにより万物が発育するという基本思想に立って発達し、十干十二支とむすびついて陰陽思想として展開した。すなわち木火土金水の五行を、さらに陰陽に配し、甲丙戊庚壬の五を陽とし、丁巳辛癸を陰とし、丙丁を火、戊巳を土、庚辛を金、壬癸を水に配し、五行思想は、木火土金水の循環をみちびき、万物が相生の序を得て安らぎを得るとされた。

　このような、十二支思想の十二の動物とも結合し、方位とも関係づけられ、そして、十二方位神としての信仰となった。

　この十二の動物との関連については、早く、新城新蔵が、「十二支獣について(2)」の論文を発表し、この中の「十二動物の配当」の項で論及している。

(三)　十二支動物像の墓制への導入

以上述べたような十二支思想と動物との結合は、これを形象化し、墓に対する鎮護的な思想をもって墓中に納める

風習となった。この風習は、早く戦国時代（前四〇三〜前二二一年）に見られた。このことは、この時代の墓である、洛陽郊外の金村墓(3)から出土した青銅製小動物像七個（虎・兎・竜・羊・猿・鶏・猪）が、発見されたことによっても知られる。

その後、十二支の動物像は、陶俑として、南朝や隋代の墓に採用された。南朝の末期ともみとめられている湖南省長沙市赤峰山三・四号の墓から発見されたもの(4)も、その一例であり、人首鳥身の灰陶で高さは一三センチあるという。

十二支陶俑は、隋代にも及んだ。とくに、墓室構造が塼築である場合、壁面に小龕を設け、その中に安置するという風習も行なわれた。門田誠一氏もすでに紹介しているように(5)、湖南省俑陰県城関鎮の塼室墳もその一例である。ちなみに、この古墳からは、大業六年（六一〇）銘の買地券も発見されており、その年代も明らかである。墓壁に小龕が設けられ、この中に、それぞれ十二支を載せた人物像、獣首人身の十二支像の陶俑が発見されている。高さは二〇センチ内外の小型のものという。

また、湖北省武漢市東湖県岳家嘴の古墳(6)も同じく塼室墳であるが、小龕の中に獣首人身の十二支像陶俑があった。その一例は高さ二九・五センチという。なお、この古墳で注目されることは、四壁の中の東壁に青竜、西壁に白虎をあらわした塼も嵌装されていたことであり、十二支信仰とあわせて四神思想もまた融合していたことを示すものである。

(四)　唐代墓制への採用

(1)　唐代墓制の中の十二支像の発達

以上述べたように十二支動物の形象は、重厚な歴史の中に展開し、とくに墓中に納置する諸形式となって発達したが、唐代に至って新たな変化を見せつつ、顕著な発達となった。ことに、その中期にあって、著しくなり後期に及んだ。『唐会要』(巻三十八)の中に「元和六年十二月条流文武及庶人喪葬、三品以上、明器九十事四神十二時在内……」(元和六年は八一一年)とあることも、四神十二支の明器の中に含まれ、しかも身分による制定もあったことを示している。

(2)　唐代における墓制の中の十二支像の諸相

唐代における十二支像の墓制におけるあり方についてみるとき、この表現に立体的なものと、平面的なものがある。立体的なものは陶土によって作製されたが、陶俑が主であり、ほかに青銅・鋳鉄のものがある。そして、この表現には、動物そのままのほかに、獣首人身形のものも発達した(7)。これらは、墓室の床の上に置いた場合のほかは、塼室のものでは、壁面の小龕に納置したものもある。これらは、前代からの伝統でもある。平面的なものは、墓誌石に線刻としてあらわされている。これにも、動物のほかに獣首人身の姿のものもある。以上を整理すると、次のようである。

一　立体的なもの

材質	陶土（陶俑）・青銅・鋳鉄
姿体	動物・獣首人身
墓誌内のあり方	床面・室壁面の小龕内

二　平面的なもの

墓誌石	動物・獣首人身

以上である。

なお、十二支動物像が、窯跡から発見されている例が河南省で報告されているが、いずれかの墓におさめるために焼成したものとみられる。これは、廖永民氏の「唐三彩窯址出土的陶塑小品」(8)に発表されているもので、高さ数センチという。

（3）墓誌石の線刻

唐代において十二支像が墓誌石の彫刻として、顕著な発達をしたことは重要である。この形姿には、動物そのままのもののほかに、獣首人身像のものもある。この獣首人身像の例は、日本において早く内藤湖南（一八六八～一九三四）によって発表され、日本の学者によっても広く知られた。これは、「隼人石と十二支神像に就きて」(9)と題する論文である。この中で、羅叔言の「俑盧日札」の中の次の文を紹介している。

唐高延福墓誌之旁。亦刻㆓十二生肖㆒。但非㆓人身㆒耳。

雷詢墓誌蓋之四周。畫㆓十二辰㆒。題曰夜半子。雞鳴丑。平旦寅。日出卯。食時辰。禺中巳。正南午。日胅未。哺

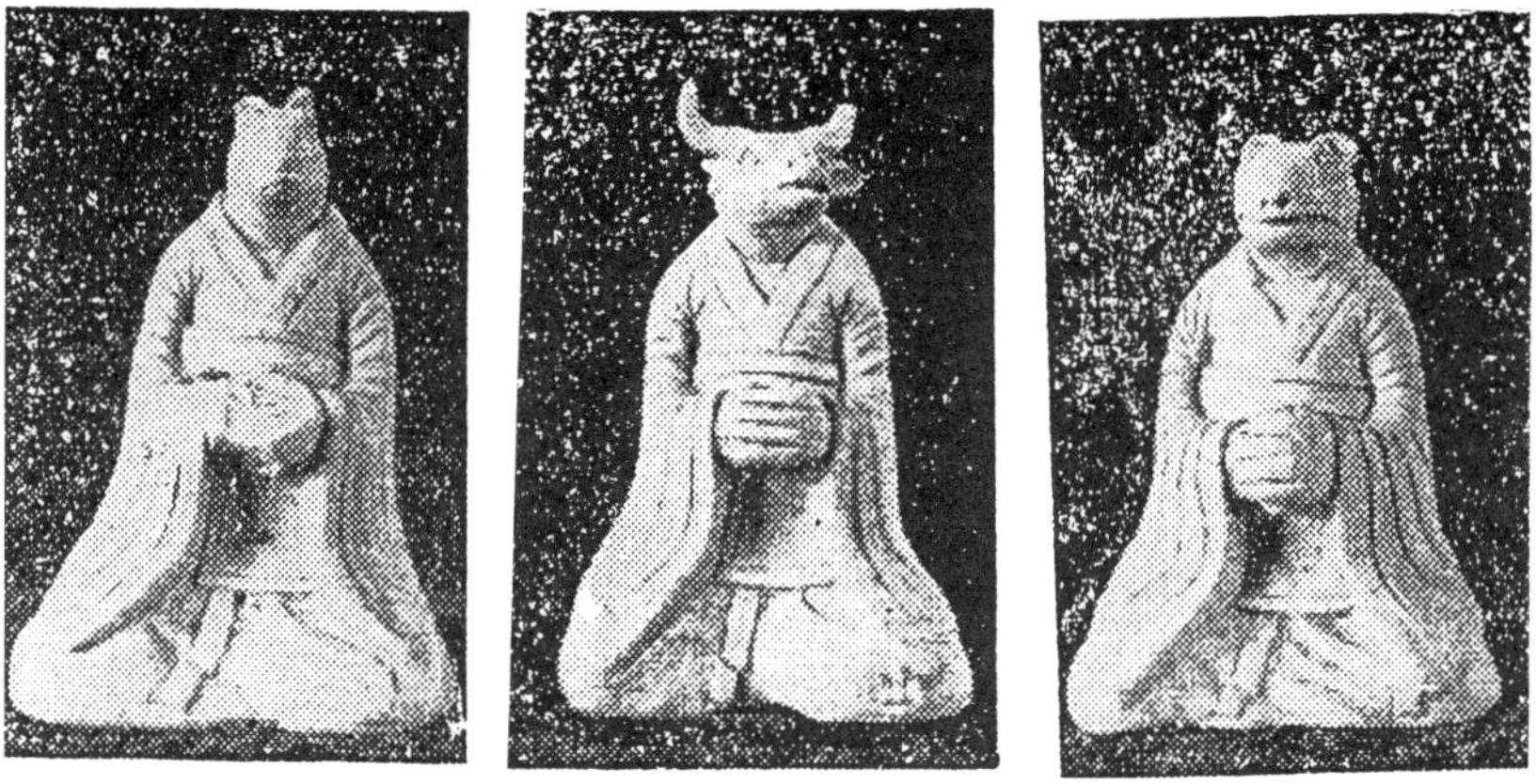

図18　中国発見の十二支陶俑（『文物』1981—4より）（右から子、牛、卯）

時申。日入酉。黄昏戌。人定亥。云云。劉明徳墓誌蓋之四周亦然。雷誌刻二於天寶五載一。劉誌刻二於長慶二年一。蓋唐代習二用之一也。

博士は、この中に示されている、唐の高延福墓誌の十二支像について、拓本を入手して述べており、そのほかに入手した曹詢・雀戴の二墓誌石の拓本の写真を資料とし、紹介しているが、あわせて次のような考えを述べている。

十二支の形をそのままに書いた方が、いくらか古い式で人身になったり、人が持って居ったりする式の方が新しいようになるが、これは已に発見された五六個位では、新古の式の標準と定める譯には行かぬ。

(4)　唐代墓誌石の十二支像の諸例

内藤湖南の発表した例のほか、新しく中国において各地の墓から十二支像彫刻の墓誌石が発見された。ここには、一例として入手した墓誌石の拓本図を紹介する（図20）。

(五)　十二支思想の百済・新羅への影響

(1)　百済武寧王陵の誌石に見られる十二支の文字

中国において発達した十二支像は、とくに唐から朝鮮半島の新羅に導入

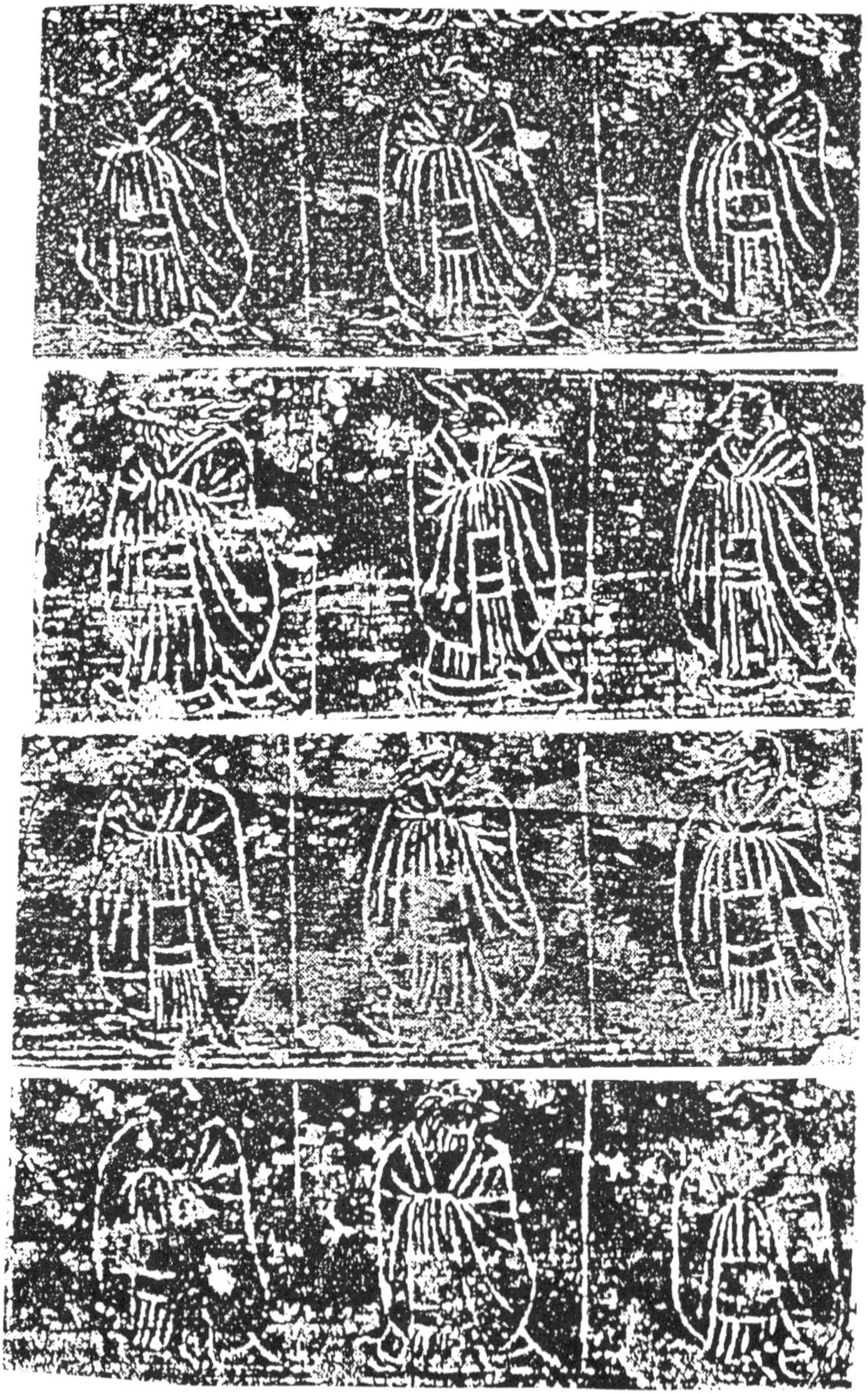

図19　内藤湖南発表の墓誌石の十二支立像

図20　中国尉遅恭墓誌拓本の十二支像

された。もっともこれに先立って、百済においても十干十二支の思想に影響され、墓誌的な性格もある買地券誌石の銘刻となってあらわれている。

武寧王陵は、百済の都京であった公州（韓国忠清南道公州市）にあり、一九七一年に発見された。中に誌石があり、次のような銘文が刻されている。

寧東大将軍百濟斯
麻王年六十二歳癸
卯年五月丙戌朔七
日壬辰崩到乙巳年八月
癸酉朔十二日甲申安厝
登冠大墓立志如左

この中の「乙巳」は、五二五年にあたるが、裏面の周縁に十干十二支の文字が刻されている。なお、百済の最後の都であった、扶余からは干支を刻した平瓦が発見されている。これについては、すでに発表しているが、公州・扶余をはじめ、百済文化の発達した地域においては、文字例のほかに周縁関係のものは見られないようである。

（2）　新羅墓制への最初の採用

前記したように、百済にも十二支思想は影響されているが、とくに、十二支が像容をもって墓制に採用されたの

は、新羅であり、ここに、新羅墓制の中の十二支像は唐の諸例に比して、特殊な石彫刻となり、墓域の中に、さらに封丘の腰石装置として、顕著な発達をし、東アジアの墓制文化の中に異彩を放ったのであった。

新羅における十二支像の採用は[10]、新羅が半島を統一した、いわゆる統一国家の初期にあらわれた。それは、封土のわきの下に埋める小型の蠟石製の箱形のものとなってあらわれた。慶州市金庾信墓の墓域から発見されたものがある。金庾信の墓は、現在整備されているが、新羅時代の終末の頃の改墓によるものである。

金庾信（五九五〜六七三年）は、新羅統一に功績をあげ、武将であり文武王十三年（六七三）に亡くなった。この時の墓の形式は明らかでないが、新しく改墓された。現在の金庾信墓の墳丘の周辺の地下から、かつて「牛」や「子」の十二支像の彫刻のあった資料が発見されたが、これらは、最初の墓に関係したものとみられる。

この二例は、ともに同形式で蠟石製の長方立方体である。上幅二一・二センチ、下幅一五・〇センチ、高さ三八・〇センチ、厚さ九二・〇センチに測られている。

これらが本来墓のどの場所にあったかは明らかでないが、唐代に発達した十二支像の影響を受けつつ、このような、特殊な石材による、特殊な形態のものに彫刻し、これを墓室あるいは墓の縁に納置したものとみられる。ここには、唐制を導入しつつ、新羅の独自な文化の一端が示されている。

（3）　十二支像の墳丘周縁の表飾としての採用

新羅が唐制の影響を受けつつ、導入した墓制への十二支像の採用は、さらに王陵などの墳丘の表飾として、いちじるしい発達をした。

墓の鎮護の精神的な意味とも含ませ、墳丘の周縁を方位とあわせつつ、囲繞させたのであり、ここに、新羅の十二支採用の金庾信墓に続く展開となったのである。

その最初は、聖徳王（在位七〇二〜七三七年）陵にみられる立像形式のものであった。聖徳王は新羅三十三代の王

であり、七三七年に薨去している。そして、その王陵は、慶州市道只洞にある。

新羅王陵の場合、伝承のものもあるが、これについては「新羅王陵伝称名に関する考古学上の一考察」(『新羅文化論攷』)の中に述べた。

この王陵は疑う余地のない王陵の一つである。

図21　慶州聖徳王陵封土腰石の支石と十二支像

図22　中国集安通溝の将軍塚とその支石

十二支像は、その墳丘の周裾の外がわに立てられている。そして、これに接するように一種の袖石が周裾の腰石から派出している。この袖石は、図21に示すように斜めに、あたかも腰石を支えるように立てたものである。

私は、かつてこの立石について、高句麗の将軍塚に見られる十二の巨石をとりあげ、この関係を述べた。次の文である。

将軍塚に見られる十二個の巨石の配置について、いかに考えるかは、今後の課題であるが、私は、墳墓のまわりに長方形の石籬をめぐらし、ところどころに立石を配するという、南シベリアに見られるクルガンの影響を受けながら、十二という数に、中国の古来の十二支信仰を反映させ、精神的に墳墓を保護したものと考えたい。

高句麗と新羅とは、政治的な関係が深く、このことは新羅の古墳から広開土王の銘のある壺杅（「乙卯年国岡上広開土地好太王壺杅十」）が発見されたことによっても明らかである。

図23　聖徳王陵の十二支像の服装

聖徳王の袖石はこの影響とみてよい。一方、十二支像は唐の影響であることは明らかである。しかし、唐の場合の陶俑あるいは墓誌の彫刻と異なり、花崗岩により大きい立像として展開したことに、新羅独自の文化の反映があるのである。

（4）新羅王陵などにみられる十二支彫石の展開とその像容の諸相

聖徳王陵にみられる立体的な十二支石像の配置につづいて、新たに墳丘周裾の腰石装置に板石として篏状される形式に発展した。これらは、王陵とされている。ほかに九政洞古墳（方墳）がある。そのほか王の火葬所に建設したと見られる陵旨塔にもある。その各例については、私はかつて発表している（注1の文献参照）。

以上、表示したが、この板石彫刻の各例についてみるとき、その像容についても種々の表現のあることが知られる。次にこれについて述べる。

1　服装

服装の場合、一つの特色は、新羅末に新たに復原された金庾信墓の場合を除き、すべて武装している。このことは、唐の諸例が平服であるのに対し、大きい特色といってよい。十二支像は、墓を鎮護する意味をもつ。この場合、武器を執る武装の姿は最も適切である。新羅においては、その統一国家への軍事的な思想の伝統とともに、墓を鎮護する意図を尊重し、この形式を採用したとみなされよう。

2　武器の各種

新羅の十二支像が武装であり、したがって、それぞれ武器を手にしている。これらの武器の

形式は複雑である。しかも、その持ち方にも差がある。図24は、拓本によって、これらを示したのである。この時代の形式を考える上にも参考になる。

3　顔の向け方　十二支腰石像は、方位にあわせて配置したことはもとよりであるが、その顔面の向き方に差異のあることを注目しなければならない。すなわち、南にある牛、北の子、東の卯、西の酉は、それぞれ正面を向くが、他の十二支の場合は、あるいは横に右向き、あるいは横に左向きの変化がある。

(六)　十二支像の文字の火葬骨壺への採用と鋳鉄製十二支像の墓中への納置

新羅における墓制にみられる十二支像は、王陵を中心とする陵墓の腰石装置の彫刻として顕著な発達をしたが、一般の社会にも、その思想は普及したものと見られる。このことは、火葬骨壺に十二支文字の彫られている例があることでも明らかである。図27に示したものは、慶州から発見されたものである。私の所蔵している拓本の一例を紹介する。

火葬骨壺に十二支の文字を刻したことは、百済の武寧王陵の誌石にも共通要素もあるが、火葬骨壺の場合は、一般の新羅人の関係したものである墓に対する十二支信仰が、このような人びとに抱かれたことを示す例でもある。

注

（1）この論文に関連して、私の次のような論文がある。「新羅墳墓の封土表飾の諸型式に就いて」『考古学論叢』一八―五、一九三七年（『新羅文化論攷』吉川弘文館、一九七三年所収）、「統一新羅の陵墓の考察」『朝鮮学報』一一九・一二〇号、一九八六年

（2）新城新蔵「十二支獣について」『民族』一―一、一九二五年

図24　聖徳王陵の十二支像の武装

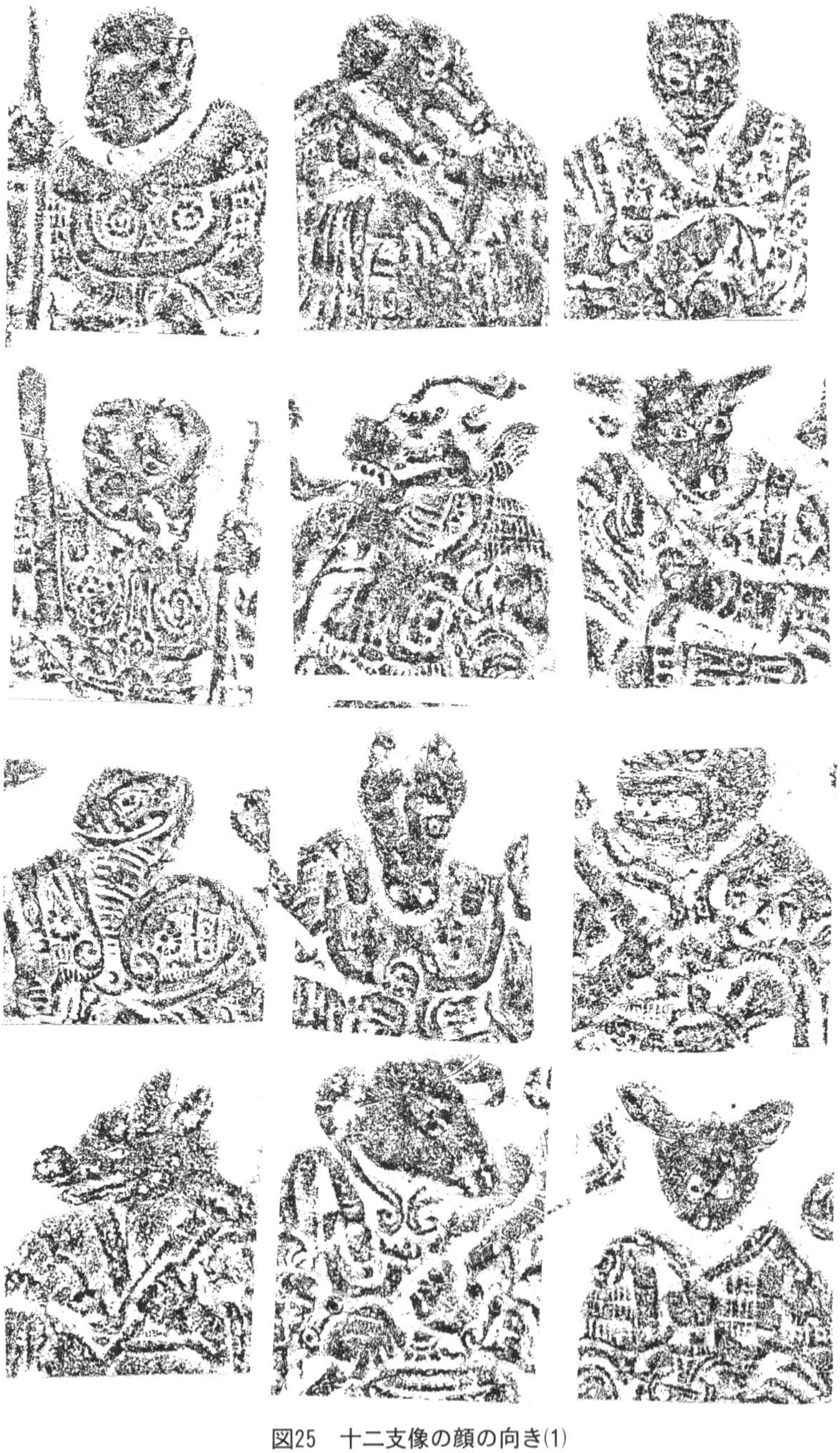

図25　十二支像の顔の向き(1)

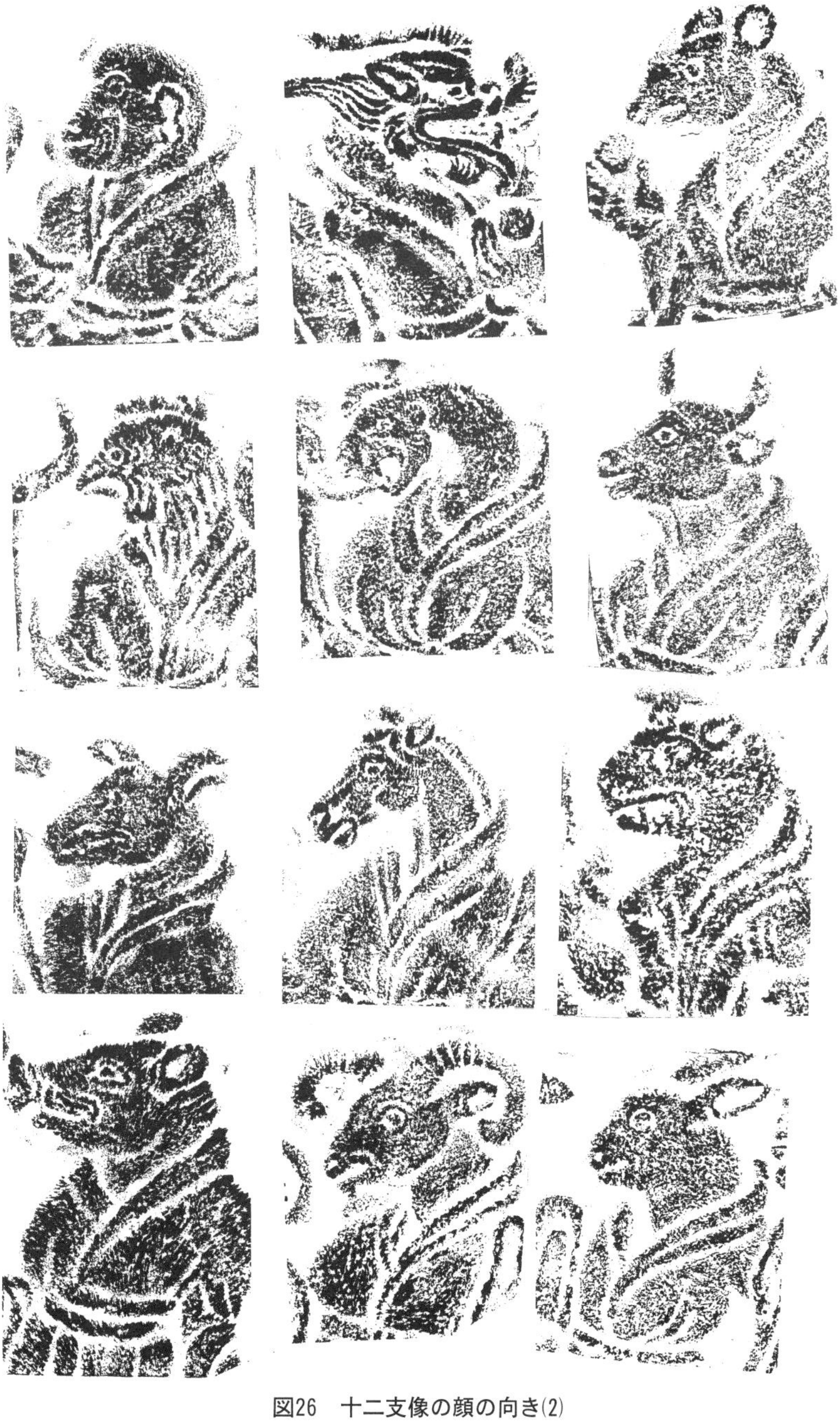

図26　十二支像の顔の向き(2)

（3）梅原末治『洛陽金村古墓聚英』一九三七年

（4）周也螢「長沙赤峰山三、四号墓」『文物』一九六〇—二

（5）門田誠一「十二支像表現の東伝─新羅生肖系譜初探─」『文化史学』四五、一九八九年

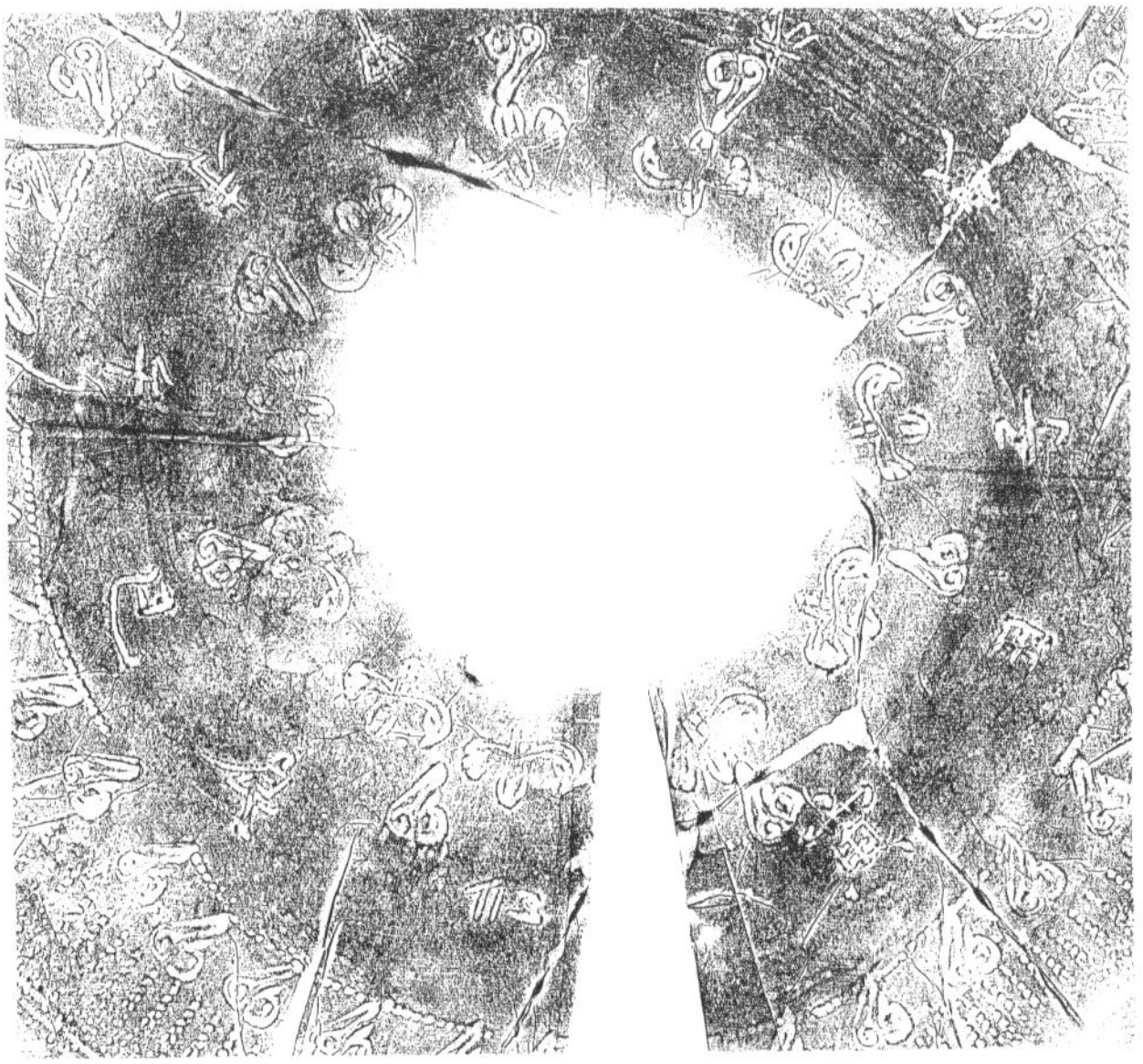

図27　慶州発見新羅火葬骨壺の十二支文字

（6）武漢市文物管理所「武漢市東湖岳家嘴隋墓発掘簡報」『考古』一九八三年第九期

（7）網干善教「十二支像の展開と獣頭人身像」『関西大学博物館紀要』第九号、二〇〇三年

（8）廖永民「唐三彩窯址出土的陶塑小品」『文物』二〇〇三—一一

（9）内藤湖南「隼人石と十二支神像に就きて」『歴史地理』一七—二、一九一一年（『内藤湖南全集』第七巻、筑摩書房、一九七〇年所収）

隼人石についてはほかに

図28　『海東金石苑』に見られる十二支像(1)

図29 『海東金石苑』に見られる十二支像(2)

次のような論文がある。

柴田常恵「元明陵の隼人石に就て」『東京人類学会雑誌』二五―二八四、一九〇六年、福山敏男「那富山墓の隼人石」『美術史』二一―二、一九八一年

(10) 西嶋定生「中国・朝鮮・日本における十二支像の変遷について」『末松保和博士古稀記念　古代東アジア論集』吉川弘文館、一九七八年

有光教一「十二支生肖の石彫を繞らした新羅の墳墓」『青陵』第二五号、一九三六年

姜友邦「新羅十二支像の分析と解釈」『仏教芸術』第一号、一九七三年

姜友邦『新羅の十二支像』近藤出版社、一九八三年

孫景穂「韓国十二支生肖の研究」『梨大史苑』第四号、一九六二年

朴萬龍「新羅十二支銘骨壺に対する小考」『新羅文化』七、東国大学校新羅文化研究所、一九九〇年

（新稿）

三　中国洛陽竜門奉先寺洞と韓国慶州石窟庵との関係について

(一)　はじめに

中国の洛陽市の南郊にある竜門石窟は、敦煌莫高窟の雲岡石窟とともに、三大石窟の一とされているが、とくに、その位置は、唐代の古都であった長安・洛陽に近く「竜門十寺」が設けられ、帝王をはじめとする多くの人びとの信仰の霊場でもあった。そして、その造営・信仰などに関する刻銘は、竜門金石文として高く評価されている。この石窟群の中でも、奉先寺洞は、本尊盧舎那仏を中心とする諸仏などの彫刻も絶妙であり、石窟の彫刻芸術の最高の一である。この竜門石窟については、学史的にも重厚であり、早く、長廣敏雄・水野清一は『竜門石窟の研究』(一九四一年)をあらわしているが、中国においては現地に研究所を設け、その調査・保存に力をつくし、一九九三年には「竜門石窟一千五百周年国際学術討論会」が開かれた。また、『竜門石刻銘文集』(一九九六年)など、優れた研究業績の発表もある。

一方、韓国の新羅の古都慶州の東郊、吐含山頂の近くに存する石窟庵は、その構築に特異性があるとともに須弥壇上に安置された本尊の丈六釈迦像、周壁の諸仏などの彫刻は絶妙であり、新羅の石造文化を代表する一例である。

かつて、『仏国寺と石窟庵』が刊行されたが、その後、韓国政府により改修され、多彩な研究がされている。まことに、石窟芸術の観点から、東洋における双璧といっても過言ではない。しかし、このそれぞれにおいて、すぐれた研究の二大石窟についての関係を考える発表は見られないようである。(1)

かえりみれば、私は、慶州石窟庵にその修理以前からしばしば詣った。一方、竜門石窟は、一九七七年にはじめて詣り、その後も訪れ、新たに二〇〇五年八月訪れ、再三にわたる見学となった。ここに、その知見にもとづき、二石窟の関係を考えようとするものである。

(二)　立地環境における都京鎮護の思想の共通性

両石窟は、その立地環境にかなりの相違がある。すなわち、竜門石窟(2)の場合、伊川のかたわらに連亙する丘陵に掘鑿して営まれている。これに対し、石窟庵は、吐含山といわれる標高七四五メートルの山陵頂上近いところの局部を平らかに削平し、ここに石窟を構築し盛土で掩っている。(3)

しかし、これらの位置を選定した背景には、一つの共通性がある。すなわち、竜門の位置は都京を守る一種の関塞的な地を占めている。

このことは、『水経注』(巻十五)「伊水」の条に、

《水経注》巻十五伊水条伊水又北入伊闕、……水間北流、故謂之伊闕矣。春秋之闕塞焉。早在西晋初年、就有道徒在

とあることでも知られるが、ほかに『洛陽伽藍記』(巻五)には「京南の関口に石窟有り」の如く記されていることによっても明らかである。

一方、石窟庵は、新羅の都京であった慶州の東方にある。この窟の営まれた吐含山は、その東南に渓谷をもつ小丘

陵群をへて、近くに蔚山湾のある東海の地に達する。この地が海上を通じての外国からの進攻の入口にあたる。
二石窟は、それぞれ都京を、仏の力により鎮護しようとする精神的な共通性があるのである。

(三)　奉先寺と仏国寺

両石窟は、それぞれ寺院が関係する。すなわち、竜門石窟の奉先寺洞の場合は奉先寺、石窟庵の場合は仏国寺である。

奉先寺は、唐の高宗の調露元年（六七九）の創立である。銘刻の中に「調露元年巳卯八月十五日大像の南に大奉先寺を置く」とあり、「二年正月十五日に至り大帝額を書し僧尼一十六人を度す」と記され、歴史的に意義深い寺院である。

一方、石窟庵をもつ吐含山の慶州からの参詣路の入口の麓に仏国寺がある。現在法燈も輝く名刹であるが、景徳王十年（七五一）大相金大城によって建立されている。あたかも睿宗嗣聖二十年（七〇三）には、阿湌金忠譲が、唐に使し、翌年帰国して金光明最勝王経を献上している（『三国史記』八）。この寺が、石窟庵と関係があり、それぞれ由緒ある寺院を持っている。この点で共通性を見出すことができる。

(四)　窟の構造

奉先寺洞・石窟庵の窟の構造は、ともに各地の石窟の中でも特異性がある。
すなわち、奉先寺洞の場合は、洞の名でも知られるように、窟の本格的な構造のものとは異なり、いわば「半窟」といってもよいものである。この構造については、長廣敏雄の文を紹介する。

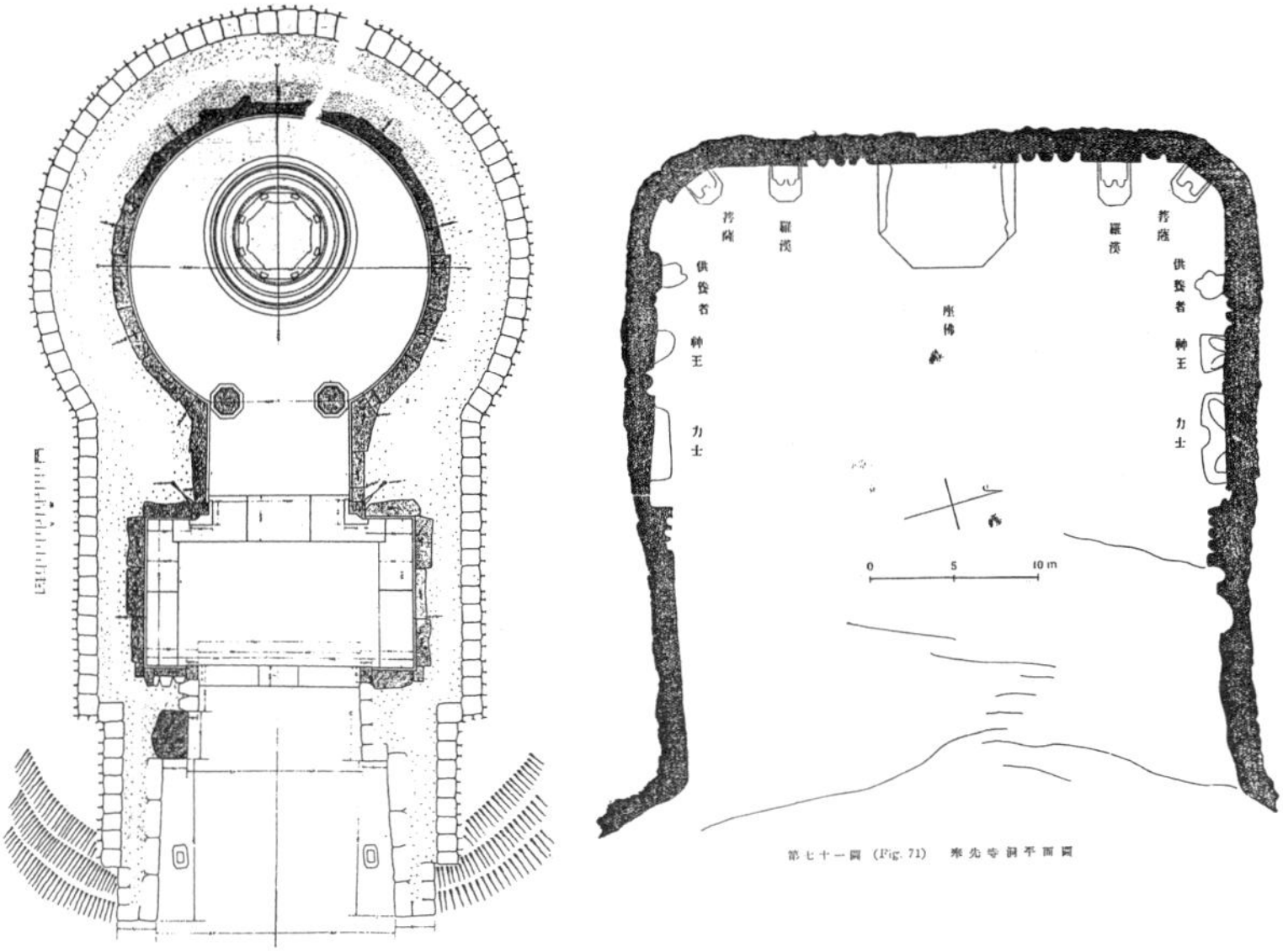

図30　窟の構造（右：奉先寺洞、左：石窟庵）

こゝには天井がない。嚴密な意味で石窟といふことはできない。西壁、北壁、南壁がそれぞれ垂直に岩を斷ち切つてゐる。その垂直の壁面を鑿つて、後壁に五尊、左右壁にそれぞれ二尊の龕をひらいてゐる。そしてその前の廣場にかけだしをつくつたのである。その迹は歴々としてのこつてゐる壁面の枘穴によつてうかゞへる。それによると後壁のかけだしは龕の下ばから出て、神王像の中心くらゐに至つてとまり、その下には四架の桁がとほり、六個の梁がとほつてゐたらしい。したがつてこれを尋常の建築になほすと九架七間の建物があつたことになる。これに對し左右の壁は後壁のやねの下ばを棟として、これから若干のやねがけをつくつたらしい。そのやねのではわからぬが、間は三間あつたらしい。そしてこのやねの東につくるところ、そこの床に一段の基壇があつたやうである。そしてそこからまたはるかに低いところに小規模なやねがあつたらしい。

石窟庵の場合は、岸壁を刳ったものでなく、山頂近い傾斜面のやや平坦な部分を利用し、円丘に窟を構築し、円丘の状に覆土したものである。

図31　奉先寺洞正面と本尊

そして、窟も床面も円形にし、天井を穹窿状にし、入口を東々南に開き、通道を設け、門口を造っている。構築の技術は、それぞれ立地条件に従って異なるものがあるが、床石は半円あるいは円形とし、天井を穹窿状に近似する形態をとり共通の要素もみられる。

(五)　本尊および諸仏などの配列とその形式

竜門奉先洞・新羅石窟庵の大きい特色は、本尊をはじめとする諸仏像などの彫刻の配置とその技風である。

図32　奉先寺洞の諸仏

奉先寺洞については、奥壁中央に、大廬舎那仏が彫刻されている。竜門石窟の諸仏の中でも、最も巨大なものであり、その高さ約一三メートル（台座の高さ約三メートル）に測られている。しかもその彫刻技法に絶妙なものがある。その左右に金剛立像をはじめとする諸仏・諸天部像が配されている。図30（向かって右）のような配置である。

これに対し、石窟庵の場合は、本尊は奥壁から離れ、中央寄りに安置されている。壁面の諸仏などは、篏装という

図33　慶州石窟庵入口と本尊の旧写真

技法にもとづく。その配列は、図30（向かって左）に示した如くである。なお、本尊については、その像名に諸説がある。また、力士像の配置については、奉先寺洞の場合、両壁の入口近くに、石窟庵の場合は、円室の外の窟門の左右にある。

図34　石窟庵の菩薩像
（田中東洋軒写真）

図35　蓮華洞天井部の蓮華文

これらの両窟の諸仏を見るとき、それぞれの細かい部分には差があるとしても、本尊を中心とする菩薩像・天部像・力士像などは、その配置・像容などに共通の要素も指摘される。

(六)　小龕および天井部の蓮華文模様

一つの石窟に、小龕を設け、その内部にも仏像などを安置することは、特に大きい石窟にのみ見られるものであり、石窟としての特殊な例でもある。この小龕群は、竜門石窟の場合、奉先寺洞をはじめ、古陽洞・賓陽洞・蓮華洞

などに諸例があり、一方石窟庵にもあり、相共通する要素がある。

石窟庵の場合、上方に小龕が営まれ、それぞれの仏像が安置されており、天井部の蓮華文の彫刻がみられる。

また、一種の穹窿形を形成し、天井を半球状にし、石の篏装により十六弁を構成した特色のある蓮華文になっている。

一方、奉先寺洞の場合は、その構成の上で、天井の構造がないので、蓮華文も見られない。しかし、竜門石窟の中においては、蓮華洞をはじめ、多くの石窟に見られる。この天井部の蓮華文は、敦煌莫高窟をはじめ、他の多くの石窟にも共通するものがあり、石窟庵は、これらの石窟の中、とくに竜門石窟の諸例との関係を求めることができる。

(七)　むすび――石窟庵の先駆としての竜門石窟

以上、私は、竜門石窟とくに奉先寺洞と新羅石窟庵との共通性について指摘した。

このような共通性は新羅と唐との関係、特に新羅人における竜門石窟の関係を考えることにおいて偶然の一致でなく、新羅の石窟庵の粗型が竜門石窟、特に奉先寺洞にあったことが知られるのである。

すなわち、竜門石窟の影響のもとに、これを基層とし、これに加うるに新羅特有の創意性と独自な石工技術とを発揮させて見事に開花させたものでなかろうか。石窟庵の造営された頃は、とくに唐との関係に密接なものがあった。新羅の僧たちが、長安・洛陽にあって、仏法を学ぶ場合も多かった。しかも、僧侶のみでなく多くの人びとが居住していた。新羅王子宅と称するものもあり、日本からの求法の僧も宿泊している。

このような背景のもとに、竜門石窟は、新羅の人びとにとって重要な信仰の場でもあった。新羅人の中には、窟を供養のため造作してもらうこともあった。石窟の中に「新羅像龕」と銘刻されているもののあることも、その一例である。

図36　新羅窟の入口と刻銘拓本（李玉昆氏拓）

以上述べたように、竜門石窟が、新羅人と関係が深かったことを考えれば、この石窟に詣って多くの新羅僧あるいは工匠たちが石窟庵を造営するにあたって、その粗型になったものと考えられるのである。

我々は、中国の竜門石窟とくに奉先寺洞の諸仏を拝するとき、当時国交の親密であった新羅の石窟庵に想いを走らせ、また、吐含山に登り、石窟庵の諸像を拝するとき遙かに新羅と唐との国交を考え、そして中国の竜門石窟が、その粗型であったことをあらためて認識しなければならない。

注

（1）竜門石窟、石窟庵については、斎藤　忠『石窟寺院の研究』第一書房、一九九九年の中でもとり上げている。

（2）竜門石窟については次のような文献がある。
水野清一・長廣敏雄『竜門石窟の研究』一九四一年
久野　健・杉山三郎『竜門窟県石窟』六興出版、一九八一年
竜門文物保管所『中国竜門石窟』一・二、文物出版社、一九九一・九二年
温玉成「竜門北朝小龕の類型・分期と洞窟編年」『龍門石窟』一、一九九一年

（3）石窟庵については、次のような文献がある。
小野玄妙『極東の三大芸術』一九二四年
『佛国寺と石窟庵』朝鮮宝物古蹟図録、一、一九三八年
米田美代治『朝鮮上代建築の研究』一九四四年
閔泳珪「石窟庵　彫刻の教理背景」『考古美術』二―八、一九六一年
金載元「石窟庵随想」『考古美術』二―八、一九六一年
申榮勳「石窟庵の建築的営造計画」『考古美術』七―七、一九六六年
韓国仏教研究院『石窟寺』韓国の寺刹叢書二、一九七四年
黄壽永『韓国の石窟庵』韓国美術シリーズ、近藤出版社、一九八三年
黄壽永『石窟庵』教養韓国文化史、一九九四年（金禧庚訳による日本版発行、一九九四年）

（新稿）

第五章　東南アジア・東アジアの塔・古墳などの壁画の諸相

一　中国繁塔に見られる求法僧の彫刻について

(一)　はじめに

宋の都であった開封市（河南省）の旧城の東南二キロ離れた国相寺跡の地に「繁塔」(1)といわれている塔がある。繁台という高地に立っているので名付けられたという。この塔は一種の塼塔であり、塼をもって装れている特殊な塔である。中国の仏塔を紹介した多くの本にも記されているが、開封市の繁塔文物管理所による「簡介」には、宋太祖の開宝七年（九七四）に建立されたもので、高さ三六・六八メートルで「六角形楼閣式倣木青磚建築」となしている。この塔の特色は塼（とくに「土編」を用いる）で外装されていることである。しかも、塼の一つ一つに「一仏」がほどこされているのである。「簡介」にいう。

繁塔全身内外遍嵌佛磚、一磚一佛、有釈迦、弥勒、阿弥陀佛、還有菩薩、蜀漢、楽伎等近七千魂、一百多種、千姿百態、形象生動、顕示了宋代芸術家雕刻模制的超人技芸

また一九九九年刊行の魏振中主編による「開封攬勝」(2)にも、

繁塔用不同的加釉灰色方磚砌成。毎磚一尺見方、一磚一像、有釈迦牟尼、文殊、普賢、准提、十二臂観音、十六蜀漢等個性鮮明、相貌迴异的形象趺坐其中。

とある。

図1 中国開封の繁塔

この二文献に紹介されているように一辺三三センチぐらいの塼には、それぞれ仏像がほどこされているのである。二〇〇〇年、私は、この塔を訪れ、あたかも宋代の一大仏画に接するような感動の中にこれらを見たのであったが、図らずも、その一つに特異な図のあることを発見したのである。それは、求法の僧の姿である。

この求法の僧は、何人をあらわしたものであろうか、また、何故仏像群の中に一例だけ、この姿のものを配したのであったろうか。このことと建塔当時の歴史的背景が秘められていないだろうか。私は、このような学究的な意欲をもいだきながら観察したのであったが、ここに、これに関する一文をつづる次第である。

(二) 塼の図像にみられる求法の僧の姿態

求法の僧の姿のある塼は、他の仏像のある塼と同じように、塼の中央の円形のくぼみの中に浮彫りされている。図3は、その写真である。一人の僧が、長い笈箱を背負い、左手には錫杖をもち、右手には長楕円状の一種の団扇に似

たものを持っている。笠は頭部をあらわすために上に遊離しているが、両端に垂飾状のものがあるようである。一見して求法の僧の旅姿である。しかも、その足元に一種の動物状のものが描かれており、その前方には、仏像も画かれている。み仏に迎えられつつ、虎狼の住む西域へ行く姿でもあろうか。

図2　繁塔の塼のあり方

さて、この求法の僧の姿と対比されるものは、玄奘の旅姿である。最も広く知られているものは、慈恩寺蔵の図4である。

ほかに、かつてペリオが敦煌から将来した図像がある。フランスのギメ東洋博物館所蔵のもので、宝勝如来像とある。背負う笈箱、手にもつ錫杖など繁塔のものと共通する。

また、同じく敦煌で発見された玄奘図がある。持ち物は異なるが同じ姿態である。これらをあわせみるとき、繁塔の求法僧の姿は、一般的な求法の僧でなく、やはり玄奘をあらわしたものとみてよいようである。

図3　繁塔の旅姿の僧の図

玄奘について、私は、二〇〇六年十二月に刊行した『求法僧の仏跡の研究』の中に述べている。その伝記などについては、ここでは省略するが、玄奘は唐の太宗帝の時、貞観元年（六二七）八月長安を出立した。そして、西域をへて、インドなどの仏跡に求法の旅を続け貞観十九年長安に戻った。多くの仏典を将来するとともに、訳経事業に貢献し、唯識学・倶舎学を広めた。高宗の麟徳元年（六六四）玉華宮で示寂した。時に六十三歳であった。

㈢　おわりに

宋の時代に建立された繁塔の夥多な仏塼の中に、この玄奘の求法の僧の姿のものがみられるとき、とくに、この繁塔造立の中の歴史的な背景も考えられるのである。

玄奘が、唐代の仏教界に残した偉大な功績は、訳経の仏典などに残されているとともに、その精神・思想・学問は、多くの弟子たちによって継承された。

宋のはじめの頃は、唐の仏教の伝統を伝えており、玄奘に対する讃仰の念は、なお深いものと見られる。繁塔の造立にあたり、仏像を配するとともに、この求法の僧の姿をあらわしたことは、この頃の仏教界の一面を語るものでないだろうか。

図５　宝勝如来像（『大唐西域記』より）

図４　玄奘の求法の旅姿（中国慈恩寺所蔵）

注

（1）繁塔について、常盤大定も『支那文化史蹟』巻五、一九三九年の中に、次のように紹介している。

　塔は、初層大に、二層三層次第に其の大さを減じて、荘重の観を呈する。各層の壁は、各面、寶相花を陽刻せる塼を以て、周縁を作り、其の内に小佛像を刻んだ方塼を、一面に張付け、頗る壮麗の相をあらはす。此の方塼は、其の面に凹陷せる圓龕を作り、其の内に座佛像を高肉彫にした者で、當初の者は、圓龕外に黒碧色の釉薬を施してある。後世補修の者には、釉薬を施した者があるけれども、多くは左様でない。

（2）魏振中主編『開封攬勝』中国国際広播出版社、一九九九年

（新稿）

二　アジアの古墳・石窟・仏塔などの壁画に見られる民衆の姿

(一)　はじめに

中国における古墳や石窟あるいはインドネシアのボロブドゥル、カンボジアのアンコールワット、バイヨン廟などの中には壁画の見られるものがある。人物図もあるが、ほとんどは王侯貴族あるいは、高位高官の姿である。このような中に交じって民衆の姿の描かれたものもある。私は、これらの姿をもとめ、当時の民衆生活の一端を垣間見ようとするものである。

(二)　中国の古墳・石窟壁画に見られる農耕生活の図

(1)　嘉峪関古墳と敦煌莫高窟・楡林窟石窟の壁画

古墳あるいは石窟は、中国においてまことに豊潤なものがあり、これらの中には多彩な壁画が見られ、貴重な研究の資料を提供している。これらの壁画の内容には、古墳の場合その被葬者を中心とした人物・生活図が描かれている。しかし古墳の性格上、社会的に地位の高い人物とその環境の中にある生活図が中心である。

図6　中国嘉峪関古墳の塼の図(1)

図７　中国嘉峪関古墳の塼の図（２）

図８　中国嘉峪関古墳の塼の図（３）

一方、石窟の場合は、仏画を主とし石窟の造営・供養に関係した高位高官の人々が重である。このような壁画において、たとえ高位高官の下に座した人々であったとしても民衆の農耕技術をあらわしたものが、わずかに見られており、当時のこれらの人々の生活の一端を知る上に貴重である。

ここに、私は、その例として嘉峪関古墳・敦煌莫高窟・楡林窟石窟の壁画を紹介したい。

（2）　嘉峪関古墳の塼文様に見られる図

嘉峪関は、甘粛省嘉峪関市の郊外にある。この地は酒泉県の西二〇キロにあたり、南には祇連山が連亙する。明代の万里長城の終点でもある。この地は魏・晋の時代は酒泉郡の統轄下にあり、古墳は、この時代のものである。すなわち年代から見ると四世紀の頃とされている。古墳群のいくつかは、一九七二年から七三年にわたり、嘉峪関市文物管理所によって調査された。その後、『嘉峪関壁画墓発掘報告』（一九八五年）の報告書も刊行された。古墳には失われたものもあり、調査ののち復原されたものもある。

古墳は、玄室・前室・副室などをともなう一種の横穴式の塼築である。しかし、塼には図文が画かれており、壁画古墳でもあり、大きい特色をそなえている。この図様の内容は被葬者である。この地の豪族・地主などの有力者の生活を中心としたものが多い。しかし、これらの中に、牧畜や農耕にいそしんだ人々の姿も画かれている。

私は、一九七七年、これらの古墳を見学したが、とくに復原された塼室内に入って、その図の一つ一つを観察し、あわせて関係の模写図や写真を入手した。ここに、これらの資料にもとづき二、三を紹介する。

図6は、耕地の風景である。一枚の塼を四種の風景で満たされている。向かって左の方（上）は、夫と思われる姿のあとに、婦と思われる姿がみられる。向かって右（下）の二光景は、一人の男性と二頭の牛である。

図7も農地の光景であるが、道具としての一種の「把」（収穫の稲などをかきわけるに用う）の状態がよくあらわれている。九本の歯がある。[1]

図8は、収穫し、山のように積んだ稲を拂っている光景である。農民の使用しているのは、いわゆる「連枷」といわれているものである。すなわち「からさお」である。

これらは、多くの資料の中のわずかな例に過ぎないが、中国における四世紀頃の田園風景の一端を示している。これらの道具は、ながい伝統をもって、現在におよんでいるのである。私自身中国に旅行したとき、これらの道具を使っている光景をよく目にし、いかに強靱なものかと実際に知っている。

(三)　敦煌莫高窟石窟と楡林窟石窟壁画の中の農耕生活の図

敦煌莫高窟石窟と楡林窟石窟については、私は『石窟寺院の研究』（一九九九年）に発表している。

敦煌莫高窟石窟では、その六一窟に、楡林窟石窟にあっては二五窟の中に農耕図が見られる。いずれも、先に紹介した嘉峪関古墳の例と同じく収穫後の光景である。ほかに敦煌莫高窟石窟では、田地を耕やす光景とみられるものもある。

楡林窟石窟については、金毓黻に「従楡林窟壁畫耕作圖談到唐代寺院經濟」の論文があり、この耕作図によって唐代寺院の経済を論じたものであるが、この時代の農耕生活を知る好箇の資料である。

（1）　敦煌莫高窟の図

莫高窟六一窟のものは「中国石窟」『敦煌莫高窟』五にもカラー図版で紹介されているが、南壁の弥勒経変図の中に画かれているものである。その南壁には曹氏家族女供人の絵もあるが、これに関係したものとも思われる。

（2）　楡林窟の図

楡林窟二五窟の北壁の弥勒経変図の中に見られる。中国石窟『安西楡林窟』の中にも紹介されているが、この解説文に次のように記されている。

図中下部的耕獲図、説的是在弥勒之世、播種一次可以收獲七次、即所謂〝一種七収〟、是一個人民安楽、不愁衣食的絶妙世界。作者不可能画出同時收獲七次的場面、只是如実地描絵農家耕種与收割的生産労働図景、

(四)　カンボジアのアンコール・トムのバイヨン廟の壁画の中の民衆の生活の諸相

カンボジアにはアンコールワットをはじめ、多くのすぐれた石造遺構が保存顕彰されている。これらについては、私はいくつかの著書の中で実地見学の成果を発表しているが、とくに、印象の強く刻まれている壁画がある。

（1）　アンコールワット付近のバイヨン廟

この壁画は、一二世紀末のものとみられている。すなわち、第一回廊の東回廊南側、北側・北回廊東側、西側・西回廊北側、南側・南回廊西側や、第二回廊の南回廊東側、西側・東回廊南側、北側・北回廊東側、西側・西回廊北側、南側などにあるもので、賦役されているとみなされる一般民衆の労働する姿が、生き生きと描写されている。また、彼らのありのままの生活図の場面もみられる。ことに、周知されているものに、闘鶏の図がある（図10）。ここには、民衆の娯楽の一ときが巧みに表現されている。しかし、強く印象づけられるものは、やはり同じ側にみられる労働のさまざまな姿態である。天秤棒を肩にして、重いものを運搬する一人の男性は、後方に従う男性をふりかえって、何かをささやくごとくである。いずれも裸身で褌で下半身を掩うだけである。

図９　カンボジアのバイヨン廟

図10　バイヨン廟の闘鶏の図

また、さまざまな道具を手にしながら歩む一群の男女の労働者の姿がある。この群の中に、男女の一組の姿が目に付く。男性は、頭上に何物かをのせ、両手で支えて歩んでいる。その後ろに随う女性は、両手に布のようなものをもって男性の背中にあてている。

この情景で考えられることは、恐らく二人は、夫婦であり、婦が夫の背中の汗をふきとっているのであろう。カンボジアの風土でしられるように、炎天下のもとでの労働であり、働く人の裸身の背中に汗が流れていたにちがいない。しかも、両手で頭上のものを支えている夫は、これを拭きとることもできない。婦は、夫に寄り添うように、随い歩き、その汗をふきとっているのである。

およそ、世界のこの頃の壁画の中で、このような美しい夫婦愛を描写したものがほかにあるであろうか。さきに述べた王者の華麗な宮廷生活図や、民衆の貧しくしかも飾りのない夫婦愛のあらわれている生活図。この二つの印象的な壁画に、私はクメール文化の基層の一段面を垣間見ることができるように思われてならない。

（2）　ボロブドゥル・アンコールワットの仏塔の壁画の中の船乗りの人々

インドネシアのボロブドゥルは八〜九世紀における、一大仏塔である。カンボジアのアンコールワットはまた十二世紀の一大仏塔である。そして、ともに東南アジアにおける世界文化遺産として保存顕彰されているが、さすが、その壮大にして、かつ複雑な巧妙な構造と壁画にほどこされた多彩、豊潤な画は驚嘆すべきものがある。

この二大仏塔については、多くの文献が、日本でも発表されている。とくに、絵画についても写真集あるいは拓本集がある。これらの中の紹介は、壁画の主題ともいうべき仏教的な内容のものであり、そして仏教信仰者たちの、王侯たちの宮廷生活図でもある。この種のほかに、稀少ではあるが、民衆の姿があらわれているものがある。

私は、ここに海を航海する船乗りの人々の活動的なものを紹介する。

ボロブドゥルの壁画の中の関係の図（図11）は、第一回廊に見られるものである。船行の図であり、そこには八人

図11　ボロブドゥル壁画の船を操る人々

ほどの人が、船上にある帆柱のようなものを立てているものと見られ、一人は海上に竿のようなものを入れている。人々のそれぞれのたくましい表情がよくあらわされている。

アンコールワットの壁画には、船乗りの人々の活動的な姿が見られ珍しい。

アンコール・ワットは、第一・第二・第三回廊から成っている。十二世紀前半の営造とみなされているが、この

中、第一回廊は、南北一八〇メートル・東西二〇〇メートルにわたる長廊であり、その西面南側・南西隅・西面北側・南面西側・南面東側・東面北側・北面東側・北面西側・北西隅などにヒンドゥ教関係の神々にちなむ宗教的な伝承や、王の功績をたたえた歴史的な物語などの図がほどこされている。ここに紹介する一場面は、南面西側にみられるものである。この壁画には、アンコール・ワットの建設者であったスーリヤ・ヴァルマン二世（一一一二〜一一八二）の功績を賞賛する歴史的な物語に満ちているが、この中に、この光景が見られる。

図12　アンコールワット壁画の漁業の図

この図には、投げ網のようなものを使用している動きのあるものがある。向かって左端の人物は網を海上に投じており、他の一人は網を上にあげ、まさに投げこもうとしている（図12）。

また、船上で四人の人物が手を振りつつ踊っている。一種の楽器も見られる。大漁を喜んでいるのか、彼らの愉悦の一コマでもある。

注

（1）関野　雄に「新耒耜考」『東洋文化研究所紀要』第十九冊、一九五九年がある。

（新稿。なお、一部は「アンコールワット等壁画の王者と庶民」『環太平洋文化』一〇・一一、一九九五年に発表している。）

三　私の見た高句麗の古墳壁画

(一)　はじめに――私と高句麗壁画古墳との出会い――

高句麗の壁画古墳は、私にとって、これまでのながい学問研究の道程の中で、最も魅力を覚え、最も強く研究の意欲を燃やした分野であった。そしてまた、最も早くから見学できた対象でもあった。南浦市江西《こうせい》区域三墓里《さんぼり》の大墓《たいぼ》・中墓《ちゅうぼ》には、一九三六年に訪れている(図13)。恐らく、現存する人々の中で、最も早く見学できた一人でなかろうか。

あわせて私は、一九三八年に中国集安《しゅうあん》の通溝《つうこう》の四神塚《ししんづか》の内部に入り、すばらしい壁画に感動したこともあった。これまた、最も早く訪れた一人でなかろうか。その後、幸いにも、通溝に一九八五年、再び訪れ、また、朝鮮民主主義人民共和国(以下、北朝鮮と表記)には、一九八七年を第一次とし一九九五年第二次、さらに一九九六年からは開《かい》城《じょう》郊外の霊通寺《れいつうじ》跡の調査に関係したこともあって、数次にわたって訪れ、その間、社会科学院の好意により、各地の壁画のある古墳も見学し、写真を撮影することができた。

このような見学は、私の考古学的な研究に大きく役立ったのである。その成果の一端については、二、三の著書にまとめることもできた。ここに、これらをもととし、「私の見た高句麗古墳壁画」と題し、とくに私が研究のテーマにした、いくつかの課題についてまとめようと思う。

図13　江西大墓・中墓（1936年、筆者撮影）

(二)　壁画のある古墳の内部形式の種類と壁画の内容

(1)　古墳の内部形式

まず、壁画をもつ古墳の内部の形式と壁画の種々な図柄について整理する。高句麗の壁画のある古墳は、その都のあった北朝鮮のピョンヤン市、南浦市の周辺などや中国吉林省集安市通溝の地域に存している。

いずれも盛土による墳丘を備えているが、壁画のある石室の構造は複雑であり、多くの形式から成っている。私は、かつて、これにつき七型式に分類したことがあった（図14）。

その第一形式は、羨道、前室に三複数室をそなえたものと棺室より成る玄室などにわかれている。北朝鮮の黄海南道安岳郡五菊里の安岳三号墳などがそれであり、四世紀の前半の頃から発達した。第二形式は、羨道と玄室からなり、天井部は持送り式になっている。七世紀前後のものに見られる。南浦市江西（遇賢里）大墓・中墓などがそれである。このような推移の経過の中には、前室にさらに側室をそなえたもの、あるいは八角形の大きい柱が立つものなど複雑なものも発達し、また、天井部にも、持送り式のほかに上方にのぼるにしたがって四方をしだいにすぼめ、上に平らな天井をのせたものなども発達した。

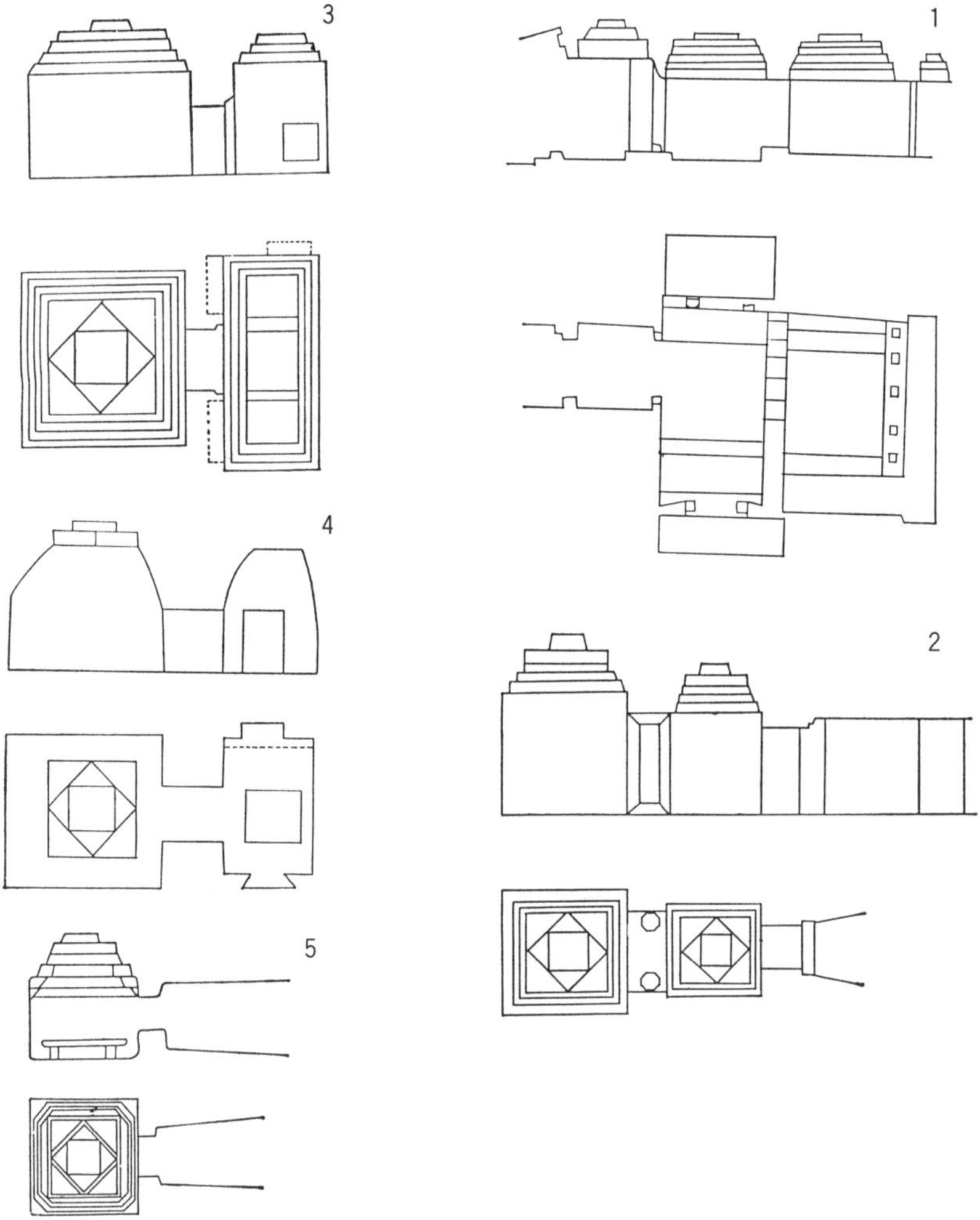

図14　壁画古墳の石室図

（1：安岳3号墳、2：双楹塚、3：肝城里蓮華塚、4：龕神塚、5：江西大墓）

以上述べた複雑な形式の発達の背景には、中国の古墳はもとより、仏教石窟などの形式の影響もあったが、高句麗人のもつ、すぐれた建築技術の一端が発揮されたとみてよい。

（2）古墳壁画の内容

壁画の内容は、まことに多種多様である。その主なるものについて述べるが、一応次のような種類にわけることも便宜である。

一　被葬者の肖像画的なもの
二　奉仕の人物・儀仗・行列をあらわすもの
三　武人・力士・騎馬像・馬を牽く姿、狩猟の図や戦闘の光景をあらわすもの
四　城郭・楼閣・家屋・車馬をあらわすもの
五　宴飯・供餐・厨房・相撲・流鏑馬・歌舞などの生活風習をあらわすもの
六　日月星辰・四神をあらわすもの
七　神仙・天人・奇禽・奇獣などをあらわすもの
八　文様的なもの
九　その他のもの

また、これらの絵画の顔料も多彩なものがある。

(三)　角抵塚壁画の虎と熊――檀君神話への照射――

(1)　虎と熊図の発見

一九八五年、私は中国の吉林省集安市通溝に行き、角抵塚《かくていづか》の内部に入り壁画を見ることができた。角抵塚は、日本では池内宏博士による大著『通溝』(一九三八年)の中にも紹介され、早くから知られているものである。その古墳の名称は壁画の中に角抵すなわち相撲の図があることにちなんだものである。この図は西南に面する奥室の西北奥壁にある。相撲の図を中心として、これを見ている老翁が画かれ、さらに向かって左の方には樹木の根元に動物が画かれているのである。池内博士は、これらについて、次のように説明している。

傍には肢體を杖に寄せて勝負如何にと視守る白髪長鬚の老翁があり、一方大樹の根元に蹲ってゐる一匹の犬さへ競技の傍観者たるが如き様子を示してゐる。洵に長閑な光景である。此の塚に對する吾人の命名は之に據ったものに外ならぬ。(中略)上に嬉戯する禽鳥と共に、画面の光景に一層長閑な情をしている。

これによってもわかるように、樹木のもとの動物を、一匹の犬とみたのである。私は、この部分をつぶさに観察したが、かなり磨損しているとしても、一匹の犬でなく、樹木の左右に立つ熊と虎であることを認めたのであった(図15)。池内博士の述べているように一匹の犬とし、犬も相撲の光景を見ているとすれば、樹木の枝に止まっている鳥の群れとともに、いかにも、のどかな自然界を描写しているものとして首肯される。しかし、熊と虎では、この情趣から遠ざかるものがある。ところが実は、高句麗の国家の生成の伝承と大きい関係がある重要な二匹の動物なのである。

（2）　高句麗の檀君王倹に関する伝承と熊と虎

高句麗の国家の創立に関してはいわゆる檀君神話がある。そして檀君の父であり神である桓雄《かんゆう》天王が登場する。すなわち、桓雄天王が、部下三千をひきつれ太伯山《たいはくさん》の頂上の神檀樹の下に降りて人間を教化した。そのとき一頭の熊と

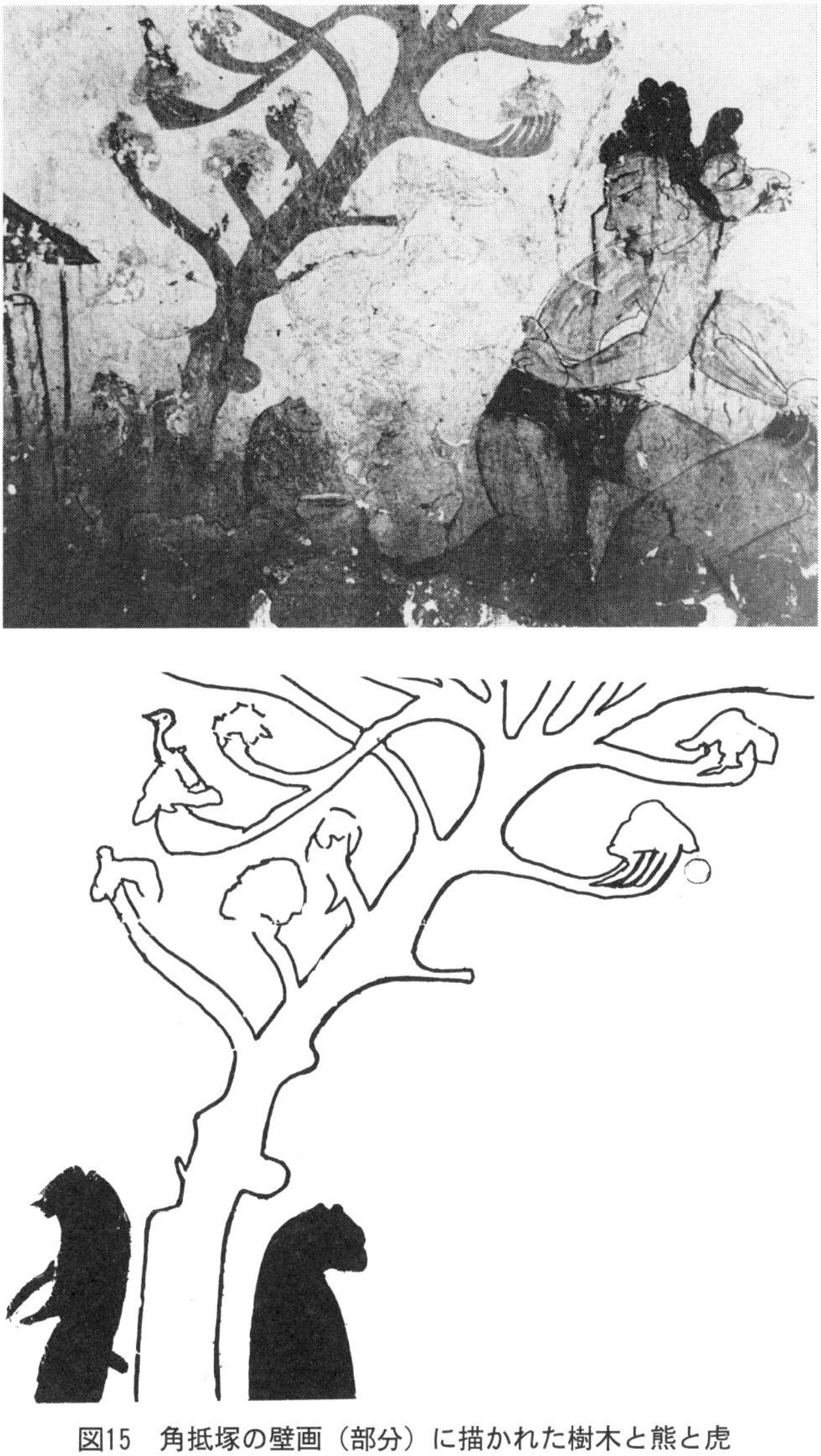

図15　角抵塚の壁画（部分）に描かれた樹木と熊と虎

一頭の虎とが同じ穴に住んでおり、この天王に祈って人間になりたいといった。天王は霊妙な艾一握りと蒜二〇個をあたえたが、熊と虎とはこれを食べ物忌みしようとした。しかし、虎は物忌みできず、人間になれず、熊が変じて人間となり、女性となった。天王はこの女性と結婚し子を生んだ。これが檀君王倹《おうけん》であるという。

この神話のなかで、神檀樹に降りたときに一頭の熊と一頭の虎がおり、熊が人間となり檀君王倹を生んだという内容は意義深いものがある。ちなみに、檀君は尊称であり王倹は、その名である。

熊と虎とは、このように檀君神話の中の重要な動物であり、壁画の中の樹木の根幹の左右に立つ二匹の動物は、これとむすびつけられる深い意義をもったものである。これとあわせて、この樹木もまた、神聖な樹木であることが首肯される。

（3）　檀君神話に対する従来の学説

一つの国の成立の場合、これにちなむ伝説がともなうことが普通である。これは、神話として尊重されるものである。高句麗の場合の檀君神話も、その一つである。

この神話については、その研究をめぐって多くの考察が発表された。そして共通した見解として、後世のものとする考えがあった。

檀君神話は、韓国の学者により、新しい視点のもとに、神話学・民族学・民俗学・宗教学などの立場から新鋭な研究が進められてきた。

金両基氏の檀君神話についての一連の研究も示唆に富むものであり、氏はこの神話について、歴史事実という言葉を使わず信仰的事実という言葉で表現し、この神話は高麗初期に突然生まれたり拡大解釈されたものでなく、古くから広く信仰されていた信仰的事実であったとしている。そのほか、金秉模氏のように、韓国には天孫神話と卵生神話とが伝承され、そのうち、天孫神話は北方遊牧民系神話とする考え、千寛宇氏のように、この神話は、古シベリア系

とツングースアルタイ系の融合を語っているとする考えなど、その祖系をたどるすぐれた見解も発表された。また、都珖淳氏のように、檀君神話は神仏思想の象徴的表現であるとする説も発表された。

(4) 角抵塚の壁画によって知られる檀君神話の強靭な伝承

檀君神話については、多くの学説が展開されてきたが、角抵塚の壁画に熊と虎との図があることは、神聖な樹木とみられる表現とともに、この古墳の築造された四世紀の頃、すでに高句麗の人々の間に、この神話に関連する内容のものが語りつがれていたことを証明するものであろう。のちに述べるように、相撲の力技も単なる娯楽でなく、神聖な行事をあらわしたものとみなされる。そして樹木（神檀木）とともに熊と虎とを、とくに表現したのも、単に山野に棲息する自然界の動物をあらわしたものでなく、国家成立にともなう檀君神話と認識し、この中の重要な二匹の動物を配したものなのである。

このことを考えるとき、檀君神話は、かつて、日本の先覚の考証したように「あまり古くない」というような考えは、あらためられなければならないのである。

(四) 壁画に見られる日・月と天空

(1) 支石墓社会にあった星辰信仰

高句麗人には、天を祭る思想があった。中国の史書「魏志」の中には、高句麗について述べ「十月を以て天を祭る。国中大会す」とある。天を祭る儀式を行ない、人々は大きい集会を開き、重要な国事をも決定するのである。このことによっても、天体あるいは日・月や星辰に対する信仰のあった一面も知られるが、このような思想は、早く国

家成立以前、支石墓の営まれた頃にもあったようである。

一九九五年に私が訪れたピョンヤン市郊外の竜谷里《りゅうこくり》にある支石墓には、その天井に、七、八個ぐらいの小穴がうがたれていた（図16）。この種の例はほかにもあり、北朝鮮の学者も研究して例をあげているが、星座を表現したものと考えてよい。恐らく、内部に安置された遺骸は、その上方に星空を仰ぎ見つつ死の世界に旅立つように考えたの

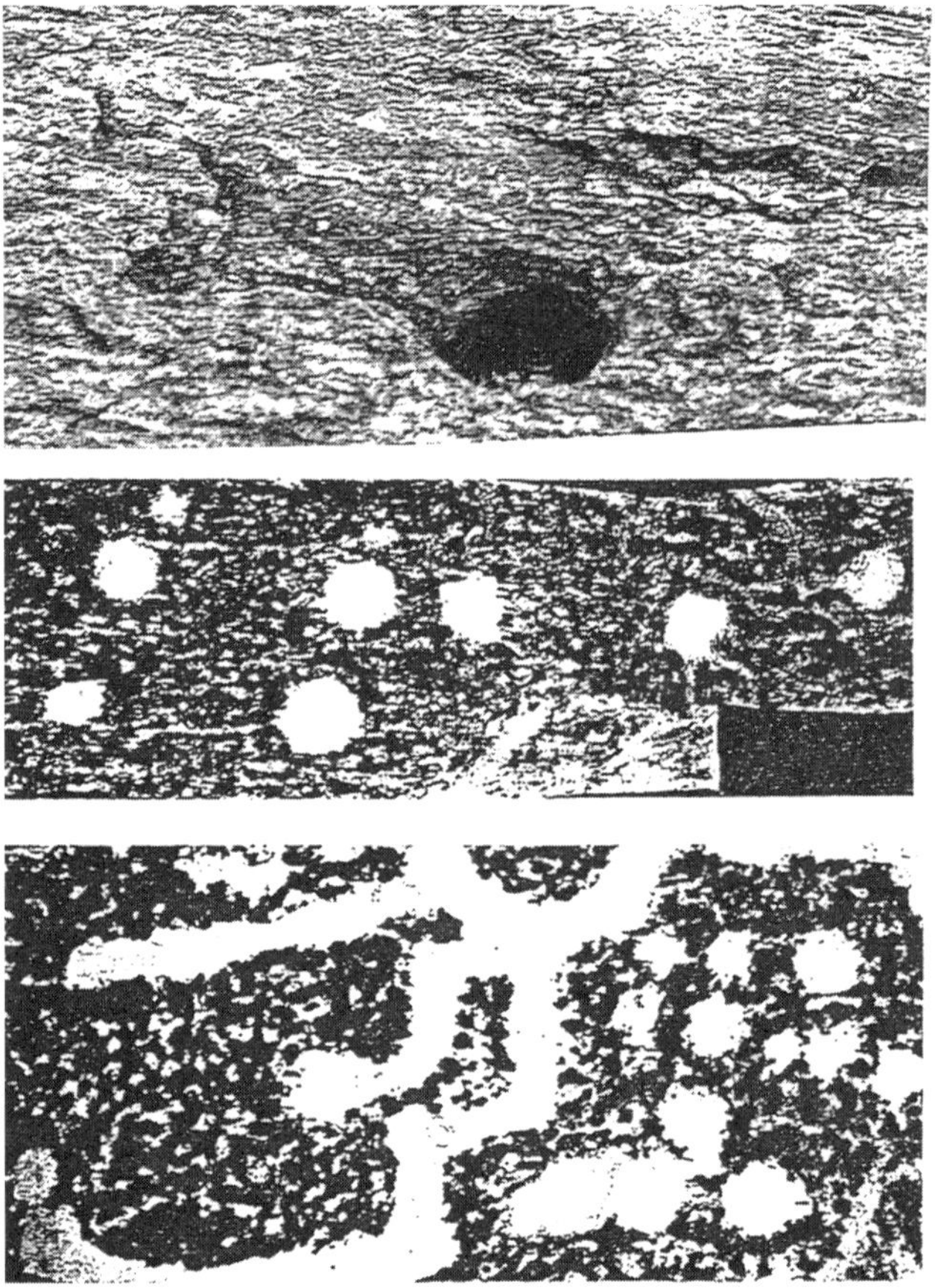

図16　竜谷里の星象彫刻の支石墓
（上は筆者撮影、下の２図は朝鮮民主主義人民共和国社会科学院提供）

図17　蟾蜍の表現方法
上段（左から）舞踊塚・徳興里古墳・双楹塚
下段（左から）角抵塚・徳花里２号墳・五盔墳４号

でなかったろうか。

（2）古墳壁画に見られる日・月の表現

高句麗人の祭天思想の反映は、とくに古墳の壁画にもよくあらわれている。玄室の中は、天空であり、日・月が光を放っているようにもみなされるものがある。また、雲形文なども装飾的な図文ではあるとしても、天空をも思わせるものがある。とくに、顕著なものに、日・月がある。しかもこれらは、古代の中国の思想にもとづき、円文の中に動物をあらわしたことにより象徴される。すなわち、踆烏（三本足のからす）を入れることによって日、蟾蜍（ひきがえる）を入れることにより月をあらわしている。しかも、これらの姿体も多様である。ここに蟾蜍をあらわしたものの図を集成したので紹介する（図17）。

（3）徳興里古墳の天体図

このような、天空を表現したもので、最も神秘かつ壮麗であるのは、徳興里《とくこうり》古墳のものである（図18）。日象をあらわしたものは前室東側天井部に見られる。内部は鳥であり、その周辺も鳳凰とみられるものをはじめ、天空の神秘さをあら

わす。月象をあらわしたものは同じく西側天井に見られる。これもまた、雲文・天人図など幽玄な世界をあらわす。

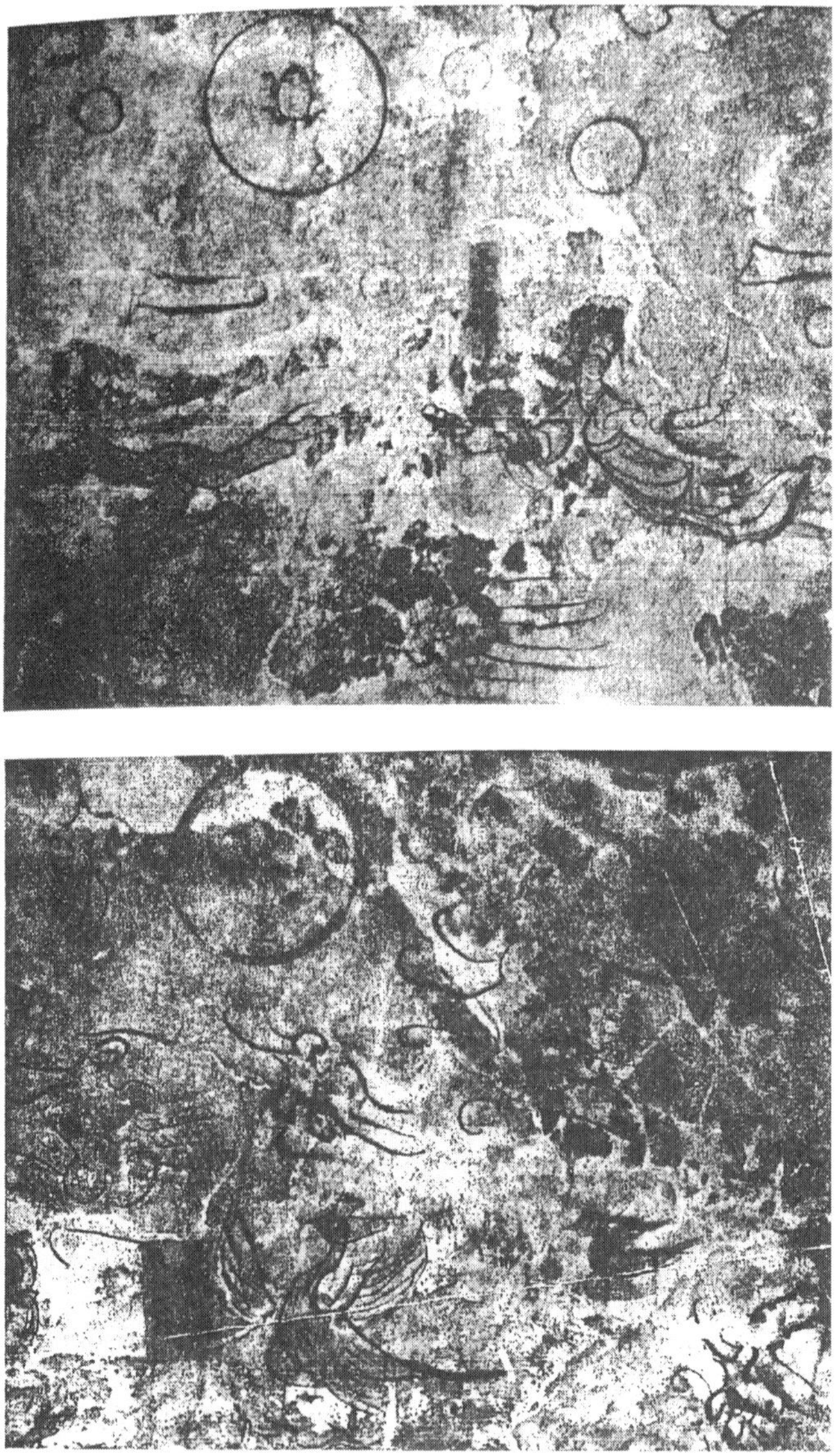

図18　徳興里古墳の日・月を中心とした天空図（筆者撮影）

(五)　壁画に見られる四神図

（1）　四神思想と中国

四神とは、玄武・青龍・白虎・朱雀（朱鳥）である。古代中国では、これらを天地四方に配して陰陽を順調にさせるとともに、不祥をしりぞけるという思想が早くから発達した。

四神については、多くの古文献にも記載され、その重厚な思想の展開が知られるが、考古学の資料もまた豊潤である。たとえば、漢代の画像石や鏡の文様にもあらわれており、その後のものにおいても北魏や北周の石棺などに見られ、つづいて隋、唐をへて宋代の石棺などにもほどこされ、その強靭な伝統を伝えている。

（2）　高句麗古墳壁画の四神図とその姿体

高句麗においても、この四神思想があり、多くの古墳の壁画にほどこされている。とくに中国の吉林省集安市通溝にある古墳には、その名称も由来する四神塚をはじめとし、通溝一七号墳などにある。北朝鮮においては、梅山里《ばいざんり》四神塚、湖南里《こなんり》四神塚、真坡里《しんはり》一・四号墳、徳花里《とくかり》一・二号墳、鎧馬塚《がいばづか》、薬水里《やくすいり》古墳、双楹塚《そうえいづか》、江西大墓、中墓がその例である。

その姿体も多様であるが、私のまとめた図で紹介する。

（3）　四神図の各形式

四神図も玄武・青龍・白虎・朱雀（朱鳥）を仔細にみると、それぞれ形式を異にするものがある。この中でも青龍

は各古墳とも比較的鮮明なものが多い。

青　龍

青龍は、中国の南北朝時代や隋、唐の時代に見られるものより蛇身状の形態を示す（図19）。すなわち、胴体は長く蛇体のようで、その先端はやや反転している。頭部に一角または二角をもち、口を開けて長い舌を出し、頭部・体部に羽毛状のものが派出している。前肢と後肢があり、肢先の鈎爪も鋭い。前肢は前に出し、飛龍のようである。

一角のものは三室塚《さんしつづか》に、二角のものは江西大墓・中墓、安岳三号墳、湖南里四神塚などに多く、むしろ二角が通有の形式とみられる。体部には鱗状をあらわすものが普通だが、いくつかの横縞状の平行線で区切ったものや、斑点状のものなど、いろいろな形式がある。

白　虎

白虎は胴体は長く蛇体で龍体と同様の姿態をしている（図20）。これは中国古代においても共通するものである。四肢なども青龍と同一である。しかし、舞踊塚では胴体は龍体と似せながらも、四肢の状態は疾駆する虎を思わせる。江西大墓・中墓のものは、最も躍動的にかつ細かく表現されている。ことに頭部は目をいからし口を開け歯牙もはっきりとあらわしている。中墓のものは、舌が大きく爪も鋭く前肢を高くあげ、獰猛な虎の特性をよく発揮している。

玄　武

玄武は亀蛇である。亀そのものをあらわすことはなく、蛇がとりまき亀と蛇とが一体化している（図21）。これも中国のものと同じ形式で、この影響によるものであるが、亀の姿体は、甲を亀甲文にして特色をあらわす。しかし、脚はかなり長く獣類の脚を思わせる。三室塚や江西中墓はこの例である。蛇の巻き方には種々の変化がある。亀の胴体に、ひとまわりとり巻いて外の上方で交転させるもの（江西大墓）、その交転も一まわりのなかに二まわりあるも

図19　青竜図

（1：三室塚、2：舞踊塚、3：湖南里四神塚、4：長川１号墳、
5：梅山里四神塚、6：真坡里１号墳、7：通溝四神塚、
8：通溝17号墳、9：江西大墓、10：江西中墓）

の（三室塚）、亀の胴体に二まわりまくもの（江西中墓）、亀の胴体には一まわりだけからみ巻くが、上方の外部ではこの交転屈曲にきわめて複雑なもの（通溝四神塚）などがある。

また、亀の頭部と蛇の頭部との接近のあり方も、亀の頭部が正しく向き、これに蛇の頭部が接近するもの（江西中

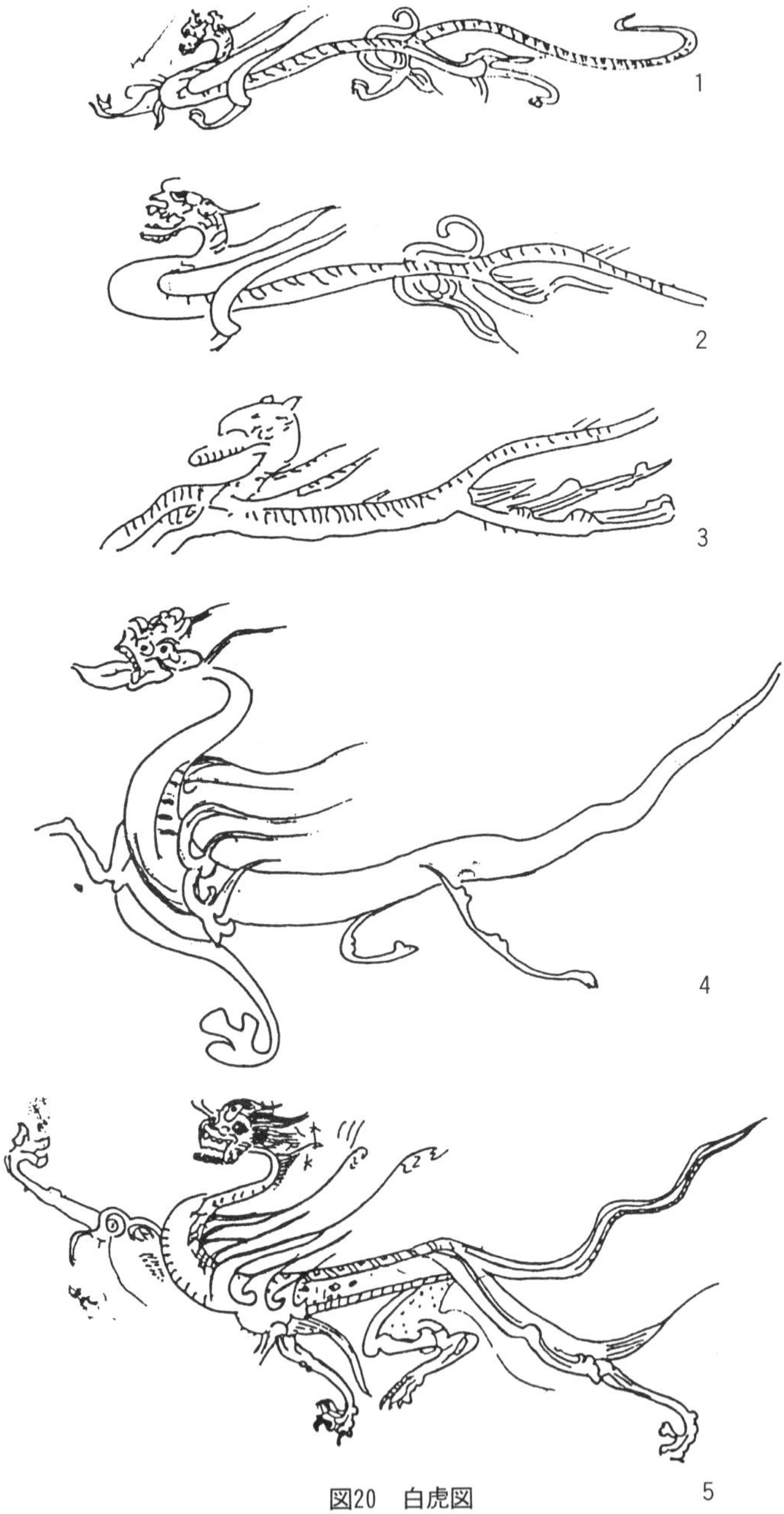

図20　白虎図
（1：蓮華塚、2：三室塚、3：舞踊塚、4：江西大墓、5：江西中墓）

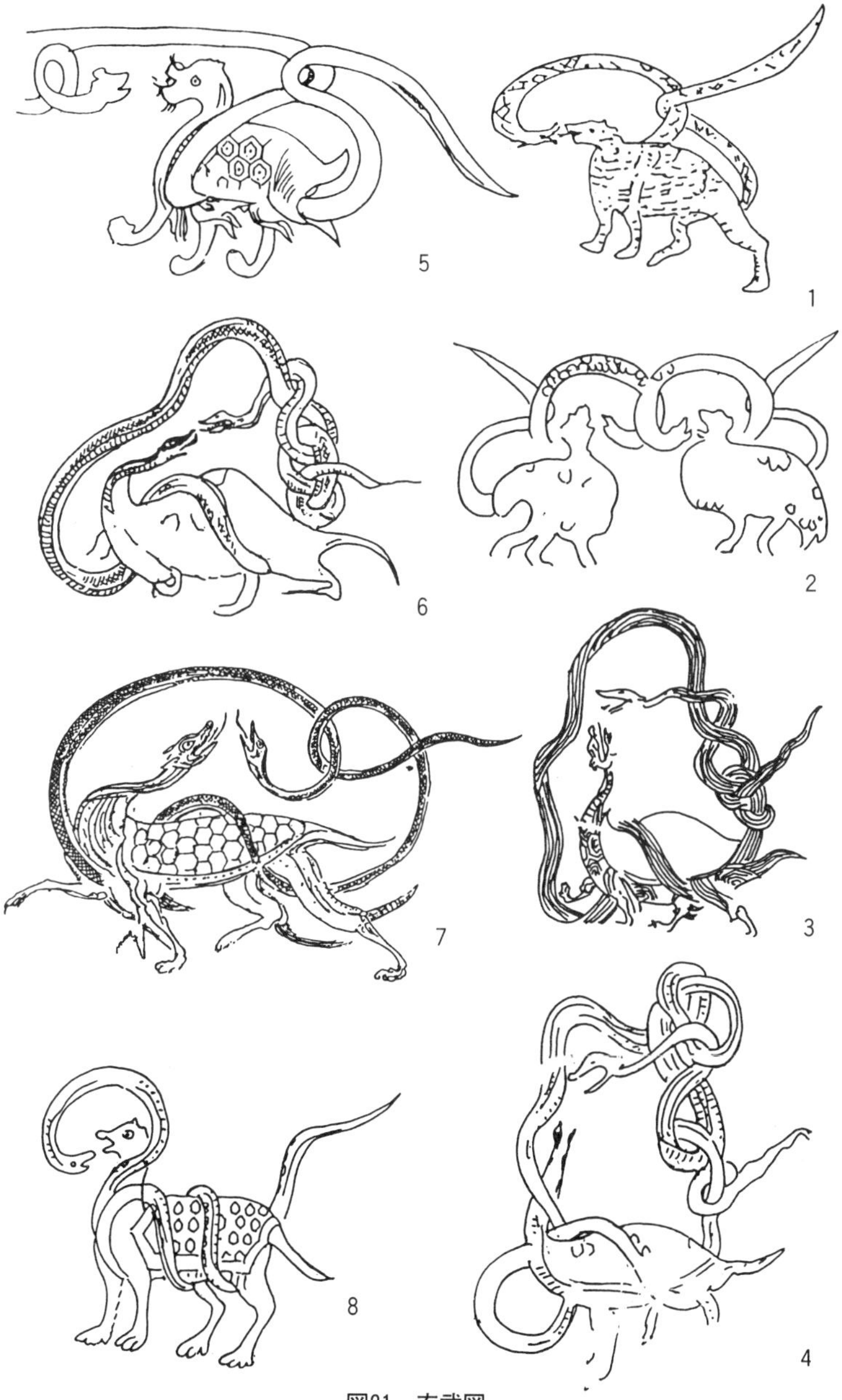

図21　玄武図

（1：薬水里古墳、2：梅山里古墳、3：五塊墳 4 号墳、4：通溝西崗19号墳、5・6：通溝四神塚、7：江西大墓、8：江西中墓）

図22　朱雀図

（1：薬水里古墳、2：舞踊塚、3：梅山里古墳、4：三室塚、
5：双楹塚、6：江西大墓、7：江西中墓）

墓・三室墓）、亀の頭部が後ろをふりかえってもちあがり、これに蛇の頭部が接近するもの（通溝四神塚・江西大墓）などがある。

朱雀（朱鳥）

朱雀は鳳凰の姿にも似ているが、羽翼・翼は大きく、頭部上には鶏冠状のものをあらわす（図22）。静止の状態のもの（舞踊塚・江西大墓・中墓）と飛翔の状態のもの（梅山里古墳）がある。飛翔しているものは、隼の如く、いかにも勇猛な姿態をあらわしている。最も整った形式を示すものは、江西大墓・中墓のもので、頭部の鶏冠状の形も雄大で、一本の角状突起もあらわれている。

(六)　壁画から見た仏教信仰

(1)　高句麗の仏教

高句麗の仏教は、百済・新羅より早く発達した。『三国史記』によると、十七代の小獣林《しょうじゅうりん》王二年（三七二）夏六月、中国の前秦王苻堅《ふけん》が僧侶順道《じゅんどう》をつかわし、仏教・経文をもたらし、王は使をつかわして謝し万物を貢したという。つづいて四年には、阿道《あどう》が来たり、同五年二月には、はじめて肖門《しょうもん》寺を作って順道を置き、また伊弗蘭寺を創立して阿道を住まわせたということが、『三国史記』（第十八高句麗本紀六）に「比海東仏法之始」と記されている。この後十八代の故国壌《ここくじょう》王九年（三九二）三月には、教を下して仏法を崇信し、福を求め、仏教の信仰が求福という現実的な願いに関係づけられ普及したことも考えられる。つづいて十九代広開土《こうかいど》王に至って、平壌に九寺を創建したというが、現在ピョンヤン市郊外には上五里《じょうごり》廃寺《はいじ》跡・定陵《ていりょう》寺《じ》跡・金剛寺《こんごうじ》跡などの寺院跡が残っている。塔は、八角の基壇の上に設けられた八角塔とみられ、寺院建築の上にも特色を示している。高句麗の仏教の背景には北魏仏教の

影響があったものとみられる。

このような発達の中で特筆すべきことは、高句麗の僧の中で早くスリランカの仏教を学んだ人物がいたことである。その名は玄遊《げんゆう》で、このことは、唐の義浄《ぎじょう》のあらわした『大唐西域求法高僧伝』の中にみられる。

（2）　壁画の墓誌銘にある文字

このような高句麗の仏教の信仰は古墳壁画の中にも、墓誌銘の文字にも、あるいは、人物図にもあらわれ、その信仰を見事彩やかに描写しているのである。まず、墓誌銘の文字を見よう。南浦市江西区域徳興洞にある徳興里古墳の前室から玄室に通ずる入口の上壁に、次の銘文が墨書されている。

□□郡信都𨛦都郷□甘里
釋迦文佛弟子□□氏鎮仕

これによると、鎮《ちん》なる人物が被葬者である。

鎮なる人物について重要なことは、釈迦文仏弟子であったことである。ちなみに「釈迦文」は、釈迦牟尼、釈迦、釈尊、世尊と同一の意味である。

この被葬者鎮が墓葬されたのが、四〇八年であり、仏教がこの国にもたらされてから、あまり多くの歳月が経過していないときである。そのときすでに「釈迦の弟子」として鎮なる人物は仏教の信奉者であった。

（3）　仏像的な表現と僧侶の図

被葬者すなわち墓主とその脇にある獅子像などの図が仏像と同一形式であることも、高句麗古墳壁画に見られる特色の一つといってよい。その例は、長川《ちょうせん》一号墳に見られる。この古墳は五世紀の末頃とされているが、行楽図・狩猟図・舞踊図・角抵図など、豊富な題材により、天井部には蓮華文をはじめ、のちに述べるように菩薩像に近似した

図23　長川１号墳の墓主図と菩薩像

ものや飛天文など仏教的要素が多様に含まれ、被葬者が篤く仏教を信奉していたことが知られる。

さらに、特色を示すものは、前室東壁（古墳はほぼ西に入口を向ける）すなわち玄室に入る部分の壁の天井部にある高壇上の人物図である。両手を組んで胸上に按じて端座する。この高壇も須弥壇にふさわしい。左右に獅子が侍する。人物の後方には、一種の光背が画かれている。明らかに仏像の形式である。しかも、この向かって右上には、飛

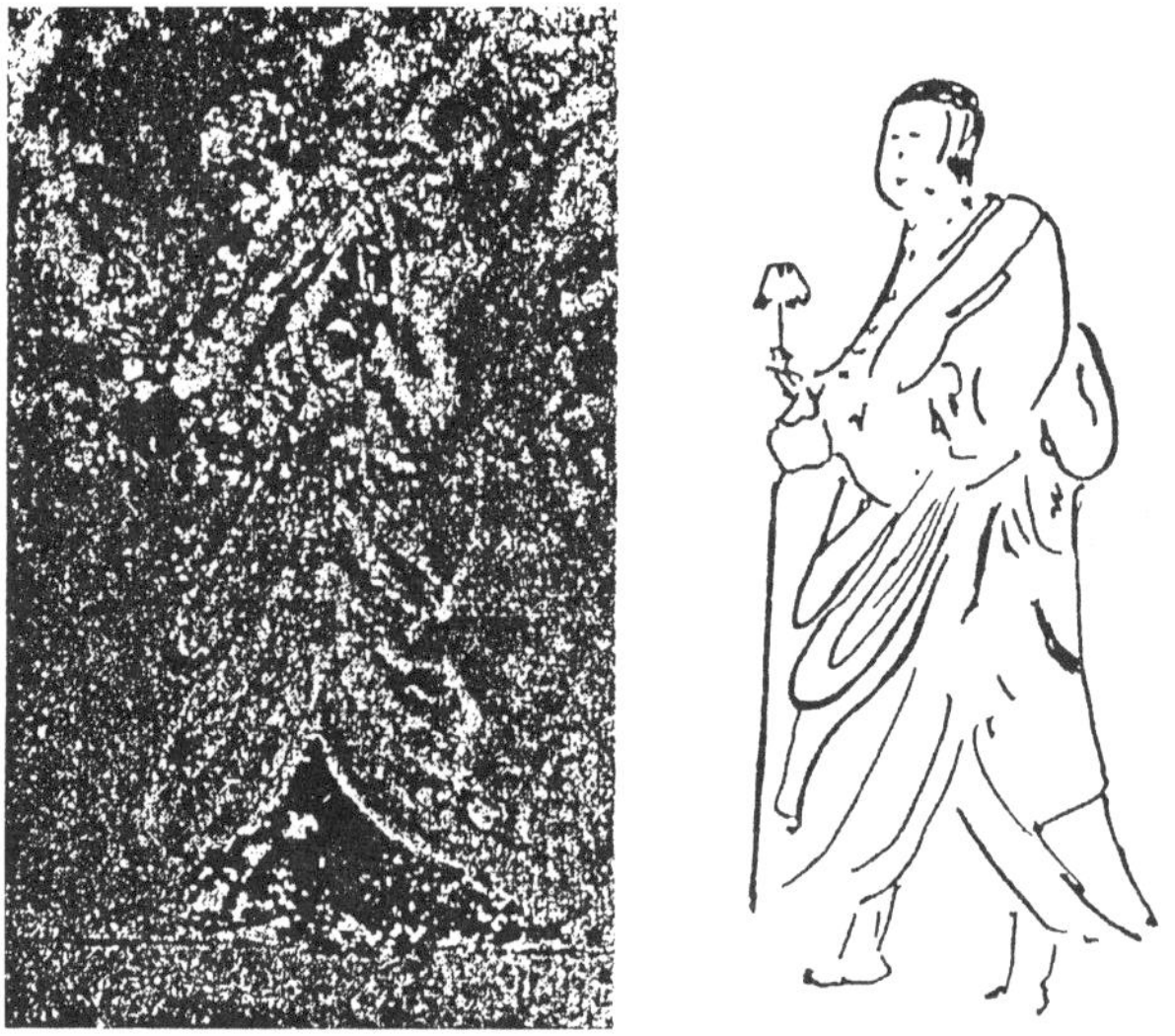

図24　双楹塚に描かれた僧侶の姿（『朝鮮古蹟図譜』より）

図25　舞踊塚に描かれた僧侶の姿（『通溝』より）

天の姿体も画かれ、脇にはひざまずいて礼拝する人物や蓋をもって侍立する人物が画かれている（図23）。

（4）　行列の中の僧侶・墓主と対坐する僧侶

行進の行列の中、墓主が対坐している相手の人物が、一見して僧侶でないかとみられる図がある。たとえば双楹塚では、玄室の東壁に画かれている行列図である。

関野貞は「東壁には九人の立像を写せり。悉く墓の主人公に向い供礼をなせるが如く、中に僧侶も混ぜり」（『朝鮮古蹟図譜』譜解説）と述べているもので、先頭から二番目に他の人物に比して大きく画かれており、手に払子のようなものをもっている。その衣文の具合などから見ても、早く博士がみとめたように、僧侶とみてよい（図24）。

また、舞踊塚には、玄室の奥壁に墓主とみられる侍坐する人物が供献する小童を侍らせ、後ろに侍女をひかえさせているが、この墓主と対応する二人の人物が、同じ大きさで画かれている（図25）。『通溝』の中には、この二人の人物について、「他の二人は束ねざる頭髪を露はし、服装は黒色の長衣の下に襞の多い燈籠褌子式の袴を纏られている」と述べ、「恐らく僧侶或は道士であろう」としている。あるいは道士ともみられないこともないが、双楹塚のものと対比するとき、やはり僧侶をあらわしたとすることが穏当である。

(七)　壁画に見られる風俗の一面
――男性の冠帽――

（1）　風俗史を知る上の重要な資料としての壁画

高句麗古墳の壁画の一つの特色は、男性女性ともに、その姿容が画かれ、当時の服装を生彩にあらわしていること

である。各国の風俗の歴史を考える場合、立体的な像容を示した陶俑、あるいは絵画資料が重要であり、これらは、文献の記載を具体的に表現しているのである。この場合、高句麗の古墳の壁画の中に、多くの人物図がみられ、しかも、これらに色彩がほどこされ、何らの誇張もなく、ありのままの姿をあらわしていることは、東アジアの、この種の資料の中でも異彩を放つものである。

現在、ピョンヤン市の国立博物館には、これらにもとづいて実物大の人形も復原されているが、これらに接するとき、あたかも現実に、高句麗人に対したような錯覚も抱かれる。

（2）　服装の一端としての男子の冠帽

ここには、高句麗人の服装を知る一端として、壁画にあらわされた男性の冠帽を紹介したい。古代中国の服装については、かつて、原田淑人博士による、『漢六朝の服飾』（一九三七年）、『唐代の服飾』（一九七〇年）があり、漢・六朝・唐の時代の服装が知られるが、高句麗の場合、六朝のものに類似していることが考えられる。六朝には、冠帽関係として、祭服・朝服として冠があるが、ほかに広く用いられているものとして帽があり、幘《さく》といわれるものがある。これは、冠り物として、額の上に鉢巻状に付けられ、頭髪の乱れを防ぐものという。高句麗人そのものの冠帽関係については、『魏書』の巻十列伝八十八の「高句麗」の項の中に、

頭と折風を著く、その形は弁の如し、旁に鳥羽を挿す。貴賤差有り。

とある。すなわち、鳥羽の飾りを付けた「折風」というものがあったことがわかる。

高句麗古墳の壁画の中には、このような文献の記事を一層よく理解させるものがある。「折風」のように鳥の羽を着けたもの（図26の8、9）あるいは、帽幘《ぼうさく》の類なども、図26の5、6、7などにみられる。帽の上に飾りをつけたものもある。（図26の2、3）。なお、図26の1は特殊である。王侯の姿であり、儀式には当然金冠を用いたとみられるが、平常服の場合の帽の簡素な例を示している。

図26　冠帽の各種
（1～7：徳興里古墳、8：龕神塚、9：双楹塚）

(八)　壁画に見られる相撲と流鏑馬

(1)　特殊な風習を生彩に画く

高句麗の古墳壁画の題材は、まことに豊富であるが、この時代の風習の一端を示すものとして重要である。たとえば、中国通溝の舞踊塚の場合は、その名のもとになったように舞踊の姿が画かれ、生き生きと当時の生活風習の一場面がしのばれる。相撲という風習のあったことを明確に示す角抵塚もその例である。また、中国吉林省集安市通溝の長川一号墳にも見られるやぶさめ（流鏑馬）の光景が画かれていることも、その名称も記入されていることと相まって重要である。ことに現在日本の神社に伝えられている神事としての「やぶさめ」の遡源をたどる上にも看過することはできない。

(2)　角抵塚の相撲の図と朝鮮半島の相撲の行事

角抵塚では、すでに述べたように、樹木の根幹に熊と虎との図があり、老翁の姿も画かれ、その中心に相撲の図があり、この一幅の画の中枢を占めている（図27）。図は、帽をかぶって取り組んでいる。角抵は、東アジアの諸民族の間に古くから行なわれた風習と思われる。そして、現在なお、続いている。私は、モンゴルの高原で、この光景を見たが、韓国で現在行なわれている角抵については、許南麒氏の『朝鮮歳時記』によると、七月十五日のほかに端午の日とか、秋夕の日（陰暦八月十五日）とか九月九日に行なわれ、その場所は川辺か海辺の砂浜であるという。

この古墳は、四世紀末の頃の築造とみられる。東アジアにおける相撲の沿革とその展開を考える上に重要な資料であろう。これが単に娯楽的なものではなく、神聖な行事として死者の霊が永遠に安らかであることを祈念したもの、

図27　相撲の図
（写真および1：角抵塚、2：集安1号墳）（写真は『通溝』より）

図28　徳興里古墳の流鏑馬の図

あるいは厳粛な葬儀の一環として行なわれたものと考えられないだろうか。

なお、相撲の図は長川一号墳にも見られ、ながい伝統を伝えていることも重要である。

(3)　徳興里古墳の流鏑馬《やぶさめ》の図

「流鏑馬」は、現在日本の神社で神事として伝えられている。早くには、騎射（うまゆみ）の名が用いられ、奈良時代には一つの戦術の手段でもあった。その後、儀式化し、鎌倉時代以降、武士によってさかんに行なわれた。

本来は、「矢馳馬」（やばせま）転じて「やぶさめ」となったという。このような風習が、日本特有のものかどうかは研究の課題であるが、走馬の上から的に矢を放つ儀式が、早く高句麗で行なわれていたことは、この問題に関連して重要な意義をもつものであろう。

徳興里古墳には、(四)項で述べたような天体図の壁画があるが、玄室の西側に、流鏑馬の図がみられる（図28）。高さ約五メートル、幅約三メートルにわたる画面である。下方の一段に、的を狙い弓を引き絞る射手二人の姿。五つの的のうち二つは射落とされている。上方には二人の審判と筆を持った記録係。「射戯」・「馬射戯」の墨書もある。

高句麗の壁画の、この光景は、この国に、「流鏑馬」の行事のあったこ

とを明らかに示している。しかも、「射戯」「馬射戯」も、この時代の名称を明確にしている。この風習が、百済・新羅にも及んだかどうかは文献などの記載もなく、明らかでないが、日本の場合、あるいは、このような風習も影響され、新しい発達の芽生えになったことも考えられる。

㈨　壁画に見られる馬を牽く人物の図

高句麗古墳壁画の人物をあらわしたものには、墓主の図など、静止的なものがあるが、活動的なものもある。集安通溝の舞踊塚のような、舞踊する光景などもその一つであり、流鏑馬や、動物を射ようとする乗馬の人物なども、そ

図29　馬を牽く図
（1：梅山里古墳、2：通溝12号墳、3・4：徳興里古墳）

の例に入る。ほかに、特殊な図柄がある。人物が馬を牽いている姿をあらわしたものである。

このような馬を牽く図は、集安通溝では、通溝一二号墳（馬槽塚）に見られ、武装した家臣が、馬を牽いている。北朝鮮では、梅山里古墳、徳興里古墳などに指摘される（図29）。

馬上に人物が乗っていないのは、墓主が生前に乗ったものかもしれない。あるいは冥界への旅路にそなえたのかもしれない。この場合、考えられる他の一つは、馬の大きさと人間の大きさとの比較である。もし、そこに著しい誇張がなければ、高句麗の馬の生態を知る上にも一つの資料を提供する。

日本の古墳や横穴にも、馬の図がある。この中で、とくに重要なものに福岡県若宮市の竹原古墳の例がある。このことについては最後に述べるが、高句麗のこの種のものとの関係をたどる上の最も的確な資料になるものであろう。

(十) 壁画に見られる植物文様

(1) 多彩な植物文様

植物文様とは、とくに蓮華文とか唐草文・忍冬文など蔓の類のものが対象とされている。これらの文様は、その装飾的な図柄として、非常に効果的なものがあり、応用面も広汎にわたるが、その歴史や伝来の経路などにも、悠遠なものがある。

この種のものが、中国において、早くから発達したが、一方、高句麗・百済・新羅にも、広く用いられ、さらに日本においても古墳時代から、古墳壁画や石棺の彫刻などにも使われ、つづいて、飛鳥・奈良時代の仏教芸術を華麗にしている。

（2）　高句麗古墳壁画の蓮華文その他

蓮華文をはじめ、各種の植物文は、高句麗古墳の多くの壁画の中に見られ、装飾意匠としての効果も見事に発揮している。とくに蓮華文は、仏教文化的な要素も含まれ、高句麗古墳壁画でも最も複雑な各種の形態が採用され、この壁画を特色づけているといってよい（図30）。

ことに散蓮華塚と名づけられたものなどは、半開状の蓮華を横から見た形態のものを壁画に巧みな配置でとり入れ、壁画そのものを見事に成功させている。私は、高句麗古墳壁画に見られる蓮華文の各形態について、次のように整理したい。

一　開いた花弁を上から真正面にあらわしたもの
二　開いた、または半開の花弁を横から見たもの
三　花弁と茎または蕾に葉をあらわしたもの
四　蓮弁・蕾の内部に人物・文様などを含めたもの
五　蓮華座としてあらわしたもの

また、忍冬文・唐草文もさかんに用いられている。ことに、横長の壁面に、この種のものは、きわめて効果的であり、これによって天井部、あるいは壁面などを、一層引き立てている。とくに、江西三墓里の大墓・中墓、安岳三号墳にあるものは見事である。

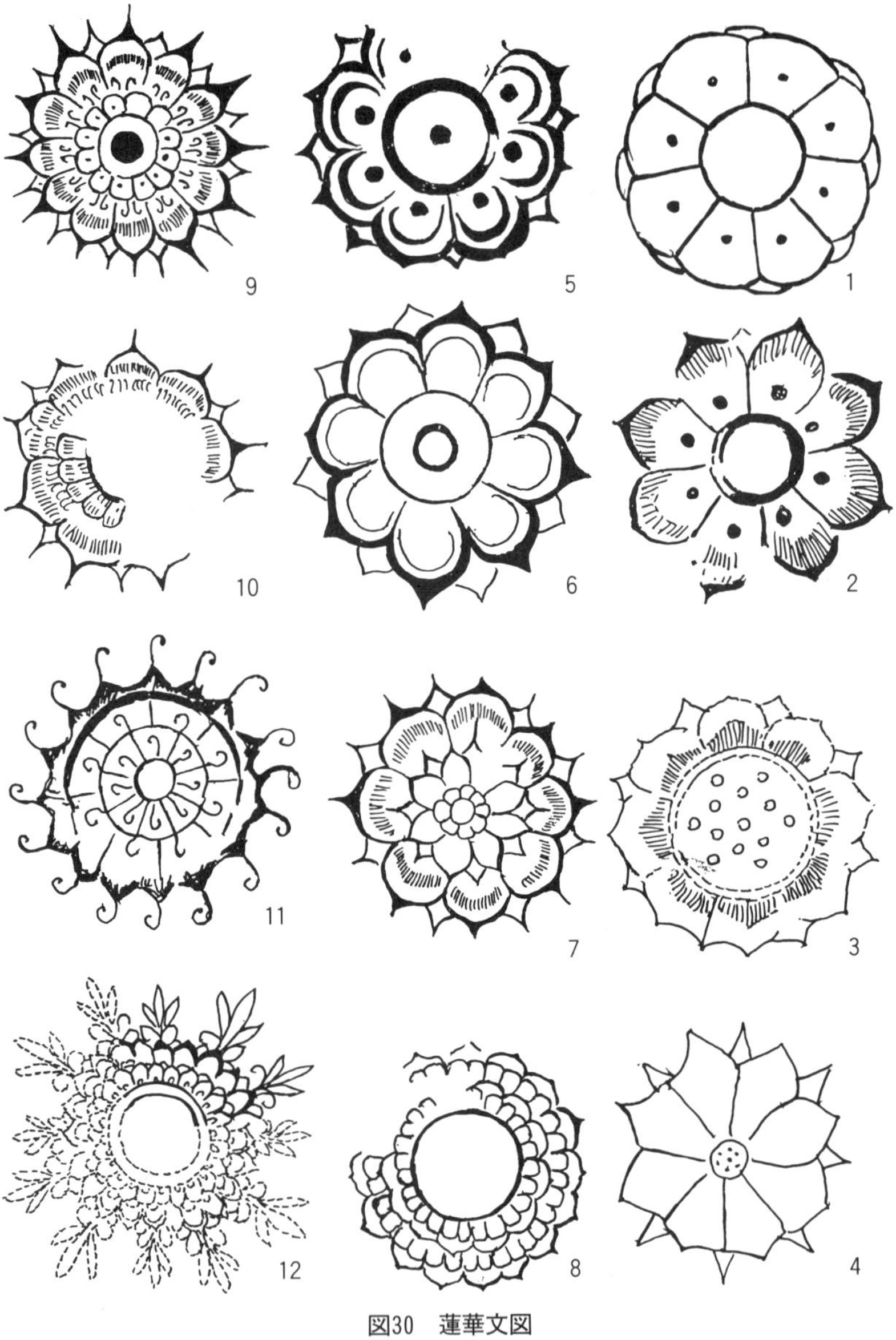

図30　蓮華文図

（1：真坡里古墳4号墳、2・5：内里古墳1号墳、3：徳花里古墳、4：安岳第3号墳、6：五盔墳5号墳、7：双楹塚、8：安岳第2号墳、9：散蓮華塚、10：肝城里蓮華塚、11：安岳第1号墳、12：江西大墓）

(十一)　古墳壁画から考えられる寿塚の問題

(1)　寿塚の意義と高句麗古墳壁画

寿塚とは生前に営造した高塚の墓をいう。一般の墓の場合は寿墓である。高塚の墓、ことに古墳といわれる壮大な墳丘は、その築成には多年にわたる歳月が必要である。したがってその死後にはじめて築成に着手し歳月を費やすことは、遺骸の安置、儀礼などにも関係し、さまざまな問題も起こりがちである。ここに、寿塚すなわち、生前すでに築造しようとする風習があらわれてくる。

日本においても同じ問題が考えられる。しかし、これは、文献資料あるいは伝承によって判断されるものであり、古墳そのものから考定することは困難である。

高句麗古墳壁画の中には、その墓誌銘と墓主図からその存在を認めることのできる資料もある。ここに、徳興里古墳の壁画を一例として述べる。

(2)　徳興里古墳の壁画の墓主図と墓誌銘文

壁画の中には、「やぶさめ」をあらわした射戯図や七宝行事図・厩図・牛舎図その他が描かれており、これらの保存状態も良好で、高句麗の壁画古墳の中でも重要な例に数えられている。

徳興里古墳は南に口を開く前室と後室とを備えている。前室の北壁に墓主像が画かれている。さらに、後室に通じる入口の上部に墓誌銘といってよい一四行一五四字より成る文字が墨書されている。また、後室の北壁にも墓主像がみられるが、銘文は、次の通りである。

□□郡信都彰都鄉□甘里
釋加文佛弟子□□氏鎭仕
位建威將軍國小大兄龙將軍
龍驤將軍遼東太守使持
前東夷校尉幽州刺史鎭
年七十七薨焉以永枲十八年
太歲在戊申十二月辛酉朔廿五日
乙酉成遷移玉柩周公相地
孔子擇日武王選時歲使一
良葬送止後富及七世子孫
番昌仕宦日遷位至侯王
造壙萬功日煞牛羊酒宍米粲
不可盡�党旦食監致食一掠記
止後世寓寄無彊

墓主は二行目に見られる鎮氏であるが、徳興里古墳の被葬者鎮は、永楽十八年（四〇八）に七十七歳で亡くなっている。そして、その翌年には墓門を閉ざしている。従来定着した解釈は、永楽十九年すなわち四〇九年に、古墳の築造が完成し、翌年墓門を閉ざしたというのである。

ここに、一つの疑問は、鎮の亡くなったのは、永楽十八年（四〇八）十二月二十五日であり、墓門を閉ざしたのは翌年二月二日である。この間は冬期であり、まして一辺三〇メートルもの大墳墓を短期間で築成工事をすることは不

可能である。壁画もまた豊潤である。したがって、すでに生前に完成していたものであり、ただ、墓誌銘のみを、追記し、入口を閉ざしたものと考えられる。このことを傍証するものは、その墓主図である。

徳興里古墳については、被葬者すなわち墓主とみられる鎮なる人物の肖像画は二箇所に見られる。その一は、前室の奥すなわち北壁で、玄室寄りである。その二は玄室の北壁すなわち奥壁である。私自身これらについてくわしく観察したが、ほぼ同じ風貌と容姿である。これらの容貌をみるとき、やや豊満な太りぎみの顔であり、容体は壮年期の円熟さに満ち、気力の充実したものである。鎮は七十七歳で亡くなっている。その直前の高齢の容姿には見られない。恐らく、生前華やかに活躍していた頃実写し、他の主な壁画とともに、すでに完成していたとすべきであろう。すなわち、永楽十八年に先立って、墓は生前に営まれ、その肖像画も画かれていたのである。そのほか、安岳三号墳においても、この問題が考えられる。

これらによって、東アジアの古墳の年代の研究の場合、寿塚の問題も考慮に入れ検討されることも必要となる。

㈩　おわりに――高句麗古墳壁画の影響――

（1）　半島の古墳壁画と高句麗の影響

高句麗の古墳の壁画は、豊潤な内容とともに、優秀な技風のもとに発達した。しかも、これらの壁画のほどこされた墓室の構造にも、折上式の天井の構造など奇巧さが見られる。これらの発達の背景には、中国の影響も認められるとともに高句麗人独自の思想・文化および技術がその根底にあったものである。

このような高句麗の古墳壁画は、同じ頃、朝鮮半島に栄えたほかの国々に、どのような影響をもたらしたものであったろうか。

百済は、韓国の公州・扶余に都京をもって発達した。公州には、武寧王陵のような塼築による特殊な構造のものもみられる。しかも、これらに蓮華文があり、色彩がほどこされている。また、早くから知られていた宋山里《そうざんり》六号墳には、玄室の北壁に玄武、東壁に青龍、西壁に白虎、南の入口の上壁に朱雀の図があり、ほかに、日象、月象、雲文などもみられる。百済の最後の都京であった扶余には、陵山里《りょうざんり》古墳群がある。新しく、この古墳群の近くには陵寺の存在が確認され、金銅龍鳳蓬萊山香爐の発見されたことにより、再び照射されているが、この古墳群のうち、二号墳といわれているもの（東下塚）には、四壁に、それぞれ四神図が画かれていた。また、天井部には、蓮華文、雲文も見られる。

このような公州あるいは扶余の古墳にみられる蓮華文・四神図の場合、百済文化には高句麗の影響とともに、中国南朝文化との関係にも濃厚なものがあるので、その祖型をにわかに断ずることはできないが、この種の壁画は、高句麗の影響とみなしてもよいようである。

半島の南にあっては、伽耶文化が発達した。慶尚北道高霊邑古衙洞古墳《こうれいゆうこがどう》があり、この古墳の玄室の天井部、羨道部に蓮華文が画かれている。径約三〇センチぐらいの大型のもので、八弁から成り、とくに赤・白などで色分けしている。高句麗の影響とも思われる。

慶州市を都京として発達した新羅は、高句麗との関係は密接なものがある。その事実を知る考古学上の資料として慶州の古墳から「乙卯年國岡上廣開土地好太王壺杅十」の銘のある銅容器が発見され、高句麗好太王の文字のあることでもわかる。ちなみに乙卯年は高句麗長寿王三年（四一五）に当たる。しかし、古墳の壁画には顕著なものはなかった。忠孝里《ちゅうこうり》の古墳から蛇体のほどこされている石柱が発見されているが、絵画ではなく一種の彫刻である。

ただ壁画として伝神徳王陵の内部には四神の一つの白虎らしい動物の尾部が残されている。この古墳は王陵とされる特殊な古墳として保存されているものである。私は一九三三年ある事件が発生し、これを調査するために中に入ることができた。このとき、私は、玄室の西壁の一部に動物の尾端部が画かれていることを確認した。恐らく白虎の一

部とみなされる。そうすれば、この古墳の玄室には四神図が画かれていたものとも考えられ、高句麗の影響とみなしてよい。

（2）　日本の古墳壁画と高句麗の影響

日本の古墳あるいは、横穴に壁画のあるものは、北九州をはじめ東北地方にも発達した。かつて、私は、『日本装飾古墳の研究』（一九七三年）の中で、これらについて紹介するところがあった。新しく、奈良県明日香村の高松塚古墳・キトラ古墳が発見され、これらに壁画のあることにより、注目され、日本の壁画古墳というと、これらが代表であり、中枢であるようにみなされている。しかし、これらの二古墳は年代として八世紀の初頭の頃と考えられている。高句麗が滅んでからおよそ半世紀に近い年数をへていたのである。たとえ、壁画の内容の要素に高句麗的なものがあったとしても、直接の関係は、中国の初唐にあったと考えなければならない。

したがって、ここに、日本の古墳壁画と高句麗古墳壁画との関係を考えるにあたっては、これらに先行し、あたかも高句麗の国の活躍していた頃に営造されている北九州の古墳やその他の地域の古墳などを対象としなければならない。

高句麗古墳壁画との関係を知る一例は、福岡県若宮市にある竹原古墳である。この古墳の玄室の奥壁に絵画がある。その内容については、さまざまな見解がある。たとえば、下端の文様を波とする。しかし、私は、これを唐草文とみなしている。その上方の絵画の中で、とくに注目したいのは、馬を牽く人物が画かれていることである。また、前室には、朱雀・玄武とみなされる図が見られる。これらは明らかに高句麗古墳の影響とみなすべきであろう。

北九州は、地理的にも朝鮮半島に接近している。この地域に高句麗文化の痕跡のたどられることは当然である。一方、瀬戸内海を通じ、中国地方に、そして大和地方にも早く、高句麗の古墳壁画文化の痕跡がみられる。この一つに一種の蓮華文がある。たとえば、奈良県御所市水泥《みどろ》古墳には、二石棺があるが、一石棺には蓮華文の彫刻がある。ま

た同じく岡山県瀬戸内市の本坊山古墳の陶棺にも蓮華文がみられる。同じく岡山県美作市の平福《ひらふく》古墳には、陶棺があったが、これには、人物の左右に馬があり、また、人物の足もとの左右には、長い柄の先端に宝珠形をあらわしたものがある。蓮の花の蕾ともみなされる。これらに、高句麗古墳の壁画文化の痕跡が、たどられるごとくである。

（付　記）

高句麗の壁画古墳の一般を紹介したものとして、早く『朝鮮古墳壁画集』（一九一六年）・『朝鮮古蹟図譜』二（一九一六年）がある。通溝の壁画古墳については池内　宏『通溝』（一九三八年）、朝鮮画報社編『高句麗古墳壁画』（一九八五年）がある。ほかに朱永憲（永島暉臣慎訳）『高句麗の壁画古墳』学生社（一九七二年）、『高句麗文化展図録』図録編纂実行委員会（一九八五年）、町田　章『古代アジアの装飾墓』同朋舎（一九八七年）、全浩天『世界遺産・高句麗壁画古墳の旅』角川書店（二〇〇五年）がある。

安岳里三号墳については、社会科学院編『安岳里三号墳調査報告』（一九五八年）がある。

徳興里の壁画古墳については、社会科学院・朝鮮画報社による『徳興里高句麗壁画古墳』が一九八六年講談社から刊行された。

江西三墓については、朝鮮中央歴史博物館発行『江西三墓』（一九七九年）がある。なお、一九八五年高句麗文化展実行委員会から『高句麗古墳壁画史料集』（一～五）が刊行されている。また、読売テレビ放送編『好太王碑と集安の壁画古墳』木耳舎（一九八八年）がある。

ちなみに拙著に『壁画古墳の系譜』学生社（一九八九年）、『古墳文化と壁画』雄山閣（一九九七年）、『日本装飾古墳の研究』講談社（一九七三年）がある。

（『高句麗壁画古墳』共同通信社、二〇〇五年九月）

四　高句麗・百済・新羅の古墳の壁画などに見られる竜文について

(一)　はじめに

東アジアの古代における竜蛇に対する思想・信仰は、まことに深奥であり豊潤である。そして、これはあるいは彫刻となりあるいは絵画となって展開されている。

かつて一九三三年、私は新羅の都であった慶州で古墳を発掘し蛇体が蓋に付いている高坏を発見し、その蛇の姿を驚きの目でみつめたこともあった。また、忠孝里古墳の横穴式石室で、竜文の彫刻のある石柱を発見し強烈な印象をもったこともあった。

のち、一九八六年北朝鮮を訪れ、高句麗古墳の壁画の青竜文などの写真を撮影した。さらに、韓国の扶余では、陵山里古墳の壁画の竜文に接した。新しくは二〇〇五年十一月その復原された古墳の壁画を観察できた。

ここに、これらの知見にもとづき竜文とくに角のある竜について考察したい。

(二)　高句麗古墳壁画の竜文

高句麗古墳に見られる竜文は、四神思想と結合し青竜として展開された。これは、中国の影響であり、中国の竜信

仰の波及であることはいうまでもない。その描法には、高句麗特有のすぐれた壁画文化の一環として特異な芸術的な表現であった。これらの例は、徳興里古墳・安岳三号墳・江西大墓などに見られる。

竜の姿態の特色をとらえてみると、胴体は細く、尾部も蛇のようにくねり、頭部には二本の角をだし、目をいからし、鋭い歯をそなえ、長い舌をだしている。前肢と後肢とを配しており、爪は四本が普通であるが、前肢のものに五本のものもあり、三本のものもあり、まちまちである。体部に鱗状の文様が配されるものがあり、これも半円形で一つ一つあらわす丁寧なものや斜交状にあらわすものもあり、まばらに円文状を配するものもある。体部や頭部や肢部から鰭状の平行斜線を派出させているが、この形状にも、鋭い筆致のものや、勢いのないものなども見受けられる。竜の全体の姿態は同一であるが、細部にわたっての特色をみるとき、やはり描法に時間的な流れにもとづくもののあることも察知される。

図31　江西大墓の竜文

たとえば、安岳里三号墳のものがある。この古墳は、四世紀中葉のものと考

られるようである。

図32　江西中墓の竜文

えられているものであるが、鱗状の描法も細かい。梅山里古墳は、五世紀の末の頃ともみられているが、やはり鱗状はきちんと画かれており、その技法は、同じく、六世紀の頃の通溝四神塚のものにも指摘される。ところが、江西大墓（図31）になると、鱗状のものは斜交線にかわり、中墓（図32）にはこの斜交線もない。頭部の表現は、きわめていかめしくなっているが、全体にかなり誇大化された感も受ける。

高句麗のおよそ三世紀近い年月の経過の間に、同一の竜文の描法にも、たとえ、その基本的な図柄の変化はないとしても、細部において、やはり、ある種の変遷のあとがたど

㈢　百済古墳壁画の竜文

竜文は、百済の古墳の壁画にも見られる。公州の宋山里六号墳および扶余の陵山里東下塚である。公州では武寧王陵が発見され貴重な学術資料が提供された。この東壁に青竜の図がある。ほとんど漫滅しているが、色彩が施されたものである。

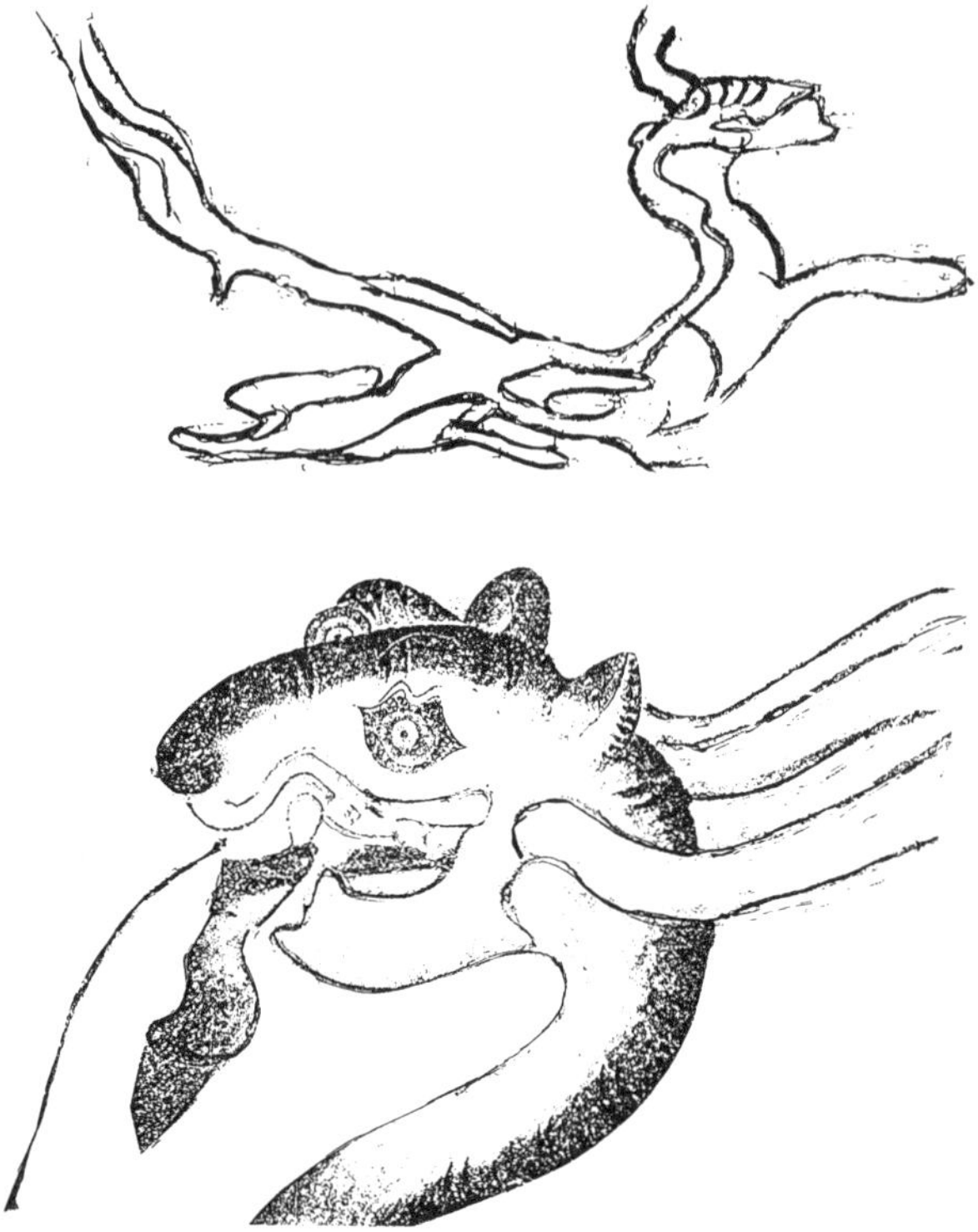

図33　陵山里６号墳の壁画の竜文（榎写図による）

高句麗古墳の壁画が整った壁面に画かれているのに対し、構築した塼の上下・左右という制約された画面であるのに細かい表現はないが、姿態そのものには共通性も指摘される。とくに、重要な点は、頭上に角のあることである。これは後に記したい。

扶余の古墳においては、陵山里の東下塚に見られる。王陵としての伝承もあるが、近年、陵寺跡が発見されていることによっても、王陵の一つとして考えてもよいようである。石室墳であるが、壁面に四神図があり、青竜もその一である。その描写には、前記宋山里六号墳に共通するものがある。ここには、復原された図を紹介する。

㈣　古新羅の古墳の石柱の竜文図

高句麗・百済と三国の一を形成した新羅では、古墳壁画として同じく四神図の発達もあった。これは、慶州の三陵里の伝王陵に見られるものである。しかし、わずかに、西壁の一部に白虎らしいものの尾部が残されているだけで、東壁にあったと思われる青竜図は明らかでない。

このような古墳壁画において、忠孝里古墳に横穴式石室の入口にあたる石柱に竜文の彫刻があるのは、新羅人のもつ竜蛇信仰の一つの具現として重要なものがある。

私は、この古墳が、盗掘されたという報をうけて、現場に急行し、その後調査したものであり、その成果は『昭和十一年度古蹟調査報告』（朝鮮古蹟研究会、一九三七年）として発表している。次の文である。

龍文彫刻付石柱

右の龍文彫刻付石柱は取り外して觀察するに、總長一・二二米あり、不整なる長方柱狀をなし、龍文の薄肉刻は其の一面の幅二〇糎を測る平滑なる面に存せり。是れは兩側に緣取りをなせる中に彫られたること既記の如く、而して形

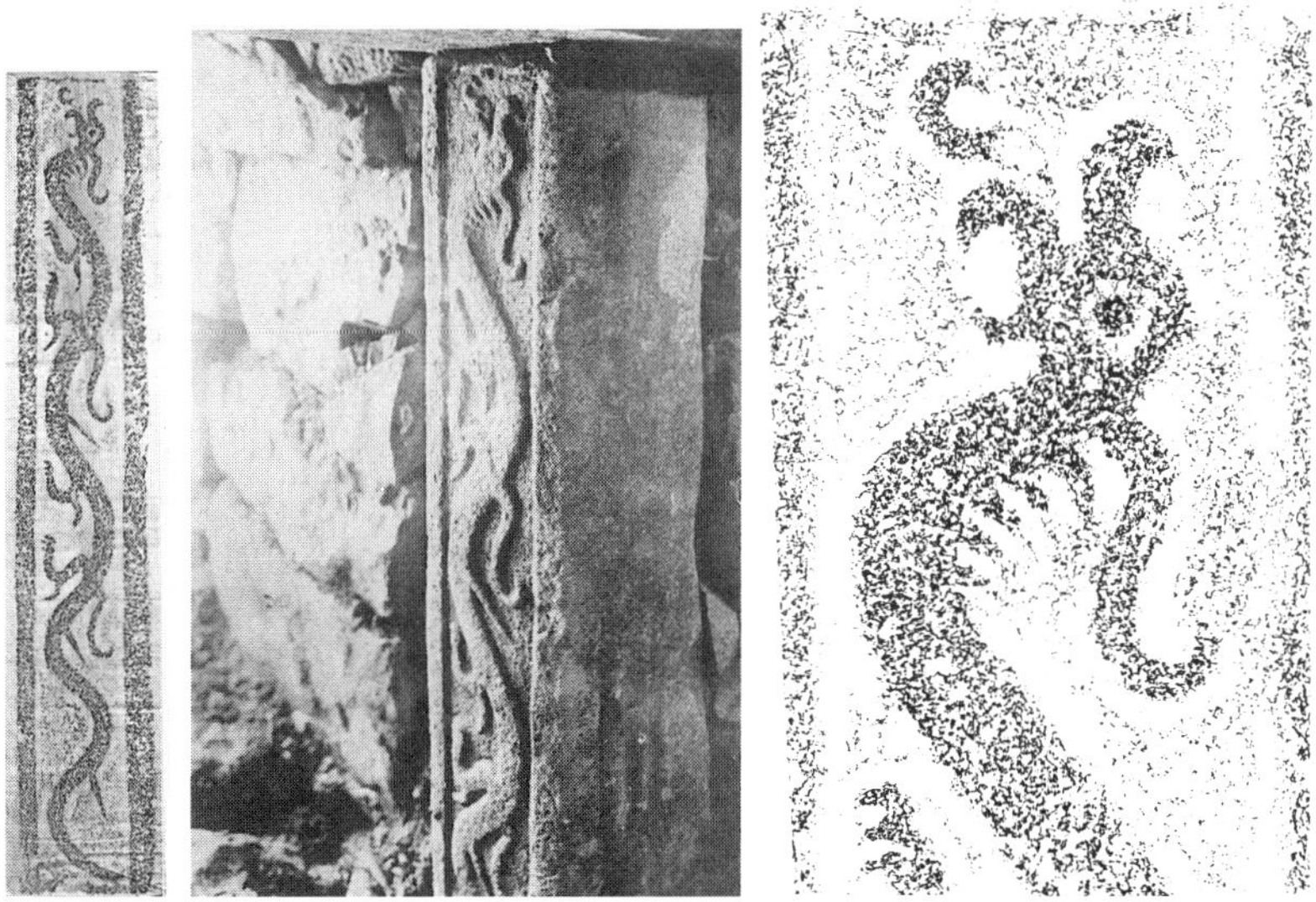

図34　忠孝里古墳の石柱（中）、竜文と竜文頭部の拓本（左と右）

態は鱗部・爪部の如き細部もあらはされ、頭部やゝ丸く眼點大きく簡潔のうちに雄勁なる彫風を示す。同面にいま白漆喰の一部の殘存せるあり、これよりせば或は當初全面漆喰を以て彩られたるやも計り難し。石の側面即ち石柱の玄室に對する面には三條より成る荒き凹條縦に施され、又其反對面にも同じく縦條存せり。但し後者は羨道に装置の場合外面にあらはれざる部分に屬するよりせば、右の刻線の存在は注意に値す。なほ石柱の下部には、下底に挿入して基礎を確固にする爲の方錐状の枘造り出され、其の高さは七糎幅一一糎あり。

ここに、この図文の拓本および図を紹介する（図34）。

㈤　高句麗・百済・新羅の竜文図についての二、三の考察

（1）　竜に見られる頭上の角《つの》

以上、高句麗・百済・新羅の竜文について紹介したが、ここにこれに関する二、三の小考を試みたい。

その一は、これらの竜の姿態の中に、とくに頭上のほかに突起があり角とあらわしたものが多いことである。高句麗古墳の場合は、さきに紹介した図の中にも、二本の角とみられるものがある。百済においては、その彫刻図文の中に鮮明に刻されていることに気付く。

思うに、竜に角のあることについて、日本の近世の学者もとりあげている。すなわち、高田與清の『松屋筆記』である。巻七十の中に「白蛇・白竜・白螭」の項があり、この中に次のような古典の記事をも引用している。

○魏書七十

四の巻一丁ウ爾朱榮傳に曾行二馬群一見下一白蛇頭有二兩角一遊中於馬前上云々

○異苑宋劉敬叔撰　三の巻に丹陽鍾忠以二元嘉冬月一晨行有二一蛇一長二尺許文色似二青琉璃一頭有二雙角一白如レ玉感而畜レ

之於レ是貲業日登經レ年蛇自去忠及二子相繼殞斃此蛇來吉去凶其唯龍乎云々此は角の色白くして如レ玉也

すなわち、中国においても、早くから古文献にあらわれているものであるが、「角ある竜」は民俗学的に興味ある例が多い。ここに、高句麗・百済・新羅の竜文の中に、その状態をみられることは重要である。

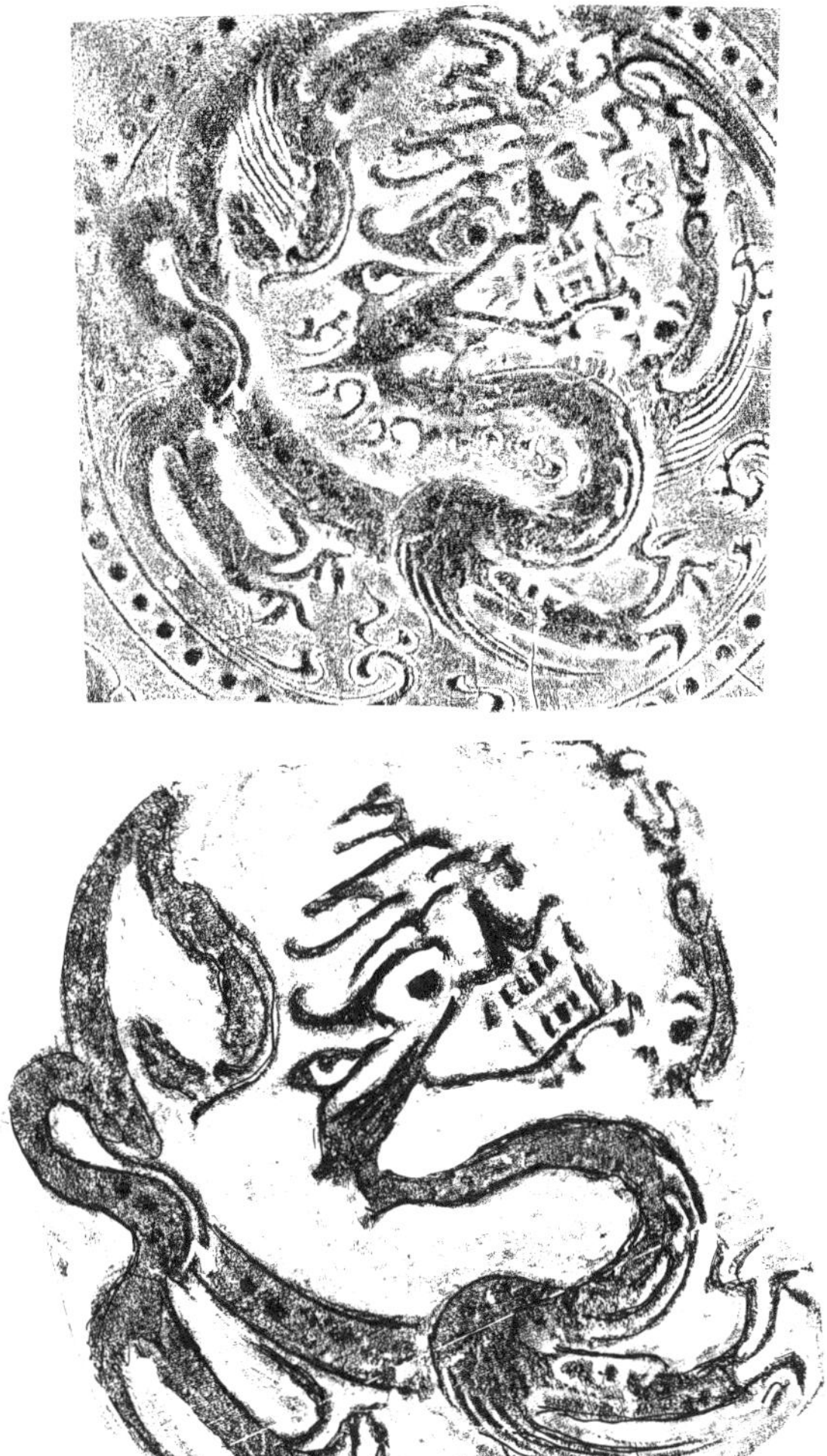

図35　扶余窺岩面出土の文様塼の竜文

（2）新羅における竜蛇信仰の成立とその展開

新羅においては、さきに述べたように忠孝里古墳において竜文が彫刻されている。しかも、角のあるものである。この古墳は、新羅統一時代に先行する三国時代すなわち高句麗・百済とともに半島に国家を形成した頃、すなわち四世紀の頃とみなされる。これと、百済の都京であった扶余の陵山里古墳の例と比較するとき、一は縦に狭長い面の彫刻、一は広い壁面の彩色画という相違点があり、竜の姿態は、それぞれその画幅に対応して異にしているが、描法にはある共通性も指摘される。しかも、新羅における竜蛇に対する信仰は、これにさかのぼってみられる。

すなわち、皇吾里一四号墳からは、蛇体の付いている蓋のある高坏が発見されている。新羅焼土器である。蓋に蛇をとりつけることは、何らかの防御の意味もあったものとみられる。

さらに竜文は、図案化したものであるが、同じく新羅古墳から発見されている。銅製の佩飾金具や環頭大刀の環内にも意匠がみられる。

一方、忠孝里古墳とほぼ前後する時期と考えられる武烈王陵の石碑の螭首の意匠はまた図案化された竜文である。これによって、新羅人のもつ竜蛇信仰の強靱

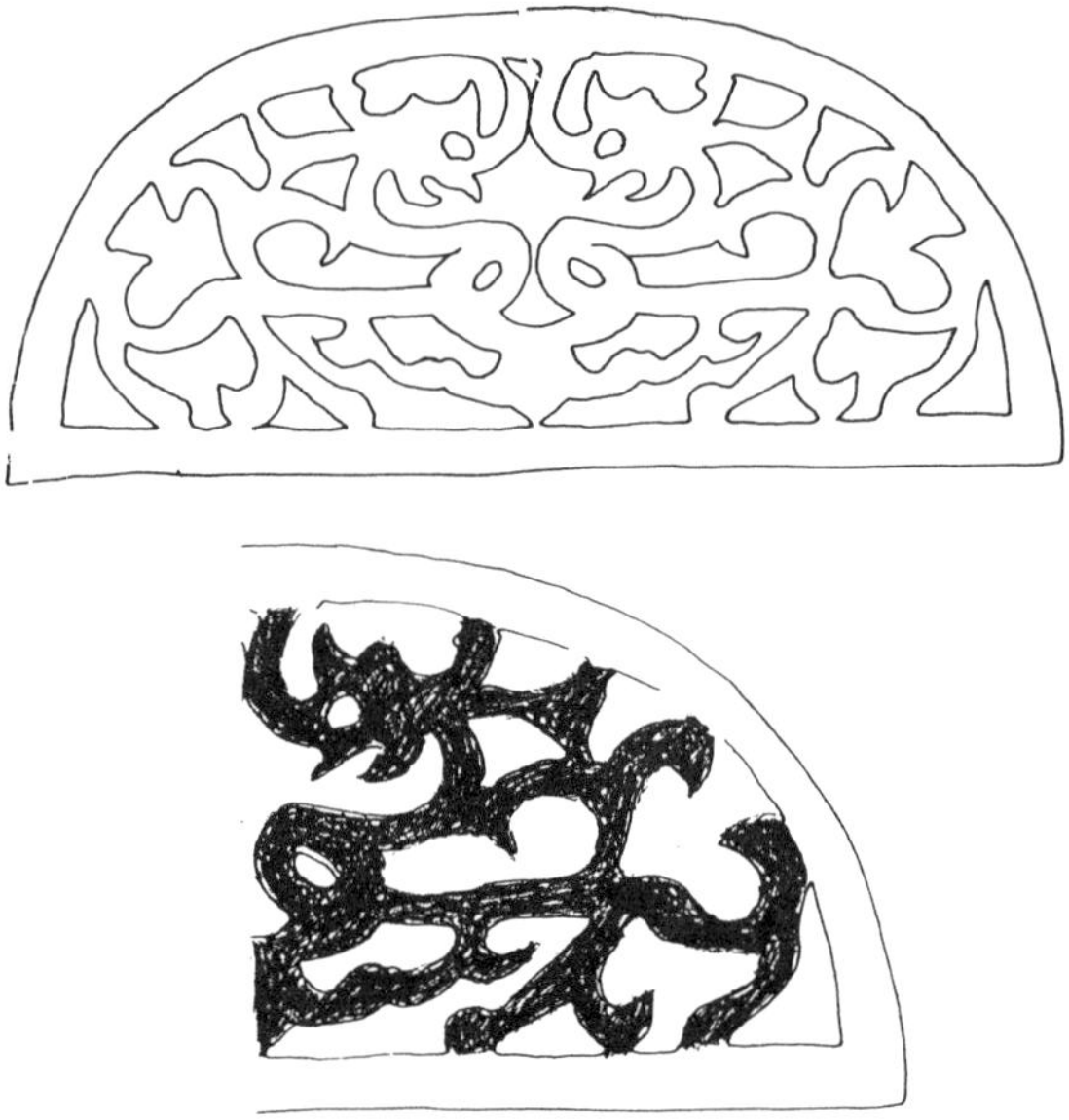

図36　高霊古墳発見の矢筒の竜文（上）と慶州古墳発見の環頭大刀の竜文（下）

さの一面が知られ、この信仰は統一時代にも及んでいる。忠孝里古墳の石柱の竜文の彫刻に百済文化の導入があった。さらに、先代から継承された新羅人の竜蛇信仰の中の顕著な高揚でもあったのである。

（新稿）

付録

著作目録

凡例

一、本目録には、昭和二年（一九二七年）から平成一九年（二〇〇七年）に至るまでに発表したもの、およびその後発表予定のもので、考古学等に関する著作を発表年月の順に収録した。

一、本目録の中、単行本の体裁で刊行されたものは、題名をゴシック体にした。

一、巻末の索引は、単行本・論文・報告・雑録に分け、さらにそれぞれを項目別にした。

昭和二年（一九二七年）

陸前国大木囲貝塚に就いて　中央史壇　一三—三　三月
陸前宮戸島記事　民族　二—四　五月

昭和三年（一九二八年）

山形県山寺村行事　民族　三—一　一月
松浦小夜姫物語　民族　三—三　三月

昭和五年（一九三〇年）

陸前の鹿踊と獅子舞　民俗芸術　三—一　一月
陸前宮城郡における岩窟仏に就いて　考古学雑誌　二〇—二　二月
松島湾内諸島に於ける貝塚調査概報　東北文化研究　一—四・五　三月・一二月
（『中世陸奥国府の研究』再録、平成六年）
東北地方における磨崖石仏の二、三　考古学雑誌　二〇—一一　一一月

昭和七年（一九三二年）

末の松山伝説	東北文化研究	二ー一	九月
仙台地方金石文年表	仙台郷土研究	二ー一〇	一〇月
弥生式土器及石製模造品出土の阿武隈川流域の一遺蹟	東北文化研究	二ー三	一一月
火葬骨壺の一型式に就いて	考古学雑誌	二二ー一一	一一月
古墳の祟り	ドルメン	一ー八	一一月
石器に附加せられたる呪術的意義	人類学雑誌	四七ー一二	一二月

昭和八年（一九三三年）

浜田耕作『考古学研究法』（紹介）	考古学	四ー一	一月
近世初頭に於ける巨石運搬法の考察	史林	一八ー二	一月
宮城県宮城郡岩切村善応寺裏山の横穴	考古学雑誌	二三ー三	三月
遺跡と地名	歴史地理	六一ー四	四月
梅原末治『殷墟出土白色土器の研究』（紹介）	考古学	四ー五	五月
石製模造品の一資料	考古学雑誌	二三ー五	五月
千島択捉島発見の土器及石器	考古学雑誌	二三ー六	六月
近世火葬壺の一例	考古学雑誌	二三ー七	七月

後藤守一『上野国佐波郡赤堀村今井茶臼山古墳』（紹介）　考古学雑誌　二三—七　七月

昭和九年（一九三四年）

京都市東山松原発見の遺跡と其遺物（京都府史蹟名勝天然紀念物調査報告一四）　（京都府）　三月

猪垣遺蹟考　歴史地理　六三—四　四月

慶州にて最近発見せられたる狩猟文塼　考古学雑誌　二四—一一　一一月

昭和一〇年（一九三五年）

新羅火葬骨壺考　考古学論叢　二　五月

上代に於ける墳墓地の選定　歴史地理　六五—六　六月

慶尚南道蔚山郡西生面出土の櫛目文土器片　考古学雑誌　二五—六　六月

昭和一一年（一九三六年）

新羅の石井　考古学　七—六　六月

朝鮮都制と藤原京　夢殿論誌　一五　六月

奈良県史蹟名勝天然記念物調査会抄報　（奈良県）　一　一〇月

大化の喪葬制に関する一考察　歴史教育　一一―九　一二月
紙をつくる風景―南鮮風俗点描―　ミネルヴァ　一―八　一二月

昭和一二年（一九三七年）

昭和九年度古蹟調査報告（慶州皇南里第百九号墳・皇吾里第十四号墳）（朝鮮総督府）　三月
新羅の瓢形墳　考古学雑誌　二七―五　五月
新羅墳墓の封土表飾の諸型式に就いて　考古学論叢　一八―五　六月
昭和十一年度古蹟調査報告（共著）（朝鮮古蹟研究会）　七月
慶州附近発見の磨石器　考古学　八―七　七月
慶州所在の立樹双鳥文彫石　考古学雑誌　二七―九　九月

昭和一三年（一九三八年）

醍醐寺の町石（京都府史蹟名勝天然紀念物調査報告一八）（京都府）　三月
新羅聖徳王神鐘の鋳成伝説に就いて　読書　二―二　三月
新羅陵墓外飾の石彫像に就いて　考古学雑誌　二八―五　五月
慶州附近出土の単弁蓮華文古瓦の一型式　夢殿論誌　一八　六月
昭和十二年度古蹟調査報告（共著）（朝鮮古蹟研究会）　六月
浜田先生を憶ふ　考古学研究法　六月

黄海道鳳山郡文井面に於ける古墳の調査（彙報欄）　考古学雑誌　二八―七　七月

昭和一四年（一九三九年）

新羅絵画に関する一考察　考古学　一〇―二　二月
考古学より見たる古代の日鮮関係　緑旗　四―三　三月
百済平瓦に見られる刻印銘に就いて　考古学雑誌　二九―五　五月
新羅の金冠　緑旗　四―七　七月
朝鮮扶余に於ける発掘調査（彙報欄）　考古学雑誌　二九―七　七月
新羅王陵伝承名に関する一考察　考古学論叢　一四　八月
浜田先生と慶州（『**浜田先生追悼録**』）　（京都帝国大学考古学教室）　一〇月
新羅「玉兎蟾蜍文」瓦当に就いて　緑旗　四―一一　一一月

昭和一五年（一九四〇年）

百済の仏像　緑旗　五―二　二月
南鮮古墳発見の玉類とその佩用に就いて　考古学雑誌　三〇―五　五月
朝鮮に於ける古蹟保存と調査事業に就いて　史蹟名勝天然紀念物一五―八　八月
昭和十三年度古蹟調査報告（共著）　（朝鮮古蹟研究会）　九月
国史辞典　二　（冨山房）　一一月

火葬（朝鮮）・瓦（朝鮮）

昭和一六年（一九四一年）

埴輪と古代葬制に関する一、二の問題　考古学評論四（日本文化の黎明）　五月
上代帯金具考　考古学雑誌　三一—六　六月
扶余を背景とする百済の歴史と文物　緑旗　六—七　七月
慶州博物館風景　茶わん　一一—一〇　一〇月
日本考古学の基礎的仕事の問題　歴史地理　七八—四　一〇月

昭和一七年（一九四二年）

扶余発見の壺の一型式　考古学雑誌　三二—一　一月
国史辞典　三　(冨山房)　二月
　釧・百済の遺跡
大分廃寺塔阯とその出土古瓦　史蹟名勝天然紀念物一七—八　八月
東亜古代の指輪　古美術　一二—八　八月
上代高塚墳墓に見らるる合葬の諸式に就いて　考古学雑誌　三二—一〇　一〇月

昭和一八年（一九四三年）

羅城考　史蹟名勝天然記念物一八—七　七月

貝釧と石釧　考古学雑誌三三—七　七月

高句麗古墳壁画　古美術一三—八　八月

南鮮古墳発見の一種の土製球形品に就いて　人類学雑誌五八—九　九月

朝鮮古代文化の研究　（地人書館）　一二月

国史辞典　四　（冨山房）　一二月

護石・骨壺

昭和一九年（一九四四年）

大邱の古墳　大邱府史　三月

最近史蹟に指定せられたる前方後円墳の二、三に就いて　史蹟名勝天然記念物一九—三　三月

屋根型天井を有する石室墳に就いて　考古学雑誌三四—三　三月

任那の文化に就いて　史蹟名勝天然記念物一九—五　五月

昭和二一年（一九四六年）

百済の土器二、三　古美術　一六―三　三月

江戸時代に於ける装飾古墳の発見とその紹介（日本遺跡遺物発掘発見史話）　建築文化　二―三　五・六月

昭和二二年（一九四七年）

上代墓制とその文化　国民の歴史　一―三　四月

漢委奴国王印の発見　国民の歴史　一―八　九月

朝鮮仏教美術考（宝雲舎）　九月

日本古代社会の葬制（高桐書院）　九月

上代における大陸文化の影響（大八洲出版会社）　一〇月

昭和二四年（一九四九年）

遺蹟の保存と発掘　岩手史学研究　三　七月

古墳発掘怪奇談　旅　二三―一〇　一〇月

登呂発見の金属製品（『**登呂**』）（日本考古学協会）・毎日新聞社　一一月

国史と考古学（『**北海道先史学十二講**』）（北方書院）一一月

昭和二五年（一九五〇年）

日本考古学入門（原田淑人編、原田淑人・駒井和愛氏らと共著）（吉川弘文館）一月
古墳より見たる古代史上の諸問題　史学雑誌　五九―一〇　一〇月
考古学の研究法（吉川弘文館）一〇月

昭和二六年（一九五一年）

日本考古学（法政大学通信教育テキスト）（法政大学）一月
原始的聚落址研究の諸問題　信濃　三―二・三　二月
考古学概説（駒井和愛編、駒井和愛・八幡一郎・関野雄氏らと共著）（日本評論新社）六月
わが国に於ける古墳の諸類型とその系列　考古学雑誌　三七―三　一〇月

昭和二七年（一九五二年）

埋蔵文化財の保護（『**学習指導における文化財の手引**』）（文化財保護委員会）三月
古　墳　信濃講座　一　三月
宮崎市下北方古墳調査報告書（日向遺跡調査報告書一）（鏡山猛・石（宮崎県教育委員会）三月

川恒太郎氏らと共著）

吉胡貝塚（埋蔵文化財発掘調査報告1）（後藤守一氏らと共著）　（文化財保護委員会）　三月

日本古墳文化資料綜覧（第一分冊・文献目録）　（吉川弘文館）　四月

装飾古墳の研究　（吉川弘文館）　六月

昭和二八年（一九五三年）

小田原市久野諏訪の原古墳調査報告（吉田章一郎・市川健二郎氏と共著）　（小田原市教育委員会）　一月

大湯町環状列石（埋蔵文化財発掘調査報告2）（後藤守一氏らと共著）　（文化財保護委員会）　三月

静岡賤機山古墳（後藤守一氏と共著）　（静岡市教育委員会）　三月

北日本の古代文化　古代学　二―二　四月

新たに国有になった発掘品総説　ミュージアム　三八　五月

もし卑弥呼に会えたならば（児玉幸多・岡田章雄編『**虚構の日本史**』）　（吉川弘文館）　六月

山本寿々雄『甲斐考古学資料集X』（序文）　（私家版）　六月

古墳方位考　考古学雑誌　三九―二　八月

日本古墳文化資料綜覧（第二分冊・主要遺跡地名表）　（吉川弘文館）　九月

昭和二九年（一九五四年）

志登支石墓群の発掘調査　文化財月報　一六　二月

無量光院跡（埋蔵文化財発掘調査報告3）（共著）　（文化財保護委員会）　三月
平城宮跡の調査について　仏教芸術　二一　四月
装飾古墳　筑紫の文化　五月
邪馬台国の位置―邪馬台国の位置に関する考古学的研究―古代史研究一　邪馬台国（古代史談話会『**邪馬台国**』）　（朝倉書店）　九月
奈良を中心とする飛鳥・奈良時代遺跡の綜合調査　季刊文化財　一　一一月

昭和三〇年（一九五五年）

日本考古学図鑑　（吉川弘文館）　一月
松尾禎作『佐賀県下の支石墓』（序文）　（佐賀県教育委員会）　一月
日本原始社会の文化（藤井甚太郎編『**明治文化史**』概説編）　（開国百年記念文化事業会）　一月
平城宮　国文学解釈と鑑賞　二二七　四月
埋蔵文化財論　日本文化財　一三　五月
高塚墳墓より見たる七世紀前後の社会（昭史会編『**日本社会史の研究**』）　（吉川弘文館）　五月
郷土史辞典（大塚史学会編）　（朝倉書店）　六月
遺跡・遺物・金石文・神籠石・古墳・住居址・チャシ・副葬品
昭和二十九年度の考古学界　博物館ニュース　一〇〇　九月
考古学上の調査における航空写真　航空　一六　一〇月

昭和三一年（一九五六年）

志登支石墓群（埋蔵文化財発掘調査報告4）（藤田亮策・鏡山猛氏らと共著）（文化財保護委員会）三月
縄文式文化・弥生式文化・古墳文化解説（児玉幸多編『**標準日本史掛図**』）（吉川弘文館）四月
都城（「日本考古学講座」六　歴史時代—古代）（河出書房）四月
蝦夷の文化とアイヌの文化（古代史談話会『**蝦夷**』）（朝倉書店）五月
図説日本文化史大系Ⅰ（縄文・弥生・古墳時代）（編）（小学館）七月
日本古墳文化資料綜覧（第三分冊・主要遺物件名表）（吉川弘文館）九月
四天王寺旧境内の第二次調査　国立博物館ニュース　一一三　一〇月

昭和三二年（一九五七年）

最初の古墳発掘　日本歴史　一〇三　一月
胆沢城跡（岩手県文化財調査報告）（田中喜多美・板橋源氏と共著）（岩手県教育委員会）三月
考古学編年図譜（児玉幸多編『標準日本史掛図』）（吉川弘文館）四月
金石文—史料の蒐集と取扱い方（和歌森太郎編『**新日本史大系**』「日本史研究法」別巻）（朝倉書店）一一月

考古資料（同）　（朝倉書店）　一二月

昭和三三年（一九五八年）

静岡考古館の将来とその仕事　静岡考古館報　一月
文化の黎明（坂本太郎編「世界各国史」『日本史』）（山川出版社）　一月
『沖ノ島』（跋文）（宗像神社復興期成会）　三月
北日本における古砦址の概観（江上波夫・関野雄・桜井清彦編『**館址**』）（東洋文化研究所）　三月
国造に関する考古学上よりの一試論（古代史談話会『**古墳とその時代**』二）（朝倉書店）　四月
近年における都城址の研究（『**日本の町**　その歴史的構造』）（雄山閣出版）　五月
若き考古学徒A君に寄する手紙（A）　大塚考古　一　七月
日本全史1（原始）（東大出版会）　九月
平泉の土地（人物叢書『奥州藤原氏四代』折込）（吉川弘文館）　一二月

昭和三四年（一九五九年）

先学者の心　日本歴史　一二七　一月
歴史考古学上の新課題　日本歴史　一二九　三月
石井廃寺址第二次調査概報（三木文雄・内藤政恒氏らと共著）（徳島県教育委員会）　三月

埋蔵文化財の危機　貝塚　八七　四月
将軍塚（人物叢書『坂上田村麻呂』折込）　（吉川弘文館）　六月
若き考古学徒A君に寄する手紙（B）　大塚考古　二　七月
秋田城跡第一次調査概要（板橋源氏らと共著）（プリント）　（文化財保護委員会）　八月
秋田城発掘を終えて　秋田魁新聞　八月
日本における考古学の発達と現状Ⅰ（国際歴史学会・日本国内委員会編『**日本における歴史学の発達と現状**』Ⅰ）　（東大出版会）　八月
山頂の文化財調査　マンスリー東武　一二五　九月
新羅統一時代の文化（『**図説世界文化史大系**』朝鮮・東北アジア）　（角川書店）　一一月

昭和三五年（一九六〇年）

日本史図録Ⅰ（児玉幸多・久野健氏と共著）　（吉川弘文館）　二月
若き考古学徒A君に寄する手紙（C）　大塚考古　三　三月
三昧塚古墳（後藤守一・大塚初重氏らと共著）　（茨城県教育委員会）　三月
斎藤優『足羽山の古墳』（書評）　考古学雑誌　四五—四　三月
農耕集落の形成（「世界考古学大系」2　日本2）　（平凡社）　四月
白鳥陵（人物叢書『日本武尊』附録）　四九　七月
秋田城跡第二次調査概要（福山敏男氏らと共著）（プリント）　（文化財保護委員会）　八月
日本先史序章（「世界美術全集」1　日本(1)）　（角川書店）　一〇月

古事記の新しい研究とその方法（座談会）	国文学解釈と鑑賞		一一月
考古学界をかえりみて	国立博物館ニュース	一六三	一二月
埋蔵文化財について	日本の文化財		一二月

昭和三六年（一九六一年）

「衝口発」と「鉗狂人」	日本歴史	一五一	一月
「弥生」の名	弥生	七	一月
文化のあけぼの	毎日中学生新聞		一月
前方後円墳の起源	日本歴史	一五六	三月
藤田亮策先生「哀悼」	大和文化研究	六―三	三月
末永雅雄『日本の古墳』（書評）	考古学雑誌	四六―四	三月
三上次男『満鮮原始墳墓の研究』（書評）	日本歴史	一五四	四月
日本考古学上の問題点―古墳文化	日本歴史	一五七・一五八	七・八月
日本古墳の研究	（吉川弘文館）		八月
秋田城跡第三次調査概報（内藤政恒氏らと共著）（プリント）	（文化財保護委員会）		八月
周防国衙調査の意義	毎日新聞	一〇・八	一〇月
考古学と推理	法政	一〇―一一	一一月

昭和三七年（一九六二年）

日本史研究会講座『日本文化史』一（書評）　日本史の研究　三七　一月
古代城柵跡および住居跡　建築雑誌　七七―九〇七　一月
磐　舟（共著）　（新潟県教育委員会）　三月
原始日本と国家の形成（寶月圭吾・児玉幸多編『**日本史概論**』）　（吉川弘文館）　三月
石井（徳島県文化財報告五）（三木文雄・内藤政恒・村井嵓雄氏と共著）　（徳島県教育委員会）　三月
歴史考古学の役割　歴史教育　一〇―三　三月
秋田城跡第四次調査概要（福山敏男氏らと共著）（プリント）　（文化財保護委員会）　八月
木内石亭（人物叢書）　（吉川弘文館）　一〇月
日本考古学辞典（日本考古学協会編）　（東京堂出版）　一一月
青墓長塚古墳・赤妻丸山古墳・秋田城址・明合古墳・飛鳥時代・愛宕塚古墳・愛宕山古墳・足立康・家形石棺・生目古墳群・胆沢城址・伊勢貞丈・いたすけ古墳・今城塚古墳・祝部土器・磐舟柵址・雲根志・蝦夷・蝦夷穴・江田船山古墳・王塚古墳（富山県）・大岩日石寺磨崖仏・大野延太郎・「沖ノ島」・小田原郷土文化館・御墓山古墳・帯金具・親ヶ谷古墳・ガウランド・槨障・金井沢碑・甲山古墳・鎌倉時代・狩谷棭斎・川南古墳群・棺・棺槨壙論・「漢式鏡」・棺台・神田孝平・冠帽・木内石亭・帰化人・城輪柵址・木村蒹葭堂・宮址・金冠・金環・金冠塚・金鈴塚・百済遺

跡・群馬県立博物館・慶州・「慶州の金冠塚」・鶏知ソネ古墳・原始絵画・後期古墳・「考古学研究」・「考古学研究法」・「好古小録」・「考古精説」・「考古説略」・「好古日録」・「考古の栞」・「考古便覧」・上野三碑・「古鏡の研究」・小浜安倉古墳・「古物学」・古墳・「古墳と上代文化」・「古墳横穴及び同時代遺物発見地名表」・古室山古墳群・誉田古墳群・金銅冠・西都原古墳群・柵址・桜谷古墳群・佐渡国分寺址・三昧塚古墳・「山陵志」・紫金山古墳・島根県立博物館・「尺度綜考」・「集古十種」・十三塚・「城郭之研究」・常心塚古墳・聖徳太子墓・飾履塚・新羅一統時代遺跡・「新日本史講座」・垂飾付耳飾・瑞鳳塚・菅江真澄・駿河国分寺址・石室・川柳将軍塚古墳・装飾古墳・大将塚古墳・内裏塚古墳・高井田横穴・多賀城址・高塚・多胡碑・竪穴式石室・谷川士清・「筑後石人写真集」・茶臼塚古墳群・「中央史壇」・中期古墳・町石・朝鮮土器・長法寺南原古墳・塚穴・月の輪古墳・津堂城山古墳・坪井九馬三・津山郷土館・鶴山丸山古墳・寺谷銚子塚古墳・天冠・藤貞幹・得能山古墳・都城址（日本）・百々陶窯址・富岡謙蔵・長塚古墳（岐阜県）・長塚古墳（大阪府）・長持形石棺・那須国造碑・奈良時代・「日本金石文綱要」・「日本考古学」（八木奘三郎）・「日本考古学」（中沢澄男・八木奘三郎）・「日本考古学講座」・「日本考古学論攷」・「日本考古提要」・「日本古文化研究所報告」・「日本の古墳」・「日本埴輪図集」・「日本歴史」（国史研究会）・「日本歴史時代初期墳墓研究提要」・新田原古墳群・鶏塚古墳・沼田頼輔・白鳳時代・箱式石棺・埴瓮土器・伴信友・百

塚・日向国分寺址・琵琶塚古墳・二子塚古墳（大阪府）・平安時代・「平城京及大内裏考」・壁画古墳・へぼそ塚・法皇寺山横穴・伯耆国分寺裏山古墳・北陸人類学会・保子里車塚古墳・払田柵址・本庄古墳群・埋蔵文化財・町田久成・松浦武四郎・摩湯山古墳・円山古墳・南方古墳群・耳原古墳・宮塚古墳・無量光院址・室町時代・百舌鳥古墳群・持田古墳群・森尾古墳・「文部省史蹟調査報告」・「文部省史蹟精査報告」・八木奘三郎・屋代弘賢・桜井茶臼山古墳・山津照神社古墳・山ノ上古墳・山ノ上碑・夢野丸山古墳・横穴式石室・横井時冬・横口式石棺・横山由清・吉胡貝塚・陵山古墳・「歴史地理」・割竹形石棺

日本文化史辞典　（朝倉書店）　一一月

石匙・祝部式土器・蝦夷文化・甕棺・甕葬・鏡作部・金石併用時代・支石墓・須恵器・関野貞・石棺・前方後円墳・竪穴式石室・玉作部・銅鏡・銅鉾・銅剣・銅鐸・箱式石棺・土師器・勾玉・大和文化

後藤守一編『伊豆山木遺跡』（紹介）　朝日新聞　一二・二七　一二月

昭和三八年（一九六三年）

秋田城跡の発掘を終了して　日本歴史　一七六　一月

佐自塚古墳調査概要（大塚初重氏らと共著）（プリント）　（茨城県教育委員会）　二月

関俊彦『弥生時代文献解題』（一九六一年）（序文）　（私家版）　二月

日本の発掘（東大新書）　（東大出版会）　三月

平城宮跡の発掘によせて　大和路　七八　三月

難波宮跡と平城宮跡―古代の宮殿跡の発掘　ラジオテキスト 高校日本史　二―一　四月

坪井正五郎先生の生誕百年の記念行事にちなんで　日本歴史　一八三　八月

太田山埴輪窯跡調査概報（大川清・大塚初重氏らと共著）（プリント）　（茨城県教育委員会）　九月

青柳種信と三器略説（『**田山方南華甲記念論文集**』）　（田山方南先生華甲記念会）　一〇月

獣首面のある帯金具（金正柱氏編『**韓来文化の後栄**』）　（韓国資料研究所）　一一月

石城山神籠石第一次調査概要（小野忠凞・三木文雄氏らと共著）（プリント）　（文化財保護委員会）　一一月

日光男体山（佐野大和氏らと共著）　（二荒山神社）　一二月

豊橋市教育委員会『瓜郷』（序文）　（豊橋市教育委員会）　一二月

古代の装身具（塙選書）　（塙書房）　一二月

昭和三九年（一九六四年）

文化財保護委員会『特別史跡名勝天然記念物図録』（書評）　日本歴史　一八八　一月

見島総合学術調査報告（小野忠凞氏らと共著）　（山口県教育委員会）　三月

最寄（モヨロ）貝塚の調査の沿革（駒井和愛編『**オホーツク海岸知床半島の遺跡**』下）　（東京大学文学部）　三月

小林行雄『古代の技術』（書評）　日本史の研究　四七　三月

神籠石	月刊文化財	七	四月
積石塚考	信濃	一六—五	五月
装飾古墳のナゾ	朝日ジャーナル	六—二〇	五月
末永雅雄『考古学の窓』（紹介）	週刊サンケイ	六七八	六月
幡の横穴の彫刻	三彩	一七六	八月
古鏡（鑑賞席）	朝日ジャーナル	六—四〇	一〇月
蒲生君平と「山陵志」（日本歴史学会『**歴史と人物**』）	（吉川弘文館）		一一月
石城山神籠石第二次調査概要（三木文雄・小野忠凞氏らと共著）（プリント）	（文化財保護委員会）		一一月
東海道新幹線のかげに	群像	一九—一一	一一月
埋もれた家屋と集落	日本歴史	一九九	一一月
会津若松市史出版委員会『会津大塚山古墳』（書評）	朝日新聞	一二・一四	一二月
加曾利貝塚の発掘について（『**加曾利貝塚**』）	（加曾利貝塚調査団）		一二月
長野県松本市北埴原推定信濃牧監庁跡調査概報（一志茂樹・大川清・原嘉藤氏らと共著）	信濃	一六—一二	一二月

昭和四〇年（一九六五年）

石城山神籠石の発掘調査	月刊文化財	一八	三月
『東海道新幹線増設工事に伴う埋蔵文化財発掘調査報告書』（跋文）	（日本国有鉄道）		三月

坂詰秀一『新座』（序文）	（跡見学園・吉川弘文館）		三月
秋田県教育委員会『脇本埋没家屋第一次調査概報』（序文）	（秋田県教育委員会）		四月
古代国家と大和	国文学解釈と鑑賞		四月
古墳の壁画（「日本原始美術」5）	（講談社）		五月
日本考古学史上の茨城県	茨城県史研究	二	六月
在りし日の調査日誌—酒詰仲男教授をしのぶ—	古代文化	一五—三	九月
『男鹿市文化財調査報告』Ｉ（序文）	（男鹿市教育委員会）		一一月

昭和四一年（一九六六年）

鋳銭司遺跡の調査	毎日新聞	三・一五	三月
脇本埋没家屋第二次調査概報（秋田県文化財調査報告書六）（奈良修介氏らと共著）	（秋田県教育委員会）		三月
古墳文化と古代国家（日本歴史新書）	（至文堂）		三月
信濃国分寺跡の第二次調査	信濃毎日新聞		四月
騎馬民族征服説に対する批判	史元	二—二	六月
考古学から見た邪馬台国（**『シンポジウム邪馬台国』**）	（創文社）		八月
史跡下野薬師寺跡第二次緊急発掘調査概報（大和久震平氏らと共著）	（栃木県教育委員会）		八月
装飾古墳の諸問題	古代学研究	四五	九月
考古学ジャーナルへの期待	考古学ジャーナル	一	一〇月

崇神天皇に関する考古学上よりの一試論　古代学　一三―一　一〇月
五二六年までの日本（「日本歴史シリーズ」Ⅰ『日本の誕生』）（世界文化社）　一〇月
考古学図解年表（「日本歴史シリーズ」Ⅰ『日本の誕生』）（世界文化社）　一〇月
日本における考古学の発達と現状Ⅱ（『日本における歴史学の発達と現状』Ⅱ）（東大出版会）　一一月
文化財保護委員会『埋蔵文化財発掘調査の手引』（紹介）　朝日新聞　一二月
信濃国分寺跡第二次緊急発掘調査報告（内藤政恒氏らと共著）　信濃　一八―一二　一二月

現代新百科辞典　（学習研究社）　四一～四二年

遺跡・石皿・石包丁・石匕・石鎌・石舞台古墳・板碑・祝部土器・大森貝塚・応神天皇陵・貝塚・戈・亀ガ岡遺跡・甕棺葬・唐古遺跡・漢委奴国王印・巨石紀念物・金石併用時代・金石文・屈葬・挂甲・穴居・慶州・原始時代・原始社会・神籠石・考古学・古墳・古墳時代・古墳文化・古銭学・骨角器・細石器・彩文土器・西都原古墳群・縄文式文化・縄文式土器・殉葬・伸展葬・支石墓・車輪石・須恵器・須玖遺跡・石棺・石室・石棒・石核石器・石製模造品・石鏃・石器・石器時代・石斧・先史時代・先史学・前方後円墳・装飾古墳・竪穴住居・直弧文・坪井正五郎・陶棺・銅剣・銅鏡・銅鏃・銅鐸・銅鉾・土器・土偶・尖石遺跡・鳥居龍蔵・登呂遺跡・洞窟・唐鏡・ドルメン・夏島貝塚・仁徳天皇陵・年代決定法・陪塚・墓・土師器・発掘・埴輪・浜田耕作・平出遺跡・船山古墳・文化財・倣製鏡・碑・鉾・勾玉・磨製石器・無土器文化・木棺・明器・弥生式土器・弥生式

昭和四二年（一九六七年）

北海道の二つのチャシ　日本歴史　二二四　一月
周防の国衙（三坂圭治・藤岡謙二郎・福山敏男・小野忠凞・小田富士雄氏らと共著）（防府市）　三月
四天王寺（埋蔵文化財発掘調査報告6）（藤島亥治郎氏らと共著）（文化財保護委員会）　三月
脇本埋没家屋第三次調査概報（秋田県文化財報告）（奈良修介氏らと共著）（秋田県教育委員会）　一一　三月
（常呂遺跡）考古学調査の新課題　東大新聞　四月
国分僧寺と国分尼寺との距離及び方位に関する一考察（末永先生古稀記念『**古代学論叢**』）（末永雅雄先生古稀記念会）　一〇月
四道将軍の派遣の物語と大塚山古墳（『会津若松市史』第一巻会報）（会津若松市）　一〇月
東京大学文学部常呂資料館、竪穴住居跡（口絵解説）（上野佳也氏と共著）　日本歴史　二三五　一二月
北海道常呂町栄浦第二遺跡七号竪穴の遺物（藤本強氏と共著）　考古学雑誌　五三－三　一二月

昭和四三年（一九六八年）

明治百年と考古学　日本歴史　二三六　一月
大森貝塚保存会編『大森貝塚』（書評）　日本歴史　二三八　三月
日本考古学協会洞穴調査委員会編『日本の洞穴遺跡』（書評）　日本歴史　二三九　四月
考古学とは何か（編）（「現代のエスプリ」三一号）　（至文堂）　五月
岩木山麓古代遺跡発掘調査報告（成田末五郎・村越潔氏らと共著）　（弘前市教育委員会）　七月
考古学文献センター設立への願い　考古学ジャーナル　二二　七月
宗像大社の国宝　朝日ジャーナル　一〇―三八　九月
日本人の祖先（「日本歴史全集」１）　（講談社）　九月
地下に発見された更埴市条里遺構の研究（寳月圭吾・一志茂樹氏らと共著）　（長野県教育委員会）　一〇月
新羅の墓制とそのわが国への影響―十二支神像をもつ墓制を中心として―　朝鮮学報　四九　一〇月
茨城県史料　古代編（編）　（茨城県）　一一月
「常陸国風土記」の中にあらわれた貝塚の話（『茨城県史料』付録）　（茨城県）　一一月
水戸藩に関係ある書翰　茨城県史研究　一二　一一月
日本の誕生（「日本の歴史」１）　（ポプラ社）　一一月
金正柱『九州と韓人』（序文）　（韓国史料研究所）　一一月

原始概説（彫刻・絵画・その他）（**『日本美術全史』**一）　（美術出版社）　一一月

牧健二『日本の原始国家』（書評）　日本歴史　二四七　一二月

日本古代遺跡の研究（総説編）　（吉川弘文館）　一二月

昭和四四年（一九六九年）

モース　日本歴史　二四八　一月

大森貝塚の保存　毎日新聞　二月

モースのことども　（大森貝塚保存会）　二月

日本考古学（法政大学通信教育テキスト・改訂版）　（法政大学）　三月

下野国分尼寺跡（大和久震平氏らと共著）　（栃木県教育委員会）　三月

川路聖謨の書翰　茨城県史研究　一三　三月

わが国における婦化人文化の痕跡　日本歴史　二五一・二五二　四・五月

一九六八年考古学界を顧みて　考古学ジャーナル　三一　四月

積石塚をめぐる諸問題（共著）　長野県考古学会誌　六　四月

考古学界戦後二五年の歩み　国立博物館ニュース　二七〇　一一月

国分尼寺の性格―特に国分僧寺との比較を中心として―　仏教史研究　四　一二月

松岳山古墳群に関する二、三の考察　古代学　一六―二、四　一二月

昭和四五年（一九七〇年）

原色日本の美術1—原始美術（共著） （小学館） 一月
塚墓の名称 古事類苑月報 三四 一月
古代日本人は何を残したか 民族文化 五—四 二月
海外の遺跡をたずねて 朝日新聞 二月
近年における日本考古学界の動向 歴史教育 一八—三 三月
遺跡の保存と開発 ロータリーの友 一八—三 三月
長谷部言人博士追悼　長谷部先生の想い出 考古学ジャーナル 四二 三月
考古学—一九六九年の動向（総論） 考古学ジャーナル 四五 六月

昭和四六年（一九七一年）

下野国分尼寺跡史跡整備事業報告（共著） （国分寺町教育委員会） 三月
下野薬師寺の調査概況について 仏教史研究 五 三月
日本国家の成立を探る（編）（「現代のエスプリ」四九号） （至文堂） 三月
日本における考古学の動向と課題 日本歴史 二五七 四月
九州の装飾古墳を歩いて 朝日新聞 五・一四 五月
大湯の環状列石と日本の縄文時代の類似遺跡について 北奥古代文化 三 六月

長者屋敷考（『一志茂樹博士喜寿記念論集』）　六月
ボロブドールの旅　ブティスト　一　六月
東南アジアの旅　歴史と地理―日本史研究　六月
坪井正五郎集（上・下）（編）（「日本考古学選集」2）（築地書館）　七月
日本古代遺跡の研究（文献編上・下）（吉川弘文館）　九月
日本の原始美術　小原流挿花　二二―九・一〇　九月
（昭和四七年三月まで連載）
現代の考古学（共著）（学生社）　一〇月
史跡信濃国分寺跡及び堂西遺跡調査報告（共著）（上田市教育委員会）　一一月
千居遺跡の感想　大日蓮　三〇九　一一月
インドのカシミールとアフガニスタンのバーミヤンの石窟をたずねて　大正大学学報　三三　一一月
日本の古墳（日本文化史講座）　月刊文化財　九九　一二月
装飾古墳・装飾横穴研究の課題　日本歴史　二八三　一二月
谷川徹三『縄文的原型と弥生的原型』（書評）　歴史と地理―日本史研究　七五　一二月

昭和四七年（一九七二年）

勾玉に関するシーボルトの記述　シーボルト『日本』の研究と解説　一月
金印・金石文　アルファ大世界百科　七〇　一月
遺跡保存への努力―事前調査の問題点　朝日新聞　二・一六　二月

わが国における頭塔・土塔等の遺跡の源流　大正大学研究紀要　五七　三月
古代東国における帰化人安置に関する二、三の考察—那須国造碑を中心として—　仏教史研究　六　三月
国分僧寺跡・尼寺跡の研究課題　日本歴史　二八八　五月
原始美術（「日本の美術」1）（小学館）　七月
韓国の壁画古墳を訪ねて　毎日新聞　八月
日本の装飾古墳—高松塚古墳との関係について（『**高松塚古墳と飛鳥**』）（中央公論社）　九月
シルクロードの旅　大正大学学報　三四　一一月
古墳の旅（共著）全国の古墳　南から北へ（毎日新聞社）　一二月
喜田貞吉集（編）（「日本考古学選集」8）（築地書館）　一二月

昭和四八年（一九七三年）

南インドの印象　古代史講座月報　一〇　二月
日本古代壁画の源流を探る　読売新聞　二月
沼田頼輔・関保之助集（共編）（「日本考古学選集」5）（築地書館）　三月
伊場遺跡第五次発掘調査概報（共著）（浜松市遺跡調査会）　三月
下野薬師寺跡発掘調査報告書（編）（栃木県教育委員会）　三月
日本装飾古墳の研究（講談社）　三月
シルクロードの旅　ハルブーザ　一八　四月

ボロブドールの遺跡　仏教タイムズ　四・七　四月
セイロンの旅　日本歴史　三〇〇　五月
韓国古代遺跡の旅から帰って　朝日新聞　五・七　五月
日本歴史の視点Ⅰ（共著）　（日本書籍）　六月
下野薬師寺とその関係の僧侶（櫛田博士頌寿記念『**高僧伝の研究**』）　六月
新羅文化論攷　（吉川弘文館）　八月
手宮洞窟・大森貝塚（『**日本古代遺跡便覧**』）　（社会思想社）　九月
考古学と服装史　服装文化　一四〇　一〇月
藤貞幹の古代史及び考古学研究（『**藤原弘道先生古稀記念史学仏教学論集**』）　一一月

昭和四九年（一九七四年）

東国の装飾古墳　考古学ジャーナル　九一　二月
茨城県史料　考古資料編　古墳時代（共編）　（茨城県）　二月
東北古代城柵の特質（『**日本考古学・古代史論集**』）　二月
信濃国分寺―本編―（共編）　（上田市教育委員会）　三月
世界の博物館の印象(1)　茨城県歴史館報　三月
王経塚（共著）　（茅野市教育委員会）　三月
一九七三年の考古学界の動向（総論）　考古学ジャーナル　九四　五月

日本考古学の現状と課題（共著）（日本歴史学会編）　（吉川弘文館）　五月
「史誌センター」の設立を欣ぶ　地誌と歴史　一　六月
山内さんを憶う（「日本考古学選集」21）　集報二二　六月
鳥居龍蔵集（上・下）（編）（「日本考古学選集」6・7）　（築地書館）　七・八月
日本考古学史（日本歴史叢書39）　（吉川弘文館）　八月
日本考古学の視点（上・下）（編）　（日本書籍）　一一月
『考古学ジャーナル』一〇〇号発刊を迎えて　考古学ジャーナル　一〇一　一一月

昭和五〇年（一九七五年）

エスキモー人の使った皮のなめし具　日本歴史　三二〇　一月
世界の博物館の印象(2)　茨城県歴史館報　二月
原田淑人先生の追悼　考古学雑誌　六〇—四　三月
木内石亭　書の日本史　六　三月
論集騎馬民族征服王朝説（鈴木武樹編）（再録）　（大和書房）　三月
長野県松本市弘法山古墳調査概報　（長野県松本市教育委員会）　四月
寺院を通してみた古代日韓関係　親和　二五六　五月
寺院跡（『**新版仏教考古学講座**』二寺院）　（雄山閣出版）　六月
因幡国伊福吉部徳足比売の墓について　仏教史研究　九　六月
市町村誌における考古学上の写真・図面の取扱い　地誌と歴史　五　六月

古墳の絵画（編）（「日本の美術」7）　（至文堂）　七月
図録東洋仏教遺跡　（吉川弘文館）　七月
古代史と考古学　（吉川弘文館）　九月
アジアの墓制の中で日本の古墳はどんな位置にあるか　海外交渉史の視点　一　一〇月
大陸渡来人の技術　海外交渉史の視点　一　一〇月
大場さんを悼う　信濃　三一〇　一〇月
魏志倭人伝にはどんな考古学上の記事があるか（『**邪馬台国99の謎**』）　一〇月
仏跡をめぐりて　日光山輪王寺　三八　一〇月
モンゴルの配石墓　考古学ジャーナル　一二五　一一月
モンゴル行　鳥居龍蔵全集附録月報　二　一一月

昭和五一年（一九七六年）

飛鳥の地に想う　歴史手帖　四―一　一月
神籠石雑考　考古学ジャーナル　一一七　一月
日本古代寺院の源流　歴史公論　六　一月
大野延太郎・八木奘三郎・和田千吉集（共編）（「日本考古学選集」4）　（筑地書館）　一月
世界の博物館の印象(3)　茨城県歴史館報　二月
大師山横穴群（共著）　（静岡県教育委員会）　三月
竹林寺遺跡Ⅰ（昭和五〇年度発掘調査概報）（共著）　（静岡県教育委員会）　三月

日本考古学史上における『好古日録』と『好古小録』　日本随筆大成一期　二三　五月
韓国と日本の古代文化　統一日報　七・二三　七月
山城国の古墳文化と帰化人　朱　二〇　七月
世界漫遊の弁　弥生　九　九月
百済武寧王陵を中心とする古墳群の編年的序列とその被葬者に関する一試考　朝鮮学報　八一　一〇月
トムゼンの墓に詣る　考古学ジャーナル　一二九　一一月
わが著書を語る『日本古代遺跡の研究』　出版ニュース　一一月
日本古代遺跡の研究（論考編）　（吉川弘文館）　一一月

昭和五二年（一九七七年）

世界の博物館の印象(4)　茨城県歴史館報　四　二月
「大蔵」考　日本歴史　三四五　二月
下野国府跡（共著）　（栃木県教育委員会）　三月
『茨城県史料＝考古資料編』刊行への期待　茨城県史料付録　一六　三月
古代アジアにおける葬送儀礼―「魏志」倭人伝の記事を中心として―　大正大学大学院研究論集創刊号　三月
百済文化の背景（『**考古論集**』〈慶祝松崎寿和先生六三歳論文集〉）　三月
竹林寺遺跡Ⅱ（昭和五一年度発掘調査概報）（共著）　（島田市教育委員会）　三月
ビルマに塔をたずねて　考古学ジャーナル　一三五　五月

石田先生を憶う　考古学雑誌　六三―二　九月
考古学三百年―その人物と業績―考古学を彩った三五人　歴史読本　二三―一二　九月
日本における再葬（洗骨葬）の展開　大正大学研究紀要　六三　九月
東南アジアの仏塔　科学朝日　三七―一〇　一〇月
葬送儀礼―古代日本人の死の思想―（編）（「現代のエスプリ」一一一号）　（至文堂）　一〇月
遺跡保存の歴史―明治・大正期を中心として―　考古学研究　二四―三・四　一二月
栃木県考古学史の一断面―明治期の考古学―　栃木県史研究　一四　一二月
石田博士と扶余軍守里廃寺跡　考古学ジャーナル　一四三　一二月
長柄横穴群　（小宮山書店）　一二月
古代の城（**『探訪日本の城』**一）　一二月

昭和五三年（一九七八年）

伊場遺跡発見の絵馬　日本歴史　三五六　一月
西安と洛陽の旅　考古学ジャーナル　一四五　二月
永泰公主の墓を訪ねて　朝日新聞　二・三　二月
大北横穴群Ⅰ（昭和五二年度発掘調査概報）（共著）　（伊豆長岡町教育委員会）　三月
竹林寺遺跡Ⅲ（昭和五二年度発掘調査概報）（共著）　（島田市教育委員会）　三月
慶州城東洞遺跡再考―新羅都京内の宮城的性格をもつ遺跡とする考え　（吉川弘文館）　三月

について―（『**古代東アジア史論集**』上）

墳　墓　（近藤出版社）　三月

ペシャワールにカニシカ大塔の跡をたずねて　日本仏教史学　一三　四月

常陸国分寺発掘調査報告（編）　（石岡市教育委員会）　六月

図録東西文化交流史跡　（吉川弘文館）　六月

弘法山古墳（編）　（長野県松本市教育委員会）　六月

古墳の話　郵政　三〇―九　九月

辛亥年銘金象嵌鉄剣の発見に寄せて　毎日新聞　九月

日本史の謎と発見『国家の発展』（共著）　（毎日新聞社）　一〇月

日本の考古学一〇〇年―地下に歴史を掘る（共著）　（毎日新聞社）　一〇月

図説古墳10の謎　歴史と旅　別冊　四三　一〇月

扶余軍守里廃寺跡に見られる伽藍配置とその源流（『**百済文化と飛鳥文化**』）　（吉川弘文館）　一〇月

中山信名の「墳墓考」と栗田寛の「葬礼私考」について　茨城県史研究　三九　一二月

昭和五四年（一九七九年）

多胡碑の「羊」の文字をめぐって　日本歴史　三六八　一月

埋蔵文化財随想　文化財月報　一二四　一月

シンポジウム　鉄剣の謎と古代日本（共著）　（新潮社）　一月

埼玉県稲荷山古墳と出土した鉄剣について　学士会月報　七四二　一月
鉄剣銘の発見と今後の問題　けんちょう　一三〇　一月
埼玉稲荷山古墳の研究から―寺の解釈に疑問が―　比叡山時報　二六五　一月
鉄剣文字は語る（共著）　（ごま書房）　二月
江見水蔭と茨城県の貝塚　茨城県史料付録　一七　三月
竹林寺遺跡Ⅳ（昭和五三年度発掘調査概報）（共著）　（島田市教育委員会）　三月
大北横穴群Ⅱ（昭和五三年度発掘調査概報）（共著）　（伊豆長岡町教育委員会）　三月
稲荷山古墳と古代の日本（対談）　受験の日本史　六―三　三月
稲荷山古墳と出土の金象嵌銘鉄剣　歴史と地理　二八二　三月
国史大辞典　一　（吉川弘文館）　三月
　青墓長塚古墳・赤塚古墳・秋田城・明合古墳・牽牛子塚・安土瓢簞山古墳・足羽山古墳群・愛宕塚古墳・阿武山古墳・安倍文殊院西古墳・胆沢城・石井廃寺址・石塚山古墳・石舞台古墳・石山古墳・泉崎横穴・遺跡・いたすけ古墳・井寺古墳・稲荷山古墳・伊場遺跡・遺物・今城塚古墳・石城山神籠石・石清尾山古墳群・磐田原古墳群・岩戸山古墳・磐舟柵・菖蒲塚古墳
高句麗古墳壁画にあらわれた葬送儀礼について　朝鮮学報　九一　四月
百済仏を手づかみにした話　東方界　六五　四・五月
北沙ルートの沙漠についての古人の表現　中国旅行　二五　五月
稲荷山古墳の被葬者について　歴史公論　五―五　五月

考古学の年代決定法　歴史と人物　九―六　六月
トルファン紀行　考古学ジャーナル　一六二　六月
那須国造碑　地誌と歴史　二一　七月
日本の古代史を考える　大学時報　一六二　七月
埼玉の古代を語る（畑埼玉県知事との対話）　ふるさとの人　九月
広潤重弁蓮花文瓦　天地　二―一〇　一〇月
モンゴルの一角に在って（「ヘデン探検紀行全集」月報一四）　（白水社）　一〇月
松浦武四郎の考古学観　日本歴史　三七八　一一月
日本人はどこから来たか（学術文庫）　（講談社）　一一月
日本考古学史資料集成　（吉川弘文館）　一一月

昭和五五年（一九八〇年）

猿形埴輪随想　日本歴史　三八〇　一月
考古学から見た古代日韓の仏教文化の交流　日韓仏教　二　一月
大北横穴群Ⅲ（昭和五四年度発掘調査概報）（共著）　（伊豆長岡町教育委員会）　三月
那須国造碑（『栃木県史』通史編2　古代二）　（栃木県）　三月
古墳の視点　（学生社）　四月
考古学と現代　（日本評論社）　五月
稲荷山古墳と埼玉古墳群（共著）　（三一書房）　六月

関連諸科学—考古学—（『現代仏教を知る大事典』学術編）（金花舎）七月

年表でみる日本の発掘・発見史① 奈良時代—大正篇（「NHKブックス」370）（日本放送出版協会）七月

考古学への道（学生社）七月

国史大辞典 二（吉川弘文館）七月

雲根志・柄鏡式古墳・羨道・円筒棺・円墳・羨門・応神天皇陵・恵我藻伏岡陵・大塚山古墳・大森介墟古物編・大森貝塚・鬼の岩屋古墳・大中遺跡・大湯環状列石・乙訓寺址・乙女山古墳・御墓山古墳・帯金具・小見真観寺古墳

敦煌・酒泉・蘭州への旅—高句麗壁画の源流を探る　朝日新聞　八・一二　八月

道路と埋蔵文化財　道路セミナー　一—八　八月

伝教大師入寂にともなう「奇雲蓋峰」の伝承について　伝教大師研究　別巻　一〇月

周口店遺跡を訪れて　本　五—一〇　一〇月

古代朝鮮の受けた影響、与えた影響（「新潮古代美術館」一一）（新潮社）一一月

埼玉・稲荷山古墳（共著）（埼玉県教育委員会）一一月

昭和五六年（一九八一年）

常陸国分僧寺の堂塔跡と寺域の研究（「斎藤考古学研究所紀要」一）（斎藤考古学研究所）一月

私と考古学　中学社会　二四九　一月

鳥と新羅人　日本歴史　三九二　一月

高句麗・百済の仏教文化に関する二、三の考察　日本仏教史学　一六　二月

古代朝鮮文化と日本文化とに見られる共通性と異質性　三康文化研究所所報　一六　三月

大北横穴群（共編）　（伊豆長岡町）　三月

古代朝鮮文化と日本　（東京大学出版会）　四月

増補　日本の発掘（東大新書の増補版）　（東京大学出版会）　四月

推薦の言葉をかねて　日本古墳文化論（W・ゴーランド）　（創元社）　七月

新羅の葬制からみた甘山寺跡石造阿弥陀如来像・弥勒菩薩像銘文の一解釈　朝鮮学報　九九・一〇〇　七月

藤田亮策集（編）（「日本考古学選集」19）　（築地書館）　一一月

昭和五七年（一九八二年）

高句麗の古墳の壁画にあらわれた犬の絵　日本歴史　三九二　一月

火雨塚《ひさめづか》名称考　新編埼玉県史だより資料編二　原史・古代附録　二月

めぐりあい―末永雅雄さん　毎日新聞　三・九　三月

（愛媛県史）顧問をひきうけて　愛媛県史だより　五七　三月

MUNRO PREHISTORIC JAPAN（「復刻日本考古学文献集成」1）　（第一書房）　四月

解説

最も近い韓国―黄金文化の新羅　明日香風　一―四　四月
古代伝承から見た日本と新羅―日本古典考古学への模索　UP　一一七　六月
新羅文化の跡を追って　弥生　一二　六月
日本考古学概論　(吉川弘文館)　七月
琉球伊波貝塚発掘報告(「復刻日本考古学文献集成」2)解説　(第一書房)　八月
年表でみる日本の発掘・発見史②　昭和篇(「NHKブックス」420)　(日本放送出版協会)　九月
山城と金石文化から見た古代の日韓関係(『**日本にきた韓国文化**』)　(第一書房)　一〇月
北陸人類学会志(「復刻日本考古学文献集成」3)解説　(第一書房)　一一月
日本古墳文化資料綜覧(復刻)　(臨川書店)　一二月
兎沢古墳群九号墳の壁画の発見について　静岡県埋蔵文化財調査研究所だより　九　一二月

昭和五八年(一九八三年)

猪垣とのめぐりあい　日本歴史　四一六　一月
エジプトへの旅　月刊歴史教育　五―一　一月
兎沢古墳の壁画　地誌と歴史　三一　二月
国史大辞典　三　(吉川弘文館)　二月
甲斐国分寺址・快天山古墳・William Gowland・鏡塚・瓦窯址・春日瓦焼場瓦窯址・火葬・合葬・唐御所横穴・棺・乾漆棺・冠帽・環状列石・環状

土籬

琉球荻堂貝塚（「復刻日本考古学文献集成」4）解説　（第一書房）　三月

泉踏山城跡予備調査報告書　（香川県土庄町教育委員会）　三月

岡田章雄君と私（『岡田章雄著作集』一）　三月

千頭峯城跡（共編）　（静岡県三ヶ日町教育委員会）　三月

撰要寺墓塔群（「斎藤考古学研究所紀要」二）　（斎藤考古学研究所）　三月

日本横穴地名表（共編著）　（吉川弘文館）　五月

静岡の歴史と風土（共著）（『**静岡の美術と文化**』）　（学習研究社）　五月

考古学と仏縁　まーなが（仏教説話大系月報　二〇）　六月

常陸陸平貝塚（「復刻日本考古学文献集成」5）解説　（第一書房）　六月

古代朝鮮・日本金石文資料集成　（吉川弘文館）　七月

写真集　古代の遺跡　（学生社）　八月

中世の考古学—遺跡発掘の新資料—（編）　（名著出版）　九月

装飾古墳・図文からみた日本と大陸文化　（日本書籍）　九月

日本大古石器考（「復刻日本考古学文献集成」6）解説　（第一書房）　一〇月

猪群山—山頂巨石群の研究（「斎藤考古学研究所紀要」三）　（斎藤考古学研究所）　一一月

宮崎県西都原古墳調査報告書　解説　（第一書房）　一二月

韓国における窟仏・磨崖仏とその石工技術の日本への導入に関する一試考（『九州歴史資料館開館十周年記念**大宰府古文化論叢**』）　（九州歴史資料館）　一二月

昭和五九年（一九八四年）

隼人石の数　子《ね》歳にちなんで	日本歴史	四二八	一月
国史大辞典　四 亀甲山古墳・木内石亭・金鎧山古墳・金環・金冠塚・金鈴塚・釧・百済の遺跡・屈葬・頸飾・郡衙址・群集墳・金生遺跡	（吉川弘文館）		一月
大正大学教授を退いて	史学会だより	一	三月
石の美	三豊の石造美術	三	五月
歴訪　世界の博物館	（六興出版）		五月
秩父の古墳と知知夫国造　秩父学入門	（さきたま出版）		六月
青少年へ贈る言葉（**『わが人生論』**宮城編　上）	（文教国書出版）		六月
日本考古学史辞典	（東京堂出版）		九月
明治時代の邪馬台国論	歴史読本	二九—一四	九月
韓国前方後円墳の存在説に関連して想う	考古学ジャーナル	二三六	九月
島根・岡田山古墳の銘文刀と被葬者について	公明新聞	二・一二	一二月
石器への回想	郵政	一五—一二	一二月

昭和六〇年（一九八五年）

文様の伝統―白牛対向文に寄せて	日本歴史	四四〇	一月
大正記念帳拾遺　昭史会会員の大正回想	日本歴史	四四一	二月
新潮世界美術辞典（各項目を略す）	（新潮社）		二月
国史大辞典　五	（吉川弘文館）		二月
原史考古学・玄室・後期古墳・神籠石・考古学・考古学雑誌・好古小録・考古説略・好古日録・国衙址・国分寺址・五色塚古墳・骨壺・古物学・古墳・古墳時代・古墳文化・五郎山古墳			
続日本古墳文化資料綜覧（文献編）	（臨川書店）		二月
茨城県史　原始・古代編（共編）	（茨城県史編集委員会）		三月
皇踏山廃城跡	（土庄町教育委員会）		三月
日本人種論変遷史（復刻）解説	（第一書房）		四月
弥生式土器の命名とその展開（**『論集日本原史』**）	（吉川弘文館）		五月
（朝鮮）文化の痕跡を示す古代金石文	墨	五五	七月
考古学から見た常陸国風土記	えとのす	二三	一〇月
日本遺蹟遺物図譜（「復刻日本考古学文献集成」7）解説	（第一書房）		一〇月
配石遺構―特に環状列石について	考古学ジャーナル	二五四	一一月
考古学史の人びと	（第一書房）		一一月

森本六爾集（編）（「日本考古学選集」23）（築地書館）一一月
国史大辞典　六（吉川弘文館）一一月
西都原古墳群・埼玉古墳群・桜井古墳・桜谷古墳群・佐渡国分寺址・讃岐城山城址・讃岐国分寺址・侍塚古墳・三昧塚古墳・賤機山古墳・志登支石墓・三時期法
古代城柵の特性とその背景（再録）（小田富士雄編『**西日本古代山城の研究**』）（名著出版）一二月
中国・集安の古墳についての二、三の知見　考古学ジャーナル　二五七　一二月

昭和六一年（一九八六年）

中国の旅に虎の図をもとめて　日本歴史　四五二　一月
隠れたる考古学愛好者安藤正楽を憶う　子規博だより　五―三　一月
愛媛県の遺跡遺物についての学界への最初の報告　愛媛県史だより　二二　一月
学史をまなんで　史叢　三六　二月
一志先生と弘法山古墳　長野県考古学会誌　五〇　二月
静岡県の黎明期における考古学　静岡県史研究　一　三月
那須国造碑と侍塚古墳の研究（大和久震平氏と共著）（吉川弘文館）三月
古墳と神話　宮崎の古墳文化―宮崎の古代を考えるシンポジウム（宮崎市教育委員会）三月
韓国古墳の旅―長鼓山を見る　朝日新聞　四・八　四月

韓国の長鼓山を前方後円墳とする説に対して　考古学ジャーナル　二六二　五月
統一新羅の陵墓の考察―十二支像をもつ王陵を中心として　朝鮮学報　一一九・一二〇　七月
黄泉国神話をめぐって―日本古典考古学の一問題　UP　一五一　七　七月
一つの道に六〇年―対話　致知　一三四　九月
日本考古学論集　一―考古学の基本的問題（編）　（吉川弘文館）　九月
日本考古学論集　二―集落と衣食住（編）　（吉川弘文館）　九月
日本考古学論集　三―呪法と祭祀・信仰（編）　（吉川弘文館）　一〇月
西夏王陵を訪ねて　東京新聞　一〇・八　一〇月
日本考古学史の樹立　考古学ジャーナル　二七一　一〇月
各地に残る寺院跡―静岡県史編さんの現在　静岡新聞　一〇月
国史大辞典　七　（吉川弘文館）　一一月
　信濃国分寺址・芝丸山古墳群・下野国庁跡・下野国分寺址・周濠・舟葬・修羅・上円下方墳・将軍塚古墳・松林山古墳・白石稲荷山古墳・新羅の遺跡・伸葬・新山古墳
藤貞幹の「無仏斎」の号の背景　伝記の魅力（日本歴史別冊）　一一月
中世の墓制について想う　歴史手帖　一四―一一　一一月
日本考古学論集　四―容器・道具と宝器（編）　（吉川弘文館）　一一月
古墳と神話（宮崎の古墳文化　再録）　えとのす　三一　一二月
日本考古学論集　五―生業・生産と技術（編）　（吉川弘文館）　一二月

昭和六二年（一九八七年）

新羅の狩猟文塼の兎　日本歴史　四六四　一月
日本考古学論集　六―墳墓と経塚（編）　（吉川弘文館）　一月
日本考古学論集　七―官衙と寺院（編）　（吉川弘文館）　二月
墨書土器研究の意義　季刊考古学　一八　二月
坂本太郎先生を悼む　読売新聞　二・一八　二月
学史から見た宮崎県考古学の側面　宮崎県史研究　一　三月
大谷川　１（序文）　（静岡県埋蔵文化財調査研究所）　三月
日本考古学論集　八―武器・馬具と城柵（編）　（吉川弘文館）　三月
日本考古学論集　九―北方文化と南島文化（編）　（吉川弘文館）　四月
七・八世紀の日向の古文化　えとのす　三三　四月
日本考古学論集　一〇―日本と大陸の古文化（編）　（吉川弘文館）　五月
東アジア葬・墓制の研究　（第一書房）　六月
中国重慶・成都等を旅して　静岡県埋蔵文化財研究所報　一二　一一月
国史大辞典　八　（吉川弘文館）　一二月
　周防国分寺址・（崇神天皇）山辺道勾岡上陵・巣山古墳・石蓋土壙・石室・石人山古墳・関弥勒寺址・石槨・石棺・前期古墳・洗骨葬・千塚・前方後円墳・前方後方墳・双円墳・蔵骨器・装飾古墳・葬制・大木囲貝塚・

大慈寺

『金石学』入門―日本金石文を中心として―　書道研究　一―七　一二月

軽井沢への魅力　軽井沢高原文庫通信　一二月

昭和六三年（一九八八年）

高句麗古墳壁画の竜文　日本歴史　四七六　一月

小田富士雄『九州考古学研究』（序文）（学生社）　二月

古典と考古学（「日本考古学研究」1）（学生社）　二月

大谷川　2（序文）（静岡県埋蔵文化財調査研究所）　三月

続日本古墳文化資料綜覧（遺跡編）（臨川書店）　四月

先史・古代の韓国と日本（江坂輝彌氏と共編）（築地書館）　五月

ものを測る歴史　地誌と歴史　四〇　五月

墓と仏教（『仏教民俗学大系』四）（名著出版）　五月

新聞ニュースから見た考古学　東京新聞　六・九　六月

加藤晋平『日本人はどこから来たか』（紹介）　公明新聞　七・二五　七月

古代の新羅と日本（『古代の日本と韓国』5）（共著）（学生社）　八月

古代の高句麗と日本（『古代の日本と韓国』4）（共著）（学生社）　九月

坂本太郎先生への追憶（『坂本太郎著作集』一二付録）　一二月

昭和六四年・平成元年（一九八九年）

蛇体のついている新羅焼土器　日本歴史　四八八　一月
昭和天皇の御葬儀―日本人固有の葬制の結晶　朝日新聞　二・二七　二月
原始古代の静岡県人の精神生活―考古学から見た―　静岡県史研究　五　三月
日本固有の葬法　神社新報　二〇三二　四月
日本木簡概観　書道研究　三―五（通巻二四）　五月
壁画古墳の系譜（「日本考古学研究」2）　（学生社）　六月
喜田先生を悼う　古代文化　四一―七　七月
私の慶州時代　青丘　一　八月
日韓仏教文化交流の遺跡を尋ねて　日韓仏教　一〇　九月
扶余と私　青丘　二　一一月

平成二年（一九九〇年）

日本考古学史の研究（「日本考古学研究」3）　（学生社）　一月
坪井正五郎の埋もれた古墳報告文と秘められた事件　日本歴史　五〇〇　一月
私の朝鮮考古学研究　青丘　三　二月
学史における東京周辺の諸問題　武蔵野考古　四一　五月

坪井正五郎とその狂歌（『私の尊敬する人』）　（講談社）　六月
高句麗古墳壁画の旅（1～11）　世界日報　八・四～一八　八月
仏教文化が日本にもたらしたもの（『仏教文化の伝来』）　鹿児島県歴史資料センター（黎明館）　九月
県史編さん二五年にあたって―原始古代史部会を中心に―　茨城県史研究　六五　一一月

平成三年（一九九一年）

やぶさめ源流考―高句麗徳興里古墳の壁画を見て―　日本歴史　五一二　一月
埋蔵文化財と関係の用語　全国埋文協会報　二九　三月
喜田貞吉博士の『日向国史』　『宮崎県史資料編』「古代しおり」　三月
末永博士を偲ぶ　読売新聞　五・八　五月
上淀廃寺跡の壁画資料発見　世界日報　六・四　六月
木内石亭と物産会　『国史大辞典』「史窓史話」一二　六月
古代の朝鮮半島と日本との関係について　明日香風　三九　七月
「キリシタン文化」解説（『濱田耕作著作集』五）　（同朋舎出版）　八月
四川省の崖墓　読売新聞　九・一九　九月
考古学などに関する随筆の本もよみなさい　博古研究　二　一〇月
末永雅雄著『末永雅雄著作集』（書評）　季刊考古学　三七　一一月

平成四年（一九九二年）

考古学のやさしい本について　日本歴史　五二四　一月

若林勝邦の生涯とその業績—忘れられぬ考古学史上の人物—（『平井尚志先生古稀記念考古学論攷』）　（郵政考古学会）　三月

日本考古学用語辞典　（学生社）　五月

伊藤圭介とその書画　地誌と歴史　四六　五月

稲淵龍福寺の石造と層塔　明日香風　三五　七月

アーケオロジー考古学と歩けオロジー　帰れ自然へアルク　三二五　八月

神の島浮島　常陽芸文　八月

平成五年（一九九三年）

諸塚山に登る　日本歴史　五三六　一月

日向神話と考古学　宮崎県史研究　七　三月

書簡等から偲ぶ学者の面影(1)—日本考古学史の一断面—　古代文化　四五—六　六月

中世の火葬墓と一の谷中世墳墓群遺跡（『**一の谷中世墳墓群遺跡調査報告書**』）　（磐田市教育委員会）　七月

書簡等から偲ぶ学者の面影(2)—日本考古学史の一断面—　古代文化　四五—七　七月

書簡等から偲ぶ学者の面影(3)—日本考古学史の一断面—　古代文化　四五—八　八月
古代朝鮮の文化と日本　日本朝鮮仏教友好協会会報　一〇月
古墳文化の中の装飾古墳の位置（シンポジウムよみがえる装飾古墳）　（熊本県鹿央町）　一一月
書簡等から偲ぶ学者の面影(4)—日本考古学史の一断面—　古代文化　四五—一二　一二月
日本考古学史年表　（学生社）　一二月
古典を考古学する（坂詰秀一氏と共編）　（雄山閣）　一二月

平成六年（一九九四年）

本の奇蹟　日本歴史　五四八　一月
倭国の形成と東アジアの騎馬文化（古代史シンポジウム）　（全日空・朝日新聞社）　三月
登呂遺跡を想う（『静岡県史』通史編—原始・古代）　（静岡県）　三月
武藤正行著『海の正倉院沖ノ島』　文化会議　二九七　三月
発掘から見た日本古代文化—静岡県に関連して—　静岡県文化財保存協会会報五二　三月
書簡等から偲ぶ学者の面影（5）—日本考古学史の一断面—　古代文化　四六—三　三月
鈴木敏雄氏遺稿『旧蔵史料目録（正続編）』（紹介）　皇学館論叢　四月
金石文へのいざない（**『日本三古碑は語る』**）　（群馬県立博物館）　七月
父の字で飾った『朝鮮古代文化の研究』　日本古書通信　五九—九（七八二）　九月
幢竿支柱考　明日香風　五二　一〇月

平成七年（一九九五年）

五台山行　日本歴史　五六〇　一月

国庁と国分僧寺・尼寺との交通路について（『**静岡県埋蔵文化財調査研究所設立一〇周年記念論文集**』）　三月

日本古代文化とアジア諸国の古代文化―仏教文化（塔・石窟）の系譜を中心として―　武相学誌　一五　六月

五台山再訪―竹林寺で唐代の石材発見―　読売新聞　一〇・九　一〇月

アンコールワット等壁画の王者と庶民　環太平洋文化　一〇・一一（合併号）　一二月

平成八年（一九九六年）

五台山竹林寺跡の塔について　日本歴史　五七二　一月

古朝鮮文化の跡を訪ねて（上・中・下）　朝鮮時報（連載）　二八七八・二八七九・二八八〇　一月

高麗王陵への旅（上・中・下）　朝鮮時報（連載）　二八八三・二八八四・二八八五　二月

大森金五郎『日本読史年表』を憶う　茨城県史年表付録　三月

国分寺の規模と建物（『**新修国分寺の研究**』六　総括）（吉川弘文館）　三　月

日下八光画伯を偲ぶ　読売新聞　四・一　四　月

北朝鮮考古学の新発見（雄山閣出版）　五　月

北朝鮮の寺院をたずねて　明日香風　五九　七　月

墳墓の考古学（「斎藤忠著作選集」第四巻）（雄山閣出版）　一二月

金錫亨博士を偲ぶ　朝鮮時報　二九五三　一二月

平　成　九　年（一九九七年）

黒板勝美が内藤虎次郎（湖南）にあてた書簡　日本歴史　五八四　一　月

黒板勝美先生の思い出　古代文化　四九―三　三　月

日向の神話と古墳文化（『**宮崎県史　通史編**』原始・古代一）（宮崎県）　三　月

（宮崎県）「通史編」第一巻の刊行に当り県の考古学の先覚者を想う
（『宮崎県史通史編』しおり）（宮崎県）　三　月

古代朝鮮文化と日本（「斎藤忠著作選集」第二巻）（雄山閣出版）　三　月

慶州・扶余の調査研究（『**朝鮮学事始め**』青丘文化叢書1）（共著）（青丘文化社）　四　月

日本考古学文献総覧（学生社）　五　月

築城用の石材の採取・運搬の問題　城郭史研究　一七　五　月

明治人―言っておきたいこと（『古代文化の未知求め』）
（インタビュー文）　読売新聞大阪本社編（東方出版）　六　月

古墳文化と壁画（「斎藤忠著作選集」第三巻）　（雄山閣出版）　六月
高句麗国際学術大会「高句麗古墳壁画」祝辞　七月
考古学の基本（「斎藤忠著作選集」第一巻）　（雄山閣出版）　九月
仏教伝来による固有葬法の変化（加藤隆久編著**『神葬祭大事典』**）　（戎光祥出版）　九月
高麗寺院史料集成　（大正大学発行・第一書房発売）　一〇月
高麗寺院をたずねて　朝鮮時報　二九九〇　一一月
考古学研究と私（聞き手　大塚初重・笹山晴生）　日本歴史　五九三・五九四　一〇・一一月
仏教考古学と文字資料（「斎藤忠著作選集」第五巻）　（雄山閣出版）　一二月
写真集　遺跡―今と昔　（学生社）　一二月
清水市三池平古墳・尾羽廃寺跡とその背景　静岡県史研究一四　一二月

平成一〇年（一九九八年）

扶余王興寺跡をたずねて　明日香風　六五　一月
書簡等から見た史学・考古学の先覚　（雄山閣出版）　一月
学史上から見た高齢の人々　日本歴史　五九六　一月
高麗仏教文化を訪ねて（全浩天氏と対談）　統一評論　二一八九　一月
日本考古学会の百年と日本の考古学　考古学雑誌　八二―四　一月
世界考古紀行（「斎藤忠著作選集」第六巻）　（雄山閣出版）　四月
中国五台山竹林寺の研究　（第一書房）　五月

中国天台山諸寺院の研究　（第一書房）　一一月

高麗仏教調査報告　佛教文化学会紀要　七　一一月

霊通寺（朝鮮民主主義人民共和国京畿道開城郡嶺南面）について

—文献および金石文より見たる—

平成一一年（一九九九年）

一九〇〇年の原点をみつめつつ二十一世紀の夢を求めて　考古学ジャーナル　四四四　五月

石窟寺院の研究　（第一書房）　一一月

郷に入っては郷に従う心でふれあう「THE COMMUNICATOR」　（一粒舎）　一一月

（インタビュー文）

平成一二年（二〇〇〇年）

霊通寺跡発掘調査概報　朝鮮民主主義人民共和国社会科学院考古学研究所　三月

—朝鮮民主主義人民共和国開城市所在—　大正大学

「発足二〇周年を祝して」　（大分県石造美術研究会）　四月

古代遺跡の考古学者　（学生社）　八月

郷土の好古家・考古学者たち　東日本編　（雄山閣出版）　九月

開城市霊通寺跡の大覚国師碑の現状について　朝鮮学報　第一七六・一七七　一〇月

―付大覚国師の墓域の新発見―　一〇月
日本考古学の課題（講演）
第九回雄山閣考古学賞記念講演
郷土の好古家・考古学者たち　西日本編　（雄山閣出版）　一二月

平成一三年（二〇〇一年）

日本考古学史年表　（学生社）　一月
無量光院発掘中の「寄せ書き」を想う　平泉文化会議所情報誌「東方に在り」五月
日本考古学の百年　（東京新聞出版局）　六月
中村瑞隆・久保常晴・坂詰秀一編『TILAURA KOT』Ｉ　古代文化　五三―六　六月
―ネパール王国タライ地方における城塞遺跡の発掘調査報告―（書評）
『江見水蔭「地底探検記」の世界』（監修）　（雄山閣出版）　八月
飛鳥の地を顕彰した先覚を想う　飛鳥保存財団設立三十周年記念号『飛鳥に学ぶ』一二月

平成一四年（二〇〇二年）

仏塔の研究　（第一書房）　三月
考古学とともに七十五年　（学生社）　八月

平成一五年（二〇〇三年）

幢竿支柱の研究　（第一書房）　二月
吉胡貝塚の調査と日本考古学のあゆみ（講演）　田原町博物館年報平成一三年度　三月
日本考古学用語小辞典　（学生社）　四月
日本考古学百年と私（講演）　明治大学博物館友の会　四月
日本考古学の五つの課題　季刊考古学　別冊一一　五月
坂詰秀一ほか『仏教考古学事典』（紹介）　古代文化　五五―一二　一二月

平成一六年（二〇〇四年）

考古学と地名　日本歴史　一月
中国青竜寺考（小野塚幾澄博士古稀記念論文集『空海の思想と文化』）　一月
新羅初創の寺院　興輪寺に関する考察―狩猟文塼と立樹双鳥・獅子文彫石に関連して―　考古学雑誌　八八―三　三月
考古学からみた静岡県の仏教文化の諸相（財）**『静岡県埋蔵文化財調査研究所設立二〇周年記念論文集』**　三月
六地蔵幢の研究　（第一書房）　四月

日本人の祇園精舎観（北條賢三博士古稀記年論文集『インド学諸思想とその周延』） （山喜房佛書林） 六　月
日本考古学用語辞典　改訂新版 （学生社） 九　月
私が影響を受けた考古学者―梅原末治― 文化遺産の世界　一四 九・一〇月

平成一七年（二〇〇五年）

霊通寺跡（共著） （大正大学総合仏教研究所） 三　月
財団の業績をしのびつつ 韓国文化財財団十五年の歩み 三　月
私の見た高句麗古墳壁画（**『高句麗壁画古墳』**） （共同通信社） 九　月
江坂輝彌・芹沢長介・坂詰秀一編『日本考古学小辞典』（紹介） 季刊考古学　九三 一一月

平成一八年（二〇〇六年）

坂詰さんの古希を祝う（『考古学の諸相Ⅱ』坂詰秀一先生古希記念論文集） 一　月
日本考古学人物事典 （学生社） 二　月
古都扶余と百済文化 （第一書房） 四　月
大湯環状列石を語る（講演） 鹿角市教育委員会 四　月
わが青春―心に刻んだ一言一句― 今日から悠々（新学社） 四　月

高麗玄化寺碑について—とくに線刻の図文の紹介— 朝鮮学報 一一九・一二〇合併号 七月
求法僧の仏跡の研究 (第一書房) 一〇月
慶州新羅奉徳寺鐘について—実測図の紹介を兼ねて—(**『有光教一先生白寿記念論叢』**) 高麗美術館研究紀要 五 一一月

平成一九年(二〇〇七年)

百歳の春 考古学ジャーナル 五五三 一月
私と静岡県—文化財とともに七〇年(正式書名・斎藤所長と文化財) (静岡県埋蔵文化財調査研究所) 三月
中国・韓国・北朝鮮の古跡への回想—漢詩の情感に触れつつ— (第一書房) 四月
古都慶州と新羅文化 (第一書房) 七月
百歳を迎えての心境を語る—坂詰秀一氏との対談— 季刊考古学 一〇〇 八月
『大丸山古墳報告』(序文) (雄山閣) 一〇月
『斎藤忠著作集』続一 アジア文化史の研究 (雄山閣) 一一月
『斎藤忠著作集』続二 日本考古学を語る (雄山閣)
児玉幸多君を偲ぶ 日本歴史 一二月
古都開城と高麗文化 (第一書房)

日本考古学の黎明（仮題）（『近世の好古家たち』）（雄山閣）
高麗図経訳注（予定）（第一書房）
日本遺跡辞典（予定）（学生社）